선비의 보물상자

선비의 보물상자

김상홍

고반

선비의 보물상자

제2판 제1쇄 발행	2018년 6월 15일	
제1판 제2쇄 발행	2015년 8월 15일(조율)	
제1판 제1쇄 발행	2014년 5월 24일(조율)	

지은이   김상홍
펴낸이   허재식

펴낸곳   고반
주소   (10859) 경기도 파주시 탄현면 헤이리마을길 82-91. B동 301호
전화   031-944-8166
전송   031-944-8167
전자우편 gb@gobanbooks.com
홈페이지 www.gobanbooks.com
출판신고 제406-2009-000053호(2009년 7월 27일)

ⓒ 김상홍, 2014
ISBN   978-89-97169-39-9 (03810)

값은 뒤표지에 있습니다.
저자와 협의하여 인지는 생략합니다.

이 도서의 국립중앙도서관 출판예정도서목록(CIP)은 서지정보유통지원시스템 홈페이지(http://seoji.nl.go.kr)
와 국가자료공동목록시스템(http://www.nl.go.kr/kolisnet)에서 이용하실 수 있습니다.
(CIP제어번호: CIP2018017668)

머리말
제2판 제1쇄

　선비는 얼어 죽어도 곁불을 쬐지 않고 올곧게 뚜벅뚜벅 간다. 선비는 편 가르기를 하지 않고, 이중잣대로 일을 처리하지 않으며, 내로남불로 자신을 합리화하지 않는다.

　부패와 간통한 더러운 돈으로 부모를 봉양하고 처자식을 부양하는 것은 부모와 처자식의 영혼을 모독한 것이며, 공동묘지에서 제사지내고 땅에 버린 썩은 음식을 주어다 먹이는 것과 같다. 자신을 사랑하고 부모를 사랑하고 처자식을 사랑하고 조국을 사랑하는 사람은 부패와 간통하지 않는다. 연필로 쓴 글씨는 지워지지만 부패와 간통한 주홍글씨는 죽어도 지우개로 지워지지 않는다.

　우리나라 무역고는 2017년 세계 6위이다. 그러나 청렴도는 경제순위에 비해 매우 낮다. 독일 베를린에 본부를 둔 부패감시 국제민간단체인 국제투명성기구가 발표한 국가별 청렴도 순위를 보면 한국은 2017년에는 180개 조사대상국 중 51위이다. 청렴도를 높여 자랑스러운 대한민국을 더 큰 나라로 발전시켜야 한다. 생선은 꼬리부터 썩지 않고 반드시 머리부터 먼저 썩는다. 세익스피어가 "백합이 썩으면 잡초 썩는 것보다 오히려 더 고약한 냄새가 난다"고 했다. 윗물이 맑아야 아랫물이 맑듯이 지도층이 청렴해야 조국의 미래가 있다.

이 책『선비의 보물상자』는 '2014년 세종도서 교양부문'에 선정되었다. 이 책에 선비답게 사는 길과 청렴하게 사는 길과 보석처럼 썩지 않는 길이 들어 있다. 선비가 많아야 좋은 나라이다. 개인이나 기업이나 국가나 청렴해야 미래가 있다. 독자들의 사랑으로 3쇄를 하게 되어 감사드린다.

2018년 6월 일
설촌서재雪村書齋에서
김상홍金相洪

머리말
제1판 제2쇄

　선비들의 아름다운 행적과 향기로운 삶을 조명한 이 책은 "2014년 세종도서 교양부문"(舊 문화체육관광부 우수교양도서)에 선정되었다. 선비는 아무리 추워도 곁불을 쬐지 않는다. 그런데 통째로 쬐려고 하는 자들이 있어 우리를 슬프게 한다.

　가슴에 빛나는 금배지를 달고, 어깨에 찬란한 별을 달고서 부패와 간통을 한 자들이 있다. 기막힌 세상이다. 염라대왕이 너무 바쁜가 보다. 사자는 굶어죽을지언정 절대로 썩은 고기는 먹지 않는다. 곁불을 쬐지 않는 선비가 많아야 사회가 발전한다.

　부패와 간통하는 자들보다는 바르게 사는 분들이 많기에 우리는 희망이 있다. 이 책이 우리 사회를 청정하게 하고 희망의 싹을 키우는데 도움이 되길 바란다.

2015년 8월　일

설촌서재雪村書齋에서

김상홍金相洪

머리말
제1판 제1쇄

　연필로 쓴 글씨는 지울 수 있지만 우리가 살아온 행적은 지울 수가 없어 오롯이 남는다. 어제의 관행이 오늘은 범죄가 될 수 있다. 세상이 변했다. 낡은 사고를 버리고 발상을 전환해야 꿈을 이룰 수 있다. 이도령은 변학도를 봉고파직하고 애인 춘향이를 구출한 멋쟁이 암행어사이다. 그러나 이도령이 장관 후보자가 되어 대한민국 국회 인사청문회에 나온다면 통과할 수 있을까? 결론은 '아니올시다'이다. 이도령은 신성한 공권력인 마패를 들고 가서 제 애인을 구출한 직권남용죄(형법 제123조)를 비롯해 다섯 가지 행적으로 인하여 낙마할 것이다.
　나 혼자 청렴한 시대는 지났다. 모두가 청렴해야 나와 조국의 미래가 있다. 누구나 소중한 가치를 마음속 보물상자에 넣어두고 산다. 선비의 마음속 보물상자에는 무엇이 들어 있을까? 청렴과 지조와 절의 등이 들어 있다. 오나라 육적陸績은 울림태수 임기를 마치고 떠날 적에, 짐이 없어 배가 뜨지 못하자, 큰 돌을 실은 후에야 배가 떠 돌아갔다. 이 돌은 '울림석'으로 불리다가 후에 청렴한 돌이라 하여 '염석陳石'으로 부르고 있다.

　나의 허물과 비밀을 누가 가장 잘 알고 있을까? 내 그림자와 덮고 자는 이불이 아니겠는가. 남송의 채원정蔡元定은 "혼자 걸어도 그림자에게 부끄럽지 않고(獨行不愧影), 혼자 잠을 자도 이불에게 부끄럽지 않았네(獨寢不愧衾)."라고 하였다. 내 그림자와 이불이 입이 있어서 나의 행적을 모두 발설한다면 세상이 얼마나 시끄럽고 혼란할까?

　인생의 성패는 자기관리에 달려 있다. 고려의 이공수李公遂는 원나라에 사신으로 갔다가 귀국 길에 마부가 조[粟]를 가져다 말에게 먹이자, 그 값을 베[布]로 쳐서 곡식 낟가리 속에 넣어두었다. 수행원이 "남들이 가져갈 것인데 주인에게 보탬이 되겠습니까. 보상을 안 하는 것만 못합니다."라고 하자, 이공수는 "나도 알고 있다. 그러나 반드시 이렇게 해야만 내 마음이 편하기 때문이다."라고 하였다. 성종 때 이약동李約束은 제주 목사를 그만두고 돌아갈 때 가죽 채찍 하나를 가지고 있었는데 "이것 역시 제주도 물건이다." 하고 관청의 문루에 걸어두고 빈손으로 떠났다.

　육적과 이공수와 이약동은 노블레스 오블리주Noblesse oblige를 실천한 공직자의 사표이다. 국회 인사청문회 대상자는 적어도 이들과 같이 국민에게 감동을 주는 스토리들이 있어야 한다.

　이 책 『선비의 보물상자』는 이와 같은 선비들의 아름다운 행적과 향기로운 이야기들은 모은 것이다. 저자는 대학에 봉직할 때부터 국가 및 공공기관에서 '반부패 청렴' 강의를 해왔다. 1984년 5월 29일 내무부 지방행정연수원에서 「다산의 사상과 문학」을 처음으로 강의한 이후 만 30년이 되었다. 정년 후 지금도 중앙공무원교육원과 국민권익위원회 청렴연수원 등 국가 및 공공기관에서 '반부패 청렴' 강의를 1년에 200회 전후로 하고 있다. 자칭 '청렴 전도사'이자 '다산학 전도사'이다.

반부패 청렴 강의 때에 예화로 든 것을 페이스북에 280여 회 연재 중인데 큰 호응을 얻고 있다. 이 중에서 1차로 111편을 묶었다. 이 책은 공직자뿐만 아니라 우리들의 삶과 영혼을 아름답고 향기롭게 하고 청렴한 사회를 만드는데 기여할 것이다.

박제된 낡은 관행을 버리고 발상을 전환하고 영혼이 청렴해야 나와 조국의 미래가 있다. 이 책을 출판해 준 도서출판 조율의 허재식 대표에게 감사드린다.

2014년 5월 일

설촌서재雪村書齋에서

김상홍 金相洪

1

천하 사람들이 근심하기에 앞서 근심하고,
천하 사람들이 즐거워한 뒤에 즐거워한다.

이도령은 불량 공무원 _ 19
선녀와 나무꾼 _ 23
선비의 덕목 _ 26
왕대밭에 왕대 난다 _ 29
빈손 _ 32
청백清白 두 글자를 유산으로 준 이규보 _ 35
이공수와 박수량의 청렴 _ 37
탐욕의 종말 _ 41
목민관의 표상, 기건 _ 44
맹사성과 소무덤 _ 48
썩은 선비, 부유腐儒 _ 52
청문清門·예문例門·탁문濁門 _ 54
꼴불견 _ 58
뱃속의 아이를 지켜주오 _ 61
청백리 김수팽 _ 64
나라를 망치는 길, 구패九敗 _ 66
공직자의 교과서, 『목민심서』 _ 69
다산의 도덕성 _ 73
다산 부인 홍혜완의 도덕성 _ 77
도둑이 놓고 간 돈 _ 79
추락하는 한국의 청렴도 _ 81

2

혼자 걸어도 내 그림자에게 부끄럽지 않고,
혼자 잠을 자도 이불에게 부끄럽지 않았네.

아내에게 노예 취급 당한 이조판서 _ 87
귀를 씻다 _ 91
황제의 친구 _ 94
억강부약抑强扶弱 _ 98
지조 _ 100
선비의 길 _ 103
사람은 혀 때문에 죽는다 _ 107
대장부의 눈물 _ 111
소동파의 협량狹量 _ 114
내 그림자에 부끄럽지 않은 삶 _ 117
삶의 흔적 _ 119
정붕의 소신所信과 성희안의 사과謝過 _ 122
사유四維, 예의염치 _ 124
남명 조식의 언행일치 _ 127
소가 웃을 일 _ 130
영원한 선비 임숙영 _ 133
시인의 기개 _ 136
선비는 국가의 원기元氣 _ 140
누추한 삶 _ 142

3

우리 임금을 요순보다 훌륭한 군왕이 되게 하고,
다음으로 백성의 풍속을 순박하게 하는 것이네.

시의 멋! 시 한 줄의 힘 _ 147
두보의 꿈 _ 150
두보와 위팔처사의 금란지교 _ 153
정이 많은 두보 _ 157
베적삼 _ 160
시인 _ 163
노예시인 어무적 _ 167
부모님 산소에서 _ 171
달팽이 뿔 위의 싸움 _ 175
차별의 슬픔 _ 178
제비의 슬픔 _ 182
고래 사냥 _ 186
모기보다 더한 자들 _ 190
다산의 꿈 _ 193
민초들의 슬픔 _ 196
유형지의 애가 _ 200
쉬파리를 위한 제문祭文 _ 204
쥐와 고양이의 야합 _ 208
차 한 잔과 시 _ 212
안중근 의사의 장부가 _ 214

4

나 죽고 그대가 천 리 밖에 산다면,
그대 나의 이 슬픈 마음을 알리라.

춤추는 국화 _ 221
옛 선비들의 풍류 _ 225
시를 읽는 즐거움 _ 229
시와 산문의 차이 _ 232
처가살이! 겉보리 서 말 _ 235
못생긴 아내와 독수공방 _ 239
춘래불사춘 _ 242
석 잔의 술 _ 246
한 맺힌 단종대왕의 시 _ 249
그리운 님에게 _ 252
탁주 한잔 _ 256
시와 선비 _ 259
진정한 친구 _ 262
시참詩讖 _ 265
중국 4대 현처賢妻 _ 268
중국 4대 미인美人 _ 272
화장 안 한 양귀비 _ 276
여류시인 허초희의 한 _ 279
조선의 사포Sappho 황진이 _ 283
선비의 아내 _ 288
부인을 잃고 _ 289

5 놀러 나가려면 으레 비 오거나 장마지고, 한가하게 앉아 있을 땐 날씨가 좋네.

흥부 마누라는 최고의 지식인 _ 295
'동방예의지국'은 칭찬이 아닌 모욕 _ 299
왜놈, 왜국, 그리고 일본 _ 302
왜놈과 코무덤 _ 305
출세지상주의자 오기吳起 _ 309
새색시의 지혜 _ 312
열부烈夫 이야기 _ 315
동티 _ 318
천하에 못난 놈 _ 320
우리 인생사 _ 323
외눈박이 원숭이 _ 325
지상낙원 우복동牛腹洞 _ 328
노인의 슬픔 20가지 _ 332
스승을 부정한 제자 _ 335
매국노 이완용 _ 338

6 봄 누에는 죽어야 실뽑기를 그치고, 촛불은 타서 재가 되어야 눈물이 마르네.

꽃이 예쁘거든 꽃하고 자세요 _ 343
도연명의 자식들 _ 346
두보의 아내 사랑 _ 350
미완의 사랑 _ 354
꽃잎은 하염없이 바람에 지고 _ 358
어머니의 은혜 _ 362
어머니의 사랑 _ 366
까마귀의 효성 _ 369
꽃 같은 첩도 할머니가 된다 _ 371
아버지의 소망 _ 375
물고기 입과 강아지 이마를 한 자식 _ 378
닭 키우는 아들에게 _ 381
다산 최후의 유작 시 _ 384
훈장님의 애환 _ 387
짝사랑 _ 391

머리말: 2판 1쇄 _ 5 / 1판 2쇄 _ 7 / 1판 1쇄 _ 8
찾아보기 _ 394

1

천하 사람들이 근심하기에 앞서 근심하고,
천하 사람들이 즐거워한 뒤에 즐거워한다.

先天下之憂而憂
後天下之樂而樂

「岳陽樓記」、范仲淹

이도령은 불량 공무원

『춘향전』의 이도령은 탐관오리 변학도를 봉고파직하고 변학도의 수청을 거부하여 억울하게 옥살이하는 애인 춘향이를 구출한 멋있는 암행어사이다. 만일 이도령이 초고속 출세를 하여 40대에 예조판서(지금의 교육부 장관) 후보자가 되었다고 가정해 보자. 그의 과거 행적을 우리 대한민국 국회 인사청문회에서 검증한다면 무사히 통과하여 취임할 수 있을까?

세상이 변했다. 국민들이 벌떼처럼 일어나 이도령은 절대로 예조판서가 될 수 없다면서 과거 행적을 들춰내서 함포사격을 할 것이다. 이도령은 성난 여론의 뭇매를 맞고 결국 자진사퇴를 할 수밖에 없을 것이다. 그는 국회 인사청문회에 서 보지도 못하고 자진해서 낙마落馬했으니 좋았다가 말았다. 그가 낙마한 사유는 다섯 가지이다.

1. 천하 사람들이 근심하기에 앞서 근심하고, 천하 사람들이 즐거워한 뒤에 즐거워한다.

첫째, 이도령이 춘향이 집으로 연애하러 갈 때 관용차인 말[馬]을 타고 간 것을 문제 삼았다. 국민들은 남원부의 업무용 관용차인 말을 사적私的으로 타고 간 전력은 예조판서의 자질에 심각한 결격 사유가 된다고 지적했다. 공무원이 되기도 전에 관용차인 말을 타고 연애하러 간 것은 공사를 구분 못하는 사람인데, 어떻게 예조판서가 될 수 있느냐고 판단력을 문제 삼았다.

둘째, 이도령은 16세로 공부하는 학동學童인데 학생으로서 공부는 안 하고 도둑놈처럼 월장越牆한 것을 문제 삼았다. 방자의 등을 밟고 춘향이네 집 담장을 넘어 갔다. 월장은 도둑놈이나 하는 것인데 이런 전력이 있는 사람이 어떻게 예조판서가 될 수 있느냐고 도덕성을 문제 삼았다.

셋째, 이도령이 춘향과 사통私通한 비행을 문제 삼았다. 『춘향전』의 〈사랑가〉 '중중모리'를 보면 "이리 오너라, 업고 놀자. 사랑 사랑 사랑 내 사랑이야. …… 저리 가라 뒤태를 보자. 이리 오너라. 앞태를 보자. 아장아장 걸어라."라는 대목이 나온다. 그들은 정식 결혼식을 올리지 않았는데 업고 놀면서 사통을 했고, 16세의 나이에 춘향이에게 워킹을 시켜놓고 S라인을 검사했다. 이런 짓은 비행 청소년들이나 하는 것이다. 비행 청소년 출신이 어떻게 교육의 총수인 예조판서가 될 수 있느냐고 연일 촛불 집회를 열었다.

넷째, 이도령의 초고속 승진이 문제가 된다. 그는 과거에 급제하자마자 행정 경험이 전무한 데도 암행어사가 된 것은 인사원칙에 위배되고 성실한 공무원들의 사기를 꺾는 일이었다. 조선시대에 암행어사가 되려면 과거에 급제한 후 5년 정도 근무해야 했다. 다산 정약용(1762~1836)은 28세 때 과거에 2등으로 합격한 후 여러 벼슬을 거쳐 5년 후인 33세 때 경기도 암행어사가 되었다. 그런데도 이도령은 과거에 급제하자마자 암행어사로 초고속 승진을 하여 공무원 승진 규정을 휴지조각으로 만들었고, 40대에 장관 후보자가 된 것은 순전히 전형적 친척 등용과 족벌주의를 뜻하는 네포티즘nepotism이자, 코드가 맞는 집단에 의존한 패거리 주의인 크로니즘cronyism이라고 여론이 들끓었고 임금에게까지 화살을 날렸다(조선의 임금은 모두 이씨이고 이도령 역시 이씨임).

다섯째, 이도령은 공직자가 된 후에 공정사회에 반反하는 법집행을 문제 삼았다. 암행어사가 되자마자 제일 먼저 남원으로 달려가 마패를 꺼내 '애인 춘향을 구출'했다. 여론은 춘향이보다 더 고통을 받는 백성의 구출과 변학도보다 나쁜 탐관오리의 처벌을 외면했다고 질타했다. 춘향이가 애인이기 때문에 문제가 된다. 애인이 아니었다면 그를 구출하는 것은 정당한 법집행이다. 암행어사가 되자마자 마패를 꺼내 제일 먼저 애인을 구출한 것은 공정사회 구현에 역행한 '불량 공무원'이다. 이도령은 '공권력을 사적으로 남용'한 불량 공무원인 만큼, 형법 제123조에 의거 '직권남용죄'로 처벌받아야 한다는 함성이 하늘을 찔렀다.

---

1. 천하 사람들이 근심하기에 앞서 근심하고, 천하 사람들이 즐거워한 뒤에 즐거워한다.

결국 이도령은 다섯 가지 과거의 행적이 문제가 되어 국민 여론의 질타와 따가운 시선에 무릎을 꿇고 예조판서 후보자에서 자진 사퇴할 수밖에 없을 것이다. 연필로 쓴 글씨는 지우개로 지울 수 있지만 인간이 살아온 행적은 지울 수 없다. 세상이 변했다. 어제의 관행이 지금은 범죄가 된다. 한 번뿐인 인생을 어떻게 살 것인가? 그리고 우리는 어떤 행적을 남길 것인가?

선녀와 나무꾼

어릴 적 어머니와 할머니의 무릎을 베고 듣던 「선녀와 나무꾼」은 우리 전래 동화이다. 사냥꾼에 쫓기던 사슴을 나무꾼이 구해 줬다. 사슴은 은혜를 갚는다고 선녀들이 목욕하는 곳을 알려주며 "날개옷을 훔쳐서 선녀를 색시로 삼고, 아기 셋을 낳기 전에는 날개옷을 주지 말라."고 했다. 나무꾼은 사슴이 시킨대로 날개옷을 훔쳐 하늘로 올라가지 못한 선녀를 집으로 데려와 아기 2명을 낳게 했다. 선녀가 사정하여 날개옷을 주자 양팔로 아기를 한 명씩 안고 하늘로 올라갔다.

이 「선녀와 나무꾼」의 이야기는 착한 일을 하면 복을 받는다는 권선징악의 전형적인 전래 구전동화이다. 이를 오늘의 시각에서 보면 큰 문제가 있다. 발상을 전환(paradigm shift)하여 조명해 보자. 어머

---

1. 천하 사람들이 근심하기에 앞서 근심하고, 천하 사람들이 즐거워한 뒤에 즐거워한다.

니와 할머니들은 나무꾼이 사슴을 구해준 행실에만 포커스를 맞추었지, 선녀의 인권에 대해서는 눈곱만큼도 생각을 안 했다.

① 사슴은 자기를 숨겨준 나무꾼에게 은혜를 보답하려면 자기의 예쁜 뿔인 녹용 등 제 물건으로 했어야 했다. 그런데 비겁하게 죄 없는 선녀를 나무꾼의 아내가 되도록 교사敎唆하여 나무꾼을 납치범이 되게 했다. 그러므로 사슴을 납치 교사범敎唆犯으로 처벌해야 한다.
② 나무꾼은 사슴을 구해준 선행으로 끝났어야 했다. 『명심보감』에 "은혜를 베풀거든 보답을 구하지 말고, 남에게 주었거든 후회하지 말라.(施恩勿求報 與人勿追悔)"고 했다. 선행은 선행으로 끝나야지 대가를 바라서는 안 된다. 선행을 이용해 야욕을 채운 나무꾼은 나쁜 인간이다.
③ 나무꾼은 사슴이 알려준 선녀탕에서 선녀들이 목욕하는 것을 장시간 몰래 훔쳐본 관음증觀淫症이 있다. 아울러 선녀의 날개옷을 훔쳤으므로 나무꾼을 형법 제329조 절도죄로 구속 처벌해야 한다.
④ 나무꾼은 옷을 잃은 나체의 선녀를 집으로 끌고 왔다. 끌려갈 때 선녀의 참담한 모습과 수치심을 한 번 쯤 생각해본 적이 있는가? 그는 날개옷을 훔쳐 선녀를 유인하여 주저앉혔

으므로 형법 제288조 약취略取 유인죄誘引罪로 엄벌에 처해야 한다.
⑤ 나무꾼은 선녀의 순결을 짓밟고 강제로 아기 2명을 임신시켜 낳게 했으므로 형법 297조 "폭행 또는 협박으로 사람을 강간한 자는 3년 이상의 유기징역에 처한다."에 의거하여 강간죄로 처벌해야 한다.
⑥ 하늘에 살던 선녀가 인간 세상의 나무꾼과의 강제 결혼생활이 얼마나 치욕적이고 굴욕적이었으면 아기 둘을 안고 하늘로 올라갔을까? 옥황상제를 모시는 선녀가 가난한 나무꾼에 붙잡혀 지옥보다 더한 고통과 굴욕과 치욕을 당하면서 아기 2명을 낳고 산 처절한 삶을 헤아려야 한다.

이 이야기에는 선녀의 존엄한 인권과 고귀한 순결이 철저히 무시되고 짓밟혔다. 이처럼 권선징악의 전래 동화도 오늘의 시각으로 재조명해 보면 달리 해석될 수 있다. 사슴과 나무꾼은 착한 것이 아니라 선녀에게 엄청난 죄를 짓고 천하의 못된 짓을 했다.

세상은 하루가 다르게 변하고 있다. 잘못된 관행에 안주하면 패가망신을 당할 수 있다. 20세기 낡은 사고를 버려야 한다. 특히 지도층 인사들이 낡은 사고를 버리고 발상을 전환해야 나라의 미래가 있다. 우리 사회에 사슴과 나무꾼과 같은 자들이 없어야 한다.

1. 천하 사람들이 근심하기에 앞서 근심하고, 천하 사람들이 즐거워한 뒤에 즐거워한다.

선비의 덕목

몇 년 전에 있었던 이야기이다. 모 광역시 교육청의 초청으로 교감 선생님 600여 명을 대상으로 〈청렴사상과 공직자의 역할〉을 주제로 두 시간 동안 특강을 한 적이 있다. 강의를 마치고 나오는데 교감 선생님 세 분이 따라 나오면서 같이 차 한잔 하자고 했다.

장소를 옮겨 교감 선생님과 함께 차를 마시고 있는데 한 분이 심각한 얼굴로 "교수님께서 하신 이 좋은 강의를 행동강령관인 우리 교감들에게만 하시지 말고 제발 교장 선생님에게도 해주세요."라고 했다. 나는 교육청의 초청으로 특강을 한 것뿐이라면서 교육청에서 초청하면 교장 선생님께도 강의할 수 있다고 말했다. 교장 선생님에게도 반부패 청렴교육이 필요하다는 말씀으로 이해했다.

다산 정약용(1762~1836)은 『목민심서』에서 목민관의 덕목德目을 제시했다. 그 중 하나를 보자.

"부하를 통솔하는 방법은 위엄과 신뢰뿐이다. 위엄은 청렴에서 나오고 신뢰는 성실에서 나오는 것이니, 성실하고도 능히 청렴해야 뭇사람을 복종시킬 수 있다."

馭衆之道, 威信而已. 威生於廉, 信由於忠, 忠而能廉, 斯可以服衆矣.

리더십은 "위엄[威]과 신뢰[信]에서 나온다."고 했다. 예나 지금이나 청렴해야 '위엄'을 세울 수 있고 성실해야 국민들로부터 '신뢰'를 받는다. 리더는 '청렴'하고 '성실'해야 한다는 다산의 가르침은 시공을 초월하여 유효하다.

흰 실에다 한번 먹물을 들이면 아무리 빨아도 다시 희어지지 않듯이, 선비가 한번 부정에 물들면 선비가 아니다. 자고로 썩은 선비인 부유腐儒가 득세하면 나라가 망했다. 소금이 짜지 않으면 소금이 아니듯이, 선비가 속물이 되면 부유가 된다. 생선이 썩으면 쉬파리가 꼬이지만 선비가 썩으면 나라가 무너진다.

옛적 훌륭한 선비들은 사심이 없었다. 권력과 힘을 함부로 휘두르지 않았고 무오류無誤謬의 오류誤謬에 빠지지 않았고 오만하지도 않았으며 패거리를 짓거나 끼리끼리 모여 희희낙락하지 않았다.

송나라 범중엄范仲淹(989~1052)은 「악양루기岳陽樓記」에서 선비는 "천

---

1. 천하 사람들이 근심하기에 앞서 근심하고, 천하 사람들이 즐거워한 뒤에 즐거워한다.

하 사람들이 근심하기에 앞서 근심하고, 천하 사람들이 즐거워한 뒤에 즐거워한다.(先天下之憂而憂, 後天下之樂而樂.)"고 했다. 이것이 선비이다. 이런 선비가 많아야 나라의 미래가 있다. 선비가 무척 그리운 세상이다.

왕대밭에 왕대 난다

사마천의 『사기』를 보면 훌륭한 치적을 남긴 공직자들의 전기인 순리열전循吏列傳이 있고, 부정축재 등 못된 짓을 했던 관리들의 전기인 혹리열전酷吏列傳이 있다.

우리의 『고려사』에도 역시 혹리열전과 어진 관리들의 전기인 양리열전良吏列傳이 있다. 이렇게 선과 악을 역사에 동시에 기록하여 천추만세의 거울로 삼게 했던 것이다.

조선왕조 519년간 청백리는 218명이다. 이 218명 중에는 영광스럽게도 아버지와 아들이, 형과 아우가 청백리로 선정된 가문이 있다.

아버지와 아들 청백리는 바로 최유경崔有慶(1343~1413)과 아들 최사의崔士儀(1376~1452) 부자와, 윤지인尹趾仁(1656~1718)과 아들 윤용尹容(1684~1764) 부자이다. 그리고 형제 청백리는 허종許琮(1434~1494)과 허침許琛(1444~1505) 형제,

---

1. 천하 사람들이 근심하기에 앞서 근심하고, 천하 사람들이 즐거워한 뒤에 즐거워한다.

김흔金訢(1448-1492)과 김전金詮(1458~1523) 형제, 임호신任虎臣(1506~1558)과 임보신任輔臣(?-1556) 형제, 홍섬洪暹(1504~1585)과 홍담洪曇(1509~1576) 형제가 있다. 조선 왕조가 낳은 자랑스러운 인물들이다.

명종 때 임호신은 동생 임보신과 함께 형제 청백리이다. 임호신이 '염근리廉謹吏(청백리)'로 천거될 때 "내 어찌 염근廉謹 두 글자를 더럽힘이 없겠는가." 하고 서글퍼하며 겸손한 태도를 보였다고 한다.

임호신은 병환으로 호조판서를 사임하고 지돈녕부사가 되었다. 돈녕부는 조선시대의 왕과 왕비의 친인척을 관리하던 관청이다. 지돈녕부사 역시 품계와는 달리 직무가 없는 한직으로 국가의 녹을 받는 자리였다. 임호신은 미리 가족들에게 녹봉을 받지 않도록 엄명하여 그의 말년은 매우 곤궁했다.

친구 홍섬이 문병을 와서 임호신의 누추한 삶을 보고 눈물을 흘렸다. 홍섬도 동생 홍담과 함께 형제 청백리이다. 임호신은 찾아온 홍섬에게 당시唐詩 한 권을 주면서 "나를 위해 시 한편 읽어주시오."라며 태연자약한 태도를 보였다고 한다. 안빈낙도 하면서 그 안에서도 풍류를 즐긴 인물이다.

다산은 『목민심서』에서 청백리를 A급·B급·C급으로 나누어 설명했다. A급의 청백리는 ①봉급 이외에는 일체 먹지 않고(俸廩之外, 悉皆不食), ②먹고 남은 것도 집으로 가지고 가지 않으며(其食而餘者, 亦不持

歸), ③벼슬을 그만둘 때 아무것도 가지고 가지 않고 한 필의 말을 타고 집으로 시원스럽게 가는 것이니(歸之日, 匹馬蕭然), 이것이 옛날에 말하는 청렴한 관리[廉吏]라는 것이다(此古之所謂廉吏也)."라 했다. 다산의 A급 청백리 기준은 지나치리만큼 엄격하여 숨이 막힐 정도이다. 녹봉을 거절한 임호신의 청빈은 A급 청백리를 넘어 A+ 청백리이다. 친구마저 가난한 삶을 보고 눈물을 흘렸고, 친구가 읽어주는 당시唐詩 한 수로 배를 채웠던 임호신의 대쪽 같은 기개와 청렴한 삶은 이 시대를 사는 우리를 숙연하게 한다.

한 사람의 청백리만 배출해도 명문대가인데 아버지와 아들이, 형과 아우가 청백리로 선정된 것은 가문의 영광에 그치는 것이 아니라, 바로 조선왕조 공직사회의 자존심이자 조선조 공직사公職史이기도 하다.

부자와 형제를 청백리로 배출한 가문은 조선왕조의 최고 명문대가로 요즈음 말로 '노블레스 오블리주'를 실천한 것이다. 역시 조선 선비들은 고결했고 멋이 있었다.

우리 속담에 '왕대밭에 왕대 난다'가 있다. 그런데 요즈음 세상은 그렇지 않다. 잘 나가던 부자 또는 형제가 범법행위를 해서 은팔찌(수갑) 차고 번갈아 검찰에 불려 다니는 것을 보면, 조상들이 즐겨 쓰던 그 속담을 욕되게 하고 있다. 그래서 더욱 씁쓸하다.

---

1. 천하 사람들이 근심하기에 앞서 근심하고, 천하 사람들이 즐거워한 뒤에 즐거워한다.

빈손

중국 삼국시대 오나라 육적陸績(187~219)은 효자이자, 청백리의 대명사이다. 그가 여섯살(192) 때, 구강九江에서 원술袁術을 뵈었다. 원술이 귤을 내왔는데, 육적은 그 중 3개를 가슴에 품었다. 육적이 떠날 때, 원술에게 절을 하다 귤을 땅에 떨어트렸다.

원술이 "육랑陸郎은 손님으로 왔으면서 왜 귤을 품속에 넣었느냐." 고 묻자, 육적은 "돌아가서 어머니께 드리려고 그랬습니다." 하고 대답했다. 원술은 이를 듣고 크게 기이하게 여겼다. 이 일화가 '회귤고사懷橘故事', '육적회귤陸績懷橘', '회귤懷橘'이란 고사성어가 되어 지극한 효성을 일컬을 때 널리 쓰인다.

한편 손권孫權은 육적이 하도 직언하는 것을 꺼려서 울림태수鬱林太守로 내보냈다. 울림에 부임한 후, 낙후한 생산을 개량하고, 교육을 진흥하고, 탐관오리를 척결하는 등 훌륭한 목민관이었다. 임기를 마치고 울림을 떠날 적에 짐이 너무나 가벼워 배가 바다에 뜨지 못해 결국 해안에서 '거대한 돌'을 옮겨 실은 후에야 배를 바다에 띄워 돌아갔다.

고향으로 돌아간 육적은 싣고 온 거석(巨石)을 집 앞에 두고 청렴한 정신을 영원히 새기고자 했다. 이후 이 돌은 청렴의 상징이 되어 처음에는 '울림석(鬱林石)'으로 불리다가

염석(廉石) 중국 오나라 육적의 청렴을 상징하는 거석.

후에 청렴한 돌이라 하여 '염석(廉石)'이라 불리고 있다. 청렴한 관직 생활의 상징이 된 '염석'은 현재까지 소주(蘇州) 문묘박물관에 전시되어, 중국인과 공직자들의 사표(師表)가 되고 있다.

벼슬에서 물러나면서 빈손으로 떠난 아름다운 사람이 있다. 바로 조선 성종 때 이약동(李約東, 1416~1493)이다. 그가 제주목사를 그만두고 돌아갈 때 가죽 채찍 하나를 가지고 있었는데 "이것 역시 제주도 물건이다." 하고 관청의 문루에 걸어두고 떠났다. 제주도 사람들이 그것을 보물처럼 보관하여, 매번 신임 목사가 부임할 적에 내다 걸었다. 세월이 지나 그 채찍이 썩어 없어지자 백성들이 바위에 채찍 모양을 새겨두고 기념하였는데, 그 바위를 '괘편암(掛鞭岩)'이라고 한다.

---

1. 천하 사람들이 근심하기에 앞서 근심하고, 천하 사람들이 즐거워한 뒤에 즐거워한다.

이약동이 탄 배가 갑자기 기울고 맴돌아 위태롭게 되었다. 그가 "나는 이 제주도에 와서 한 가지도 사리사욕을 취한 것이 없다. 우리 중 누군가가 부정을 하여 신명이 나로 하여금 깨닫도록 노한 것이 아닌가. 누구라도 섬의 물건을 챙겨온 자가 있으면 내놓아라."고 했다. 이에 한 군졸이 "떠나올 때 한 사람이 갑옷 한 벌을 바치면서, 바다를 건넌 후에 사또께 전해달라고 하기에 가져왔습니다."고 했다. 이약동은 "그 정성은 잘 알았으니 갑옷을 바다에 던져라."고 했다. 갑옷을 바다에 던지자 즉시 파도가 그쳤다. 그 갑옷 던진 곳을 '투갑연投甲淵'이라고 한다.

다산은 『목민심서』에서 목민관이 벼슬을 그만두고 집으로 돌아갈 때에 "상자와 농 속에 새로 만든 그릇이 없고 구슬과 비단 등 토산물이 없다면 맑은 선비의 행장이라 할 수 있다.(笥籠無新造之器, 珠帛無土産之物, 淸士之裝也.)"고 했다.

챙기지 말고 빈손으로 가라는 말씀이다. 도연명이 「귀거래사」를 읊으며 고향으로 갈 때 타고 가던 배가 가벼워 좌우로 롤링이 심했다(舟搖搖以輕颺)고 한다.

벼슬에서 물러날 때 빈손으로 돌아온 육적과 도연명, 그리고 조선 성종 때 이약동의 청백리 정신은 오늘을 사는 우리에게 큰 울림을 주고 있다. 물러나는 것도 중요하지만, 어떻게 떠나가느냐가 더 중요하다.

청백淸白 두 글자를 유산으로 준 이규보

부모가 가난하여 자식에게 유산을 한 푼도 못주고 "청백淸白" 두 글자만 주었다면, 주는 부모나 받는 자식이나 모두가 여간 딱한 일이 아닐 수 없다. 그래도 옛날 훌륭한 선비들은 가난을 부끄러워하지 않고 깨끗하고 올곧게 살았다.

고려의 대문호인 이규보李奎報(1168~1241)가 여러 자식에게 부탁하는 시「촉제자囑諸子」를 보자.

살림이 가난하여 나누어줄 것은 없고	家貧無物得支分
있는 것은 오직 낡은 표주박과 질그릇뿐일세	惟有簞瓢老瓦盆
주옥이 상자에 가득해도 곧 없어질 수 있으니	珠玉滿籝隨手散
후손에게 청백하기를 당부하는 것만 못하네	不如淸白付兒孫

1. 천하 사람들이 근심하기에 앞서 근심하고, 천하 사람들이 즐거워한 뒤에 즐거워한다.

이 시를 읽으면 왠지 눈물이 나고 가슴이 시리다. 시인은 가난해도 너무 가난했다. 집안에 있는 것이라고는 낡은 표주박과 질그릇뿐이었다. 물려줄 재산이 없었기에 물욕을 탐하지 말고 청렴하고 깨끗하게 살라고 "청백淸白" 두 글자를 주었다. 주는 아버지나 이를 받는 자식들은 얼마나 마음이 아팠을까? 이규보는 물질보다 명예를 유산으로 준 것이다.

오늘의 시각에서 보면 이규보는 무능한 아버지이다. 그러나 우리는 자식들에게 "청백淸白" 두 자만 유산으로 준 이규보를 무능한 아버지라고 매도할 수 있겠는가? 다산 정약용도 아들에게 "근검勤儉" 두 자를 유산으로 남겼다. 썩은 고기는 부패한 고기이다. 인간이 하이에나처럼 썩은 고기를 게걸스럽게 먹어치워서야 되겠는가?

사자가 왜 초원의 제왕인가? 썩은 고기, 즉 부패한 고기를 먹지 않기 때문이다. 우리 사회에 부패를 먹고 사는 하이에나와 같은 자들이 없어야 나라가 발전한다. 옛날 선비들은 명예를 목숨보다 더 소중하게 여겼다.

이공수와 박수량의 청렴

　국회 인사청문회 대상자는 적어도 국민에게 감동을 주는 스토리 서너 개는 있어야 한다. 그런데 감동의 스토리는커녕 본인 또는 아들이 병약해서 신성한 병역 의무를 면제받았다는 등의 이야기들이 있어서 국민을 실망시키고 있다. 이유를 불문하고 본인이 병약했거나 아들마저 건강하게 키우지 못한 사람이 어떻게 막중한 국정을 담당할 수 있을까.

　미국 제33대 대통령 트루먼은 시력이 나빠 병역 면제에 해당했지만 시력표를 외워 입대한 후 대위로 제1차 세계대전에 참전해 싸웠다. 트루먼 전 대통령은 노블레스 오블리주Noblesse oblige를 실천한 전형적인 인물이다.

1. 천하 사람들이 근심하기에 앞서 근심하고, 천하 사람들이 즐거워한 뒤에 즐거워한다.

고려 후기 문신 이공수李公遂(1308~1366)가 원나라에 사신으로 갔다가 귀국할 때의 일이다. 연도沿途에서 말이 피곤해 수행하던 종이 화살 한 개를 주고 콩 한 묶음을 사서 먹였다. 이공수가 이를 보고 말하기를, "왜 궁핍한 백성들의 먹을 것을 빼앗느냐." 하고는 면포를 잘라줘 그 값을 충당하도록 했다.

여산참閭山站을 지날 때는 들녘에 조[粟]가 쌓여 있었는데 마침 사람이 없었다. 수행하던 사람들이 조를 가져다 말에게 먹였다. 이공수는 조 한 묶음[束]의 값이 베[布]로 쳐서 얼마에 해당하는가를 묻더니 그 값을 계산해 베의 양쪽 끝에 자신이 조를 이용한 자초지종을 써서 조를 쌓아둔 속 안에 넣어두고 떠났다. 수행하던 사람들이 "이렇게 놓아둬봐야 반드시 다른 사람이 가져갈 것이니 주인에게 무슨 보탬이 되겠습니까? 값을 보상하지 않는 것만 같지 못합니다."라고 했다. 이공수는 "나도 진실로 알고 있다. 그러나 반드시 이렇게 해야만 내 마음이 편하기 때문이다.(吾固知之. 然必如是, 吾心得安.)"라고 말했다. 공직자가 어떻게 처신해야 하는가를 극명하게 제시하고 있다. 600여 년 전 고려의 공직자 이공수는 이렇게 반듯하게 처신했다.

전남 장성군 황룡면 금호리에 가면 묘소 앞에 아무 글씨도 새기지 않은 호패 모양의 백비白碑가 있다. 조선 중기 박수량朴守良(1491~1554)의 묘비다. 박수량은 경기도 관찰사, 호조판서, 지중추부사

등을 역임했고 청백리에 뽑혔다. 그는 38년 동안 벼슬했으나 서울에서 변변한 집 한 칸 갖지 못했을 만큼 청렴했다. 암행어사 탐문에서도 "시골집에서도 끼니 때 굴뚝에 연기가 나지 않는다."는 보고가 올라왔을 정도다.

그는 64세로 세상을 떠나면서 묘를 크게 하지 말고 비석도 세우지 말라고 유언했다. 하지만 명종은 그의 죽음을 슬퍼해 서해 바다에서 빗돌을 골라 하사했다. 자손들은 "청백했던 삶을 비문으로 쓰면 오히려 그의 청렴을 잘못 알려 누를 끼칠 수 있다."면서 글자 한 자 새기지 않고 비석만 세웠는데, 이것이 백비다. 임금의 하사품인

박수량의 묘와 백비(白碑) 비문을 새기지 않은 박수량의 묘비에서 그의 청백했던 삶을 알 수 있다.

1. 천하 사람들이 근심하기에 앞서 근심하고, 천하 사람들이 즐거워한 뒤에 즐거워한다.

비석을 세우면서 유언을 지킨 것이다.

 하서 김인후가 쓴 묘지명에 "언제나 두 아들에게 이르기를, '내가 초야로부터 외람되게 정이품(判書)의 벼슬에까지 이르렀는데, 분수에 넘는 영광이다. 내가 죽으면 절대로 시호(諡號)를 청하거나 비석을 세우지 말라'고 했다."라는 구절이 있다. 그리고 부친이 병환이 나자, 벼슬을 버리고 시중하던 효성스러운 모습과, 어머니가 세상을 뜨자 며칠 동안 옷을 입은 채로 날을 새운 효성에 대하여도 자세히 언급하고 있다.

 이공수와 박수량은 노블레스 오블리주를 실천한 공직자의 롤모델이다. 셰익스피어가 "백합이 썩으면 잡초 썩는 것보다 더 고약한 냄새가 난다."는 말을 괜히 한 것이 아님을 알 수 있다. 생선은 꼬리부터 썩지 않는다. 반드시 머리부터 썩는다. 노블레스 말라드Noblesse malade가 만연한 나라는 희망이 없다.

 다산은 1818년(순조 18) 봄에 유배지 다산초당에서 『목민심서』를 완성했다. 당시 다산은 57세였고 귀양살이 18년차였다. 국회 인사청문회 대상자들 중에서 『목민심서』에 제시된 공직윤리와 거리가 먼 이들이 한둘이 아니다. 다산이 제시한 공직윤리가 아직도 제대로 지켜지지 않고 있는 우리의 현실이 부끄럽다.

탐욕의 종말

청산은 나를 보고 말없이 살라하고	靑山見我無語居
창공은 나를 보고 티 없이 살라하네	蒼空視吾無埃生
탐욕도 벗어놓고 성냄도 벗어놓고	貪慾離脫怒抛棄
물같이 바람같이 살다가 가라하네	水如風居歸天命

   인구에 회자되는 이 시는 고려말 나옹선사懶翁禪師(1320~1376)가 지었다고 하는데, 우리들에게 세상을 어떻게 살아야 하는가를 생각케 한다. 밑도 끝도 없는 탐욕의 늪을 허우적거리면서 독선과 아집에 빠져 성내기를 밥 먹듯이 하는 속인들은 한 점의 티도 없이 물같이 바람같이 살아가기는 어려운 일이다. 그러나 노력여하에 따라 티를 조금이나마 덜 묻히고 탐욕과 성냄을 자제한다면 오욕의 삶은 면할 수 있을 것이다.

---

1. 천하 사람들이 근심하기에 앞서 근심하고, 천하 사람들이 즐거워한 뒤에 즐거워한다.

당나라 선종禪宗의 고승이자 은일隱逸의 시승인 한산寒山 스님은 세상에서 말하는 빈자貧子이며 미치광이[風狂師]였다. 그는 천태산 당흥현唐興縣 서쪽 70리에 있는 한암寒岩 속에서 살았는데 얼굴은 삐쩍 말랐으며 다 떨어진 옷을 입고 자작나무 껍질로 만든 모자를 쓰고 큰 나막신을 끌고 다녔다. 무욕의 세계를 유영하면서 철저하게 "무소유의 삶"을 살다간 스님의 『한산시집寒山詩集』에 주옥같은 시 3백여 수가 남아 있다. 한산 스님은 산에 열린 열매는 원숭이에게 주고 연못의 물고기는 백로에게 주라고 노래했다.

산에 있는 과일은 원숭이 너나 따먹고	山果獼猴摘
연못에 있는 물고기는 백로 너나 먹으렴	池魚白露銜

자연의 것은 자연에게 주고 탐욕의 무거운 짐을 내려놓으라는 것이다. 인간의 탐욕은 끝이 없다. 가을이 되면 산짐승의 양식인 도토리를 주워다가 묵을 해 먹어야 직성이 풀리는 사람들로 인하여, 멧돼지가 먹을 것을 찾아 서울 시내를 활보하다가 죽임을 당한 적이 여러 번 있었다. 게다가 시도 때도 없이 연못 속의 물고기를 낚시로 잡아먹어서, 지금은 어릴 적에 보았던 그 많던 백로 떼들이 우리 곁을 떠난 지 오래되었다.

산짐승과 백로의 양식까지 빼앗아 먹는 것은 만물의 영장인 인간이 할 짓이 아니다. 다산은 『목민심서』에서 "옛날부터 무릇 지혜가 깊은 선비는 청렴으로써 교훈을 삼고 탐욕으로써 경계를 삼지 않은 자가 없었다.(故自古以來, 凡智深之士, 無不以廉爲訓, 以貪爲戒.)"고 했다. 중국 북주北周 때 배협裵俠은 "청렴은 벼슬살이의 근본이며 검약은 몸가짐의 바탕이다.(淸者, 莅官之本, 儉者, 持身之本.)"라고 했다.

한때 권력의 꿀단지를 끌어안고 큰소리치며 거들먹거리던 높은 분들이 어느 날 갑자기 맥을 못추고 두 손에 은팔찌(수갑)를 차고 옷 주고 콩밥까지 주는 국립대학(?)의 높은 담장 안으로 수도하러 가는 모습을 자주 본다. 탐욕의 종말이다. 지위가 높은 사람이 탐욕의 노예가 되면 결국 자신을 파멸시키고 국격國格을 격하시킨다. 탐욕의 짐을 내려놓아야 오욕을 면할 수 있고 당당할 수 있다.

1. 천하 사람들이 근심하기에 앞서 근심하고, 천하 사람들이 즐거워한 뒤에 즐거워한다.

목민관의 표상, 기건

　명나라 허자(許鎡)는 청렴하고 강직했다. 그가 가선(嘉善)현령으로 부임할 때 아들 하나와 종 하나만 데리고 갔다. 겨울철에 아들이 추위를 이기지 못해 밖에서 숯을 구해올 것을 청하자, 허자가 창고에서 막대기 한 개를 가지고 오게 하여 아들에게 주면서 "이것을 밟아 굴리도록 하라. 발이 저절로 따뜻해 질 것이다."고 했다. 다산은 너무 각박해서 인정에 가깝지 않으니 본받을 것이 못된다고 했지만, 허자는 아들을 엄격히 교육시킨 아버지였다.

　조선초 문신인 기건(奇虔)(?~1460)은 수양대군이 1455년 윤6월에 조카인 단종의 보위를 찬탈하자 관직을 버리고 두문불출하고 절의를 지켜 다시는 벼슬길에 오르지 않았다. 세조(수양대군)가 다섯 번이나 그를 찾았지만, 청맹(靑盲)을 빙자하고 끝내 절개를 지켰다. 사후에는 전라남도 장성의 추산서원秋山書院에 제향되었으며, 시호는 정무貞武이다.

　기건이 연안延安 부사가 되었을 때이다. 연안에 붕어를 양식하는 큰 연못이 있어서 공사 간에 잡아오게 해서 그 폐해가 백성들에게까지 이르자, 사람들이 붕어의 무덤이라고 조롱했다. 기건은 군민들이 붕어를 어렵게 잡는 것을 배려하여 "어찌 입과 배 때문에 염치를 손상케 하겠는가."라고 말한 후 입에 대지 않았다.

　기건은 1443년(세종 25) 12월에 신처강辛處康의 후임으로 제주목사로 부임하여 1445년 12월 첨지중추僉知中樞로 전출될 때까지 선정을 베풀고, 불필요한 지방 관제를 없애고 해양 방어체제를 개편했다.

　제주의 해녀들은 전복을 채취하느라 고통이 이루 말할 수가 없었다. 기건은 "백성들이 전복 때문에 고통을 당하는 데 내가 차마 이것을 먹을 수 있겠는가." 하고 전복을 먹지 않았다. 사람들이 모두 그의 청렴함에 감복했다.

　옛적의 제주도 풍속은 어버이가 죽으면 장사지내지 않고 시신을 구렁텅이에 내버렸다. 기건이 제주목사로 부임하여 아전들에게 관곽棺槨을 갖추고 염을 하고 장례절차를 가르쳤다. 기건의 교화敎化로 제주도에서 부모의 장례를 지내기 시작했다.

　하루는 기건이 꿈을 꾸었는데, 3백여 명이 나타나 뜰아래에서 절을 하고 머리를 조아리며 사례하기를 "공의 은혜로 인하여 해골이

1. 천하 사람들이 근심하기에 앞서 근심하고, 천하 사람들이 즐거워한 뒤에 즐거워한다.

땅 밖으로 드러나는 것을 면할 수가 있었으나 은혜를 갚지 못했습니다. 공께서는 응당 금년에 어진 손자를 낳아 기르게 될 것입니다."라고 했다. 과연 징험이 있었다. 기건의 세 아들은 모두 자식이 없었는데 이 해에 장령掌令 기축奇軸이 아들 기찬奇襸을 낳았는데 후일 벼슬이 응교應敎에 이르렀다.

기건은 노블레스 오블리주를 실천한 공직자의 롤 모델이다. 국회 인사청문회 대상자는 적어도 기건과 같이 국민에게 감동을 주는 스토리 서너 개는 있어야 한다. 감동의 스토리는 커녕 아들이 '병약'해서 신성한 병역의무를 면제받았다는 등 향기롭지 못한 이야기들만 있어서 국민들을 열받게 하고 있다. 이유를 불문하고 아들도 건강하게 키우지 못한 사람이 어떻게 막중한 국정을 제대로 담당할 수 있을까?

고위 공직자는 월급도 많은데 아들을 병약하게 키워 입영면제를 받게 한 것은 부모의 도리를 방기放棄한 것이며 전형적인 노블레스 말라드이다. 우리 보통 사람들은 아들을 건강하게 키워서 군대에 보내고 있다. 나는 육군 병장 출신으로 1남 3녀를 낳았다. 내 아들은 ROTC 육군 중위 출신이다. 그리고 큰사위는 방위로 상병 제대, 둘째 사위는 ROTC 육군 중위로 제대, 막내 사위는 병장으로 제대했다. 나와 아들과 사위들이 모두 신성한 병역 의무를 필했다. 자식을 당당하게 키워야 한다.

　기건과 같이 노블레스 오블리주를 실천하여 감동을 주는 공직자가 많아야 조국의 미래가 있다.

1. 천하 사람들이 근심하기에 앞서 근심하고, 천하 사람들이 즐거워한 뒤에 즐거워한다.

맹사성과 소무덤

비가 오는 날에 한 대감이 맹사성孟思誠(1360~1438) 정승 집을 찾아 갔다. 그 대감은 맹 정승이 초라하게 사는 것을 보고 크게 놀랐다. 안으로 들어가서 그는 더욱 놀랐다. 여기저기서 빗물 새는 소리가 요란하고, 맹 정승 부부는 빗물이 떨어지는 곳에 그릇 갖다 놓기 바빴다. 대감은 그만 눈물이 핑 돌아 말을 제대로 잇지 못했다. "대감께서 어찌 이처럼 비가 새는 초라한 집에서……."라고 하자, 맹사성은 "허허, 그런 말 마오. 이런 집조차 갖지 못한 백성이 얼마나 많은지 아오."라고 했다. 맹사성은 조선왕조 청백리의 롤 모델이다.

햇살이 솜털처럼 따사로운 봄날 맹사성은 집 뒤 설화산 기슭을 오르던 중에 개구쟁이 어린아이들에게 시달림을 받고 있는 큰 짐승을 발견했다. 개구쟁이들은 큰 짐승의 눈을 찌르고 배 위에 올라

타면서 즐겁게 놀고 있었다. 멀리서 보니 짐승은 괴롭힘을 당하면서도 어쩐 일인지 꼼짝도 못했다. 평소 남의 일에 참견 않는 맹사성은 "이런 고얀 녀석들! 말 못하는 짐승을 돌보지 않고 못살게 굴어서야 되겠느냐. 썩 물러가지 못할까."라고 호통을 쳤다.

혼비백산한 아이들이 달아난 후 가까이 가보니 검은 소가 탈진해 있었다. 얼른 집으로 가서 쇠죽을 쑤어다 먹이고 극진히 간호했다. 기운을 차린 검은 소가 꼬리를 치며 맹사성을 따라 왔다. 집에 데려와 정성껏 거두며 주인 잃은 소를 찾아 가라고 소문냈지만 주인은 나타나지 않았다. 그 후 맹사성은 이 소를 수족처럼 아끼며 한평생을 타고 다녔다.

맹사성이 1438년(세종 20) 79세로 세상을 떠나자 검은 소는 사흘을 먹지 않고 울부짖다가 굶어 죽었다. 사람들이 이를 보고 감동하여 맹사성의 묘 아래 묻어 주고 검은 소의 무덤이라 하여 '흑기총黑麒塚'이라고 이름 붙였다. 무덤은 주인 묘와 같이 좌향으로 나 있으며 비석도 세워져 있다. 맹사성의 묘는 경기도 광주시 광주읍 직동 산 27에 있다.

세종대왕 시절 우의정과 좌의정을 지낸 맹사성의 호는 고불古佛로 온양 출신으로 본관은 신창新昌이다. 고려 수문전제학修文殿提學 맹희도孟希道의 아들이며, 최영 장군의 손녀사위이다. 그는 공무가 아

1. 천하 사람들이 근심하기에 앞서 근심하고, 천하 사람들이 즐거워한 뒤에 즐거워한다.

흑기총(黑麒塚) 맹사성이 타고 다니던 검은 소 무덤으로 맹사성 묘소 아래에 있다.

니고서는 말을 타는 일이 없었고 가까운 거리는 걸어서 갔고 먼 거리는 소를 타고 다녔다.

맹사성이 고향인 온양으로 온다는 말을 듣고 고을 현감이 잘 보이기 위해 길을 닦고 기다렸는데 어느 노인이 소를 타고 오는 것이었다. 현감은 노인을 잡아오라 시켰지만, 노인은 하인들에게 "어찌 맹꼬불(맹사성의 호가 고불)이 자기 소를 타고 길을 가는데 길을 막아서는가?" 하고 웃으며 유유히 지나갔다. 보고를 받은 현감은 맹사성임을 알고 급히 찾아가다가 그만 현감 인수印綬(官印)를 연못에 빠뜨려 그 연못을 인침연印沈淵이라 불렀다. 정승이라는 신분에도 소박하고 소탈하게 하고 다니니 현감이 알아보지 못한 것이다.

맹사성이 우의정 재임시에 『태종실록太宗實錄』 편찬 감관사監館事로서 감수했다. 『태종실록』 편찬이 완료되자 세종대왕은 아버지 태종의 행적이 어떻게 기록되었는가 궁금하여 한번 보고자 했다. 그러자 맹사성이 "왕이 실록을 보고 고치면 반드시 후세에 이를 본받게 되어 사관史官이 두려워서 그 직무를 수행할 수 없을 것입니다."라고 반대하니 세종이 이에 따랐다. 훌륭한 신하에 훌륭한 임금이었다.

맹사성은 효성이 지극하고 청렴하여 식량은 늘 녹미祿米(봉급으로 받은 쌀)로 했다. 출입할 때에는 소 타기를 좋아하여 보는 이들이 그가 재상인 줄을 알지 못하였다. 영의정 성석린成石璘(1338~1423)은 선배로서 그의 집 가까이에 살았는데, 매번 그의 집을 오고 갈 때는 존경의 표시로 집 앞에서 말을 내려 지나갔다고 한다.

청백리 맹사성은 공직자의 사표師表가 된다. 정승으로서 비가 새는 집에 살았고, 검은 소를 구해주고 소를 타고 다녔고, 임금도 왕조실록을 볼 수 없도록 칼날 같은 매서운 전통을 세웠다. 이러한 행적은 우리에게 시사하는 바가 크다. 우리 선조들은 이렇게 노블레스 오블리주를 실천했다. 국회 인사청문회에 나오는 고위 공직자들은 맹사성처럼 국민에게 감동을 주는 스토리들이 있었으면 좋겠다.

1. 천하 사람들이 근심하기에 앞서 근심하고, 천하 사람들이 즐거워한 뒤에 즐거워한다.

썩은 선비, 부유腐儒

　선비의 길을 가지 않고 불의한 권력에 빌붙어 영화를 탐한 자들을 '부유腐儒'라고 한다. 부유는 '썩은 선비'이다. 팔삭둥이 한명회韓明澮(1415~1487)는 개성에 있는 경덕궁 문지기(수위) 출신이다. 그는 수양대군과 생살부를 만들어 놓고 1453년 10월 10일 밤 쿠데타를 일으켰다. 제일 먼저 좌의정 김종서를 비겁하게 뒤에서 철퇴로 살해했다. 이어서 영의정 황보인 등 조정의 대신들을 무참히 살육했다.

　그리고 어린 단종을 위협하여 수양대군은 영의정, 한명회는 사복시소윤이 되어 실권을 장악했다. 수양대군은 2년 후인 1455년 윤6월 단종을 강제로 퇴위시키고 왕위에 올랐고, 한명회는 좌부승지를 거쳐 영의정이 되었다. 한명회는 상당부원군으로 봉해졌고 예종 때 다시 영의정이 되었으며 그의 후광으로 두 딸이 왕비가 되었다.

　그러나 아버지의 악행에 대한 업보를 대신 받았는지 한명회의 두 딸이 모두 요절했다. 즉 예종의 왕비 장순왕후는 인성대군을 낳고 17세로, 성종의 왕비 공혜왕후는 소생이 없이 19세로 죽었다. 자신도 죽은 지 17년 만에 무덤을 파헤쳐서 관을 쪼개고 목을 베는 소위 부관참시를 당했다. 그 이유는 연산군 어머니 윤씨를 사사시키는 데 관련했기 때문이다. 하늘은 무심치 않았다.

우리는 한명회의 삶과 궤적을 통하여 무엇을 배우고 무엇을 느낄 것인가? 그의 삶에서 교훈을 얻지 못한다면 선비가 아니다. 권력에 아부하고 양지만을 찾는 자를 선비라고 할 수 없다. 선비는 얼어 죽어도 곁불을 쬐어서는 안 된다. 그런데 곁불을 쬐려고 안달하는 이들이 있다. 선비정신이 죽은 사회는 희망이 없다. 사육신인 성삼문, 하위지, 이개, 유성원, 박팽년, 유응부가 걸어간 대쪽 같은 선비정신을 회복해야 우리 사회를 바로잡고 정화시킬 수 있고 미래가 있다. 썩은 선비, 부유가 없어야 나라가 발전한다.

"목이 부러져도 굴하지 않는 기개"와, "국사에 통탄할 사태가 벌어졌을 적에 직언으로써 지존에게 직소"하고, "청렴개결淸廉介潔을 생명으로 삼았던"(이희승의 『딸깍발이』) 꼬장꼬장한 딸깍발이 선비가 많아야 나라가 발전한다.

1. 천하 사람들이 근심하기에 앞서 근심하고, 천하 사람들이 즐거워한 뒤에 즐거워한다.

청문淸門 · 예문例門 · 탁문濁門

윤동주 시인은 「서시」에서 "죽는 날까지 하늘을 우러러/ 한 점 부끄럼이 없기를/ 잎새에 이는 바람에도/ 나는 괴로워했다"고 노래했다. 이 풍진세상을 살면서 하늘을 우러러 한 점 부끄러움 없이 살기가 쉬운 일이 아니다. 그런데 한 점 부끄러움이 없이 산 우리 선조들이 있다.

조선 11대 임금 중종은 궁궐 안뜰에 문門을 3개 만들어 세우고, 청문淸門·예문例門·탁문濁門이라고 써 붙이도록 했다. 청문은 맑고 깨끗한 사람이 통과하는 문이고, 예문은 예사(보통) 사람이 통과하는 문이고, 탁문은 깨끗하지 못한 사람이 통과하는 문이다. 그런 후에 만조백관들에게 자기에게 해당된다고 생각하는 문을 통과하게 했다고 한다.

고관대작들이 모두 보통문[例門]으로 나가는데 조사수趙士秀 (1502~1558)만이 조금도 머뭇거림이 없이 당당하게 맑고 깨끗한 문인 청문淸門으로 들어갔다고 한다. 이런 조사수를 아무도 손가락질하는 사람이 없었다고 한다. 하늘을 우러러 한 점 부끄러울 것이 없다는 것을 당당히 보였던 것이다.

청백리인 조사수는 중종 26년(1531) 식년문과에 갑과甲科로 급제한 후 여러 벼슬을 거쳐 제주목사, 이조참판, 대사성, 대사간, 대사헌, 경상도 관찰사 등을 거쳐 이조·호조·형조·공조 판서를 역임한 후 지중추부사, 좌참찬에 이르렀다. 명종 12년(1557) 종계변무 주청사宗系辨誣奏請使로 명나라에 다녀왔다. 그는 청렴하고 근신했으며 문장에 뛰어났다. 그가 세상을 뜨자 명종은 교서를 내려 애도했다. 시호는 문정文貞이다.

한번은 임금 앞에서 경연經筵을 하는 자리에서 호화주택 문제로 영의정 심연원沈連源(1491~1558)에게 "백성들의 집이 법에 맞지 않게 크거나 호화로운데, 영의정이 첩의 집을 사치롭게 지었으니 영의정이 법을 어긴 탓에 백성들도 어기는 것입니다."라고 했다. 영의정은 식은땀을 흘리다가 물러났는데, 그 후 첩의 집을 멀리했다고 한다. 그러나 심연원 영의정은 원한을 품지 않고 뒷날 이조판서 자리에 조사수를 천거했다고 한다.《전주향교》

1. 천하 사람들이 근심하기에 앞서 근심하고, 천하 사람들이 즐거워한 뒤에 즐거워한다.

1546(명종 1) 4월 10일에 대사간 조사수가 청백리로 천거되자 자신의 이름을 삭제해 줄 것을 청했다. "소신의 천성이 본래 잔약하고 어리석어서 남에게 무엇을 요구하지는 않지만 남들이 혹시 주는 자가 있으면 받아서 먹기도 하였으니 대단히 청렴하지 못했습니다. 성조聖朝에서 너그러이 용납하시어 탐리貪吏를 면하게 한 것만으로도 만족한데 잘못 실정에 지나친 이름을 얻고 보니, 이는 신이 하늘을 속이는 죄를 받을 뿐만 아니라 청명淸明한 정치를 지향하는 신정新政에도 누가 될 것이 두려우며 몸 둘 바를 몰라 저도 모르게 이마에 땀이 맺히고 등에도 땀이 흐릅니다. 청백리의 이름을 삭제하시고 아울러 불차不次의 명도 거두어 주소서."라고 했다.

　명종은 "청백리란 예부터 드문 것이다. 경의 행실은 온 조정이 잘 알기 때문에 천거한 것이니 사양하지 말라."고 했다. 조사수가 다시 "소신이 되풀이 생각해 보아도 제 자신이 부족하다는 것을 분명히 알겠습니다. 이러한 몸이 대사간이 되었으니 더욱 뻔뻔스럽게 그대로 행공行公할 수 없는 일입니다. 신의 간청을 따라주소서." 하니, 명종은 "경의 청덕淸德은 어느 한 사람이 천거한 것이 아니라 바로 조정이 다 함께 천거한 것이니 사양하지 말라."고 했다.(『명종실록』)

　하늘을 우러러 한 점 부끄럼 없이 벼슬살이를 한 청백리 조사수의 삶은 공직자의 사표가 된다. 국회 인사청문회는 김대중 정부 때부터 시작되었으나, 조사수와 같은 청렴한 인물이 인사청문회 나온 것을 보지 못했다. 중종처럼 청문·예문·탁문을 세워놓고 청문淸門을 통과한 사람만 인사청문회를 한다면 어떨까? 하도 답답해서 하는 말이다.

---

1. 천하 사람들이 근심하기에 앞서 근심하고, 천하 사람들이 즐거워한 뒤에 즐거워한다.

꼴불견

우리는 격에 맞지 않는 아니꼬운 행동을 할 때 흔히 "꼴값을 떤다"고 한다. 예나 지금이나 꼴값을 떨면 꼴불견이다. 영의정을 지낸 이상황李相璜(1763~1841)이 암행어사 시절 이야기다. 새벽에 충청도 괴산군의 관아가 있는 곳에서 5리쯤 떨어진 곳에 도착했는데 미명未明이라 하늘이 아직도 어둑어둑했다.

저 멀리 미나리 밭에서 한 농부가 소매에서 나뭇조각을 꺼내어 진흙 속에 거꾸로 꽂았다가 다시 길가에 바로 세우고, 또 수십 보 앞으로 나아가 소매에서 나뭇조각을 꺼내 진흙 칠을 해서 세우는데, 이렇게 하기를 다섯 번이나 하는 것이었다.

암행어사가 "저것이 무엇이오." 하고 물으니, "이것은 바로 선정비善政碑요, 나그네는 모르오. 이것이 바로 선정비요."라고 대답했다. 어사가 왜 "진흙 칠을 하는거요." 하니, 농부가 대답하기를 "암행어사의 종적이 두루 미치고 있으니 이방吏房이 나를 불러 이 비 열 개를 주면서 다섯 개는 동쪽 길에 세우고 다섯 개는 서쪽 길에 심으라 하였소. 어느 눈먼 어사가 이것을 진짜 비로 알까봐 걱정되므로 진흙 칠을 해서 세우는 것이오."라고 했다. 어사 이상황은 관아로 들어가 일의 전말을 조사하여 진흙 비의 일을 따지고 봉고파직시켰다.

명나라 정선鄭瑄은 "벼슬살이를 청렴하게 하는 것은 사군자士君子의 분수 안의 일이다. 청렴하기가 어려운 것이 아니라 그 청렴을 나타내지 않는 것이 어려운 것이며, 자기의 청렴함을 믿고 남을 얕보고 억누르지 않는 것이 더욱 어렵다.(鄭瑄曰, 居官以淸, 士君子分內事. 淸非難, 不見其淸爲難, 不恃其淸而操切陵轢人, 爲尤難)."고 했다.

정선은 또 "청렴은 곧 벼슬살이의 본분이지만, 도리어 자기의 청렴을 자랑하고 탁濁한 자에게 오만해서는 안 된다. 근신하는 것은 벼슬살이에서 세심하게 해야 할 것이지만 도리어 큰 것만 삼가고 작은 것은 소홀히 해도 안 된다. 근면은 정무政務에 종사하는 바탕이지만 도리어 처음에는 부지런하고 끝에 가서 게으르면 안 된다."고 했다.

우리는 모양이나 하는 짓이 같잖거나 우스워서 볼 수 없는 것을 보게 되면 "꼴불견"이라 한다. 정선은 공직자가 청렴한 것은 당연지

---

1. 천하 사람들이 근심하기에 앞서 근심하고, 천하 사람들이 즐거워한 뒤에 즐거워한다.

사인 만큼, 이를 자랑하는 것은 꼴값을 떠는 일이라고 했다. 청렴하더라도 자랑하지 말라는 것이다. 겸손하라는 말씀이다. 『성경』에도 '너는 구제할 때에 오른손의 하는 것을 왼손이 모르게 하여 네 구제함이 은밀하게 하라'(마태6:3~4)고 했다.

정선은 "청렴하기가 어려운 것이 아니라 그 청렴을 나타내지 않는 것이 어려운 것이다."라고 했다. 훌륭한 사람은 겸손하여 자기 자랑을 하지 않는다. 잘난 사람일수록 겸손하다. 겸손은 아름답다. 꼴값을 떠는 사람이나 꼴불견 짓을 하는 사람은 우리 사회 발전에 전혀 도움이 안 된다.

뱃속의 아이를 지켜주오

　병자호란(1636) 때 천추대절을 남기고 순국한 삼학사三學士(홍익한, 윤집, 오달제)의 한 분인 오달제吳達濟(1609~1637)는 해주오씨로 오윤해吳允諧의 아들이다. 그는 19세 때에 사마시에 합격하고 26세 때 별시문과에 장원한 후 여러 벼슬을 거쳐 병자호란이 나던 해에 부교리가 되었다. 이때 청나라의 위협으로 사신을 교환하게 되자 이를 적극 반대하고 주화파인 최명길을 탄핵하는 상소를 올렸다.

　오달제는 청나라와 강화를 적극적으로 반대했다. 인조가 청군에게 항복(1637. 1. 30.)한 후 청나라는 전쟁의 책임을 척화론자斥和論者에게 돌려 이들을 찾아 처단할 것을 주장했다. 이에 윤집尹集과 더불어 자진하여 척화론자로 나서서 적진에 잡혀가 청나라로 끌려가게 되었다. 적장 용골대龍骨大는 그의 뜻을 꺾기 위해 처자를 거느리

1. 천하 사람들이 근심하기에 앞서 근심하고, 천하 사람들이 즐거워한 뒤에 즐거워한다.

고 청나라에 와 살라고 회유와 협박을 했으나, 그는 죽음보다 두려운 것은 불의라고 하고, 저들의 말을 좇으면 오랑캐가 되는 것이라 하여 저항했다. 심양瀋陽의 감옥에서 갖은 고문과 협박과 유혹에 굴하지 않고 저항하며 끝까지 반청反淸의 지조를 굽히지 않았다. 홍익한·윤집과 함께 오달제는 천추대절을 남기고 28세의 꽃다운 나이에 심양성 서문 밖에서 처형당했다. 후일 조선왕조는 오달제의 천추대절을 기려 영의정으로 추증하고 충렬忠烈이란 시호를 내렸다.

오달제가 심양의 감옥에서 부인 남씨에게 보내는 시 「심옥기내남씨瀋獄寄內南氏」를 보면 글자마다 혈루반점血淚斑點이 어려 있어 눈물 없이는 읽을 수가 없다.

정이 깊어 금슬이 좋았었지요	琴瑟因情重
결혼한 지 두 해도 못 되었는데	相逢未二朞
지금 만 리 머나먼 길 헤어졌으니	今成萬里別
백년해로하자는 기약 속절없구려	虛負百年期
땅이 넓어 편지도 보내기 어렵고	地闊書難寄
산길이 멀어서 꿈길마저 더디다오	山長夢亦遲
내 목숨 어찌될지 알 수 없으니	吾生未可卜
뱃속의 아이를 잘 보호해 주오	須護腹中兒

금슬이 좋았던 오달제 부부는 결혼한 지 2년이 못 되었는데 타의에 의해 생이별을 했다. 이역만리 심양의 감옥에 갇혀 조롱 속의 새가 되어 백년해로의 약속을 지킬 수 없었다. 부부간의 약속도 소중한 것이지만, 조국이 오랑캐의 속국이 되는 것을 몸을 던져 막는 것이 지식인으로서 해야 할 일이었다. 적국의 감옥에 갇혀 있어 편지마저 보내기 어려웠고, 꿈속에서 아내를 찾아가고자 하나 산길이 멀어 더디었다. 감옥에 갇힌 자신의 운명은 내일을 기약할 수 없기에 아내에게 "당신 뱃속의 아이를 잘 보호해 주오."라고 했다. 유복자를 부탁하는 시인의 처절한 단장의 유언은 시를 읽는 우리들의 심금을 울린다.

오달제의 올곧은 삶과 옷깃을 적시게 하는 이 시는 우리들에게 많은 것을 생각하게 한다. 장부로 태어나서 이 풍진세상을 어떻게 살아가야 하는가? 닫힌 공간인 우리에서 사는 살찐 돼지의 삶을 택할 것인가? 아니면 하늘을 훨훨 나는 마른 학鶴으로 고고하게 일생을 살아갈 것인가? 우리 스스로 판단할 일이다.

---

1. 천하 사람들이 근심하기에 앞서 근심하고, 천하 사람들이 즐거워한 뒤에 즐거워한다.

청백리 김수팽

조선 영조 때 김수팽金壽彭의 청렴은 유명하다. 그는 호조의 하급 관리인 서리胥吏였고, 아우 김석팽金石彭은 선혜청 창고를 지키는 일을 맡고 있었다. 이들 형제는 어려서부터 홀어머니 슬하에서 어렵게 살았는데 성장해서도 형편이 어려웠다.

김수팽은 동생이 부업으로 염색을 하는 것을 보고 "명색이 관리로 나라에서 녹을 받으면서도 그것으로 만족하지 못하고 염색 일을 더 한단 말이냐? 부족하면 부족한 대로 살림을 꾸리면 될 것이지, 녹은 녹대로 받아먹으면서 이런 장사까지 해먹으면 더 가난한 백성들은 무얼 해서 먹고 살란 말이더냐?" 하고, 염색하는 항아리 30여 개를 모두 깨뜨려 버렸다.

김수팽이 어느 날 서류를 결재 받으려고 판서의 집으로 찾아갔더니, 판서는 마침 손님과 바둑을 두고 있었다. 김수팽이 결재해 달라고 청했지만, 판서는 머리만 끄덕일 뿐 여전히 바둑만 계속 두었다. 그는 섬돌에 뛰어올라가 손으로 바둑판을 쓸어버리고, "죽을 죄를 지었습니다. 그렇지만 나라 일은 늦출 수가 없으니, 저를 파직시키시고 다른 아전을 시켜서 결재하시기 바랍니다."라고 했다. 그러고는 즉시 나가 버렸다. 판서가 쫓아와 사과하며 그를 붙들었다.

한번은 영조가 한밤중에 내탕고에서 급히 2만 냥을 지출하여 들여보내라는 명령을 내렸다. 이를 들은 김수팽은 일이 아무리 급해도 절차는 지켜야 한다며 일부러 느릿느릿 움직였다. 여기저기 소속 상관의 집을 찾아다니면서 결재를 받다보니 어느새 새벽녘이 되었다.

김수팽이 왕궁으로 돌아오자 앞서 2만 냥을 들이라는 명령이 취소되었다는 전갈이 와 있었다. 사정을 알고 보니 영조가 밤중에 한 궁녀에게 빠져서 2만 냥을 하사하려고 했던 것을 날이 밝고 차분히 생각한 끝에 명을 거두었다. 후에 영조도 김수팽이 늑장을 부린 꾀를 전해 듣고 잘했다며 크게 칭찬했다고 한다.

김수팽은 자신은 물론 동생 가족의 관리에 철저했고 공직자로서 확고한 소신이 있었다. 그리고 임금님의 부당한 지출 명령을 결재 과정의 지연작전으로 막은 슬기로운 공직자였다. 청백리 김수팽의 올곧은 삶과 소신, 그리고 지혜는 이 시대의 공직자에게 교훈이 될 것이다.

1. 천하 사람들이 근심하기에 앞서 근심하고, 천하 사람들이 즐거워한 뒤에 즐거워한다.

나라를 망치는 길, 구패九敗

'관포지교'로 유명한 관중管仲은 춘추전국시대 제나라의 정치가이자 사상가로, 환공桓公을 보좌하여 춘추시대 제일가는 강성한 패주霸主가 되게 한 명재상이다. 관중은 『관자管子』「입정立政」에서 나라를 망치는 '구패九敗'가 있다고 했다.

① 비전주의非戰主義가 판을 치면, 험준한 요새가 있어도 나라를 지켜내지 못한다(寢兵之說勝, 則險阻不守).

② 겸애주의兼愛主義가 판을 치면, 병사들은 싸우려고 안한다(兼愛之說勝, 則士卒不戰).

③ 탐풍주의貪風主義가 판을 치면, 염치가 없어진다(全生之說勝, 則廉恥不立).

④ 이기주의利己主義가 판을 치면, 임금의 명령이 시행되지 않는다

(私議自貴之說勝, 則上令不行).

⑤ 도당주의徒黨主義가 판을 치면, 현인과 어리석은 자를 구별할 수 없다(群徒比周之說勝, 則賢不肖不分).

⑥ 배금주의拜金主義가 판을 치면, 작위爵位나 가문의 가치가 하락한다(金玉貨財之說勝, 則爵服下流).

⑦ 향락주의享樂主義가 판을 치면, 간사한 무리가 득세한다(觀樂玩好之說勝, 則姦民在上位).

⑧ 정실주의情實主義가 판을 치면, 법이 제대로 시행되지 않는다(請謁任擧之說勝, 則繩墨不正).

⑨ 아첨주의阿諂主義가 판을 치면, 간교한 소인배가 거들먹거린다(諂諛飾過之說勝, 則巧佞者用).

나라를 망치는 이 '구패'는 어쩌면 우리 사회의 문제점들을 일목요연하게 정리한 것과 같다. '구패'는 시공을 초월하여 국가경영에 명심해야 할 사항들이다.

제갈량의 「출사표」를 6자로 줄인다면 "친현신 원소인親賢臣 遠小人"이다. 제갈량은 황제가 "현명한 신하를 가까이하고 소인배를 멀리했기 때문에 전한前漢이 융성할 수 있었고, 소인배를 가까이하고 어진 신하들을 멀리했기 때문에 후한後漢이 기울고 무너졌다.(親賢臣, 遠小

---

1. 천하 사람들이 근심하기에 앞서 근심하고, 천하 사람들이 즐거워한 뒤에 즐거워한다.

人, 此先漢所以興隆也, 親小人, 遠現臣, 此後漢所以傾頹頹也.)"고 했다.

관중이 제시한 망국의 길인 구패는 시공을 초월하여 척결의 대상이다. 문제는 통치자의 의지에 달려 있다. 코드가 맞는 집단에 의존한 패거리 주의를 뜻하는 크로니즘cronyism(정실주의)은 선진 민주국가에서는 부패와 거의 같은 뜻으로 취급된다. 구패와 크로니즘을 척결해야 한다. 훌륭한 지도자는 친현신 원소인親賢臣 遠小人 한다.
국가 경영은 인사에 달려 있다. 인사人事가 만사다.

공직자의 교과서, 『목민심서』

    2014년 봄은 『목민심서』가 세상에 나온 지 꼭 196주년이 된다. 다산은 1818년(순조 18) 봄에 유배지 다산초당에서 『목민심서』를 완성한다. 당시 다산은 57세였고 귀양살이 18년차였다. 다산은 이해 8월에 유배에서 풀려나 9월 14일 고향으로 돌아온다.

    철종(재위 1849~1863) 말기인 13년(1862, 임술) 2월에 진주 백성들이 병사兵使 백낙신白樂莘의 탐학에 저항하여 민란을 일으켰고, 4월에 익산, 개령, 함평 등지에 민란이 일어났다. 5월에 충청도, 전라도, 경상도 각지에 민란이 계속 일어난다. 철종은 삼남에서 민란이 나자 6월 12일에 삼정이정청三政釐整廳을 설치하고 수습책을 널리 모집한다.

    이때 노사 기정진奇正鎭(1798~1879)은 「임술의책壬戌擬策」에서, 삼정문란의 원인과 실상이 이미 『목민심서』에 다 나와 있다고 했다.

---

1. 천하 사람들이 근심하기에 앞서 근심하고, 천하 사람들이 즐거워한 뒤에 즐거워한다.

"사대부가 수령과 감사되어 이익이 생길 만한 실마리가 보이면, 부당한 이익을 취하려고 기발한 방법과 귀신같은 간악함과 비밀스러운 꾀는 말로는 다 할 수가 없고 손가락으로 다 셀 수도 없습니다. 전조前朝의 신臣 정약용의 『목민심서』에 모두 언급되어 있으니, 전하께서 책을 구해다가 시험 삼아서 하루 읽어보시면 백성들의 질고와 나라를 좀먹게 하는 실상을 아실 수 있을 것입니다."

士大夫之爲守令監司者, 見其爲利竇, 從而染指焉. 奇逕別歧, 神奸鬼秘, 言不能盡, 指不勝屈. 先朝臣丁鏞牧民書中臚言之, 殿下試取以備淸燕一日之覽, 則其爲瘖痏於民, 蟊賊於國者, 可得其實際矣.

기정진은 철종에게 『목민심서』를 읽으면 "백성들의 질고와 나라를 좀먹게 하는 실상을 아실 수 있을 것"이라고 했다. 『목민심서』를 삼정문란의 실태보고서이자, 농민항쟁을 종식시킬 수 있는 방책으로 보고 철종에게 일독할 것을 진언했다. 기정진이 탐관오리들이 백성들의 고혈을 착취하고 국고를 착복하는 귀신같은 음모비계陰謀秘計는 열 손가락으로 셀 수도 없다고 한 것은, 『목민심서』에 나오는 수령들이 부정축재 하는 6개 방법과 아전들이 부정축재 하는 12개 방법을 지칭한 것으로 보인다.(이 유명한 「임술의책」은 봉미(封尾)에 성명을 기재하라는 말을 듣고 올리지 않았다.)

이를 보면 『목민심서』가 당시 필사筆寫되어 널리 읽혀진 베스트셀러였음을 알 수 있다. 기정진이 「임술의책」을 쓴 것은 1862년으로,

『목민심서』가 세상에 나온 지 44년이 되고, 다산이 서거한 지 26년이 된다. 매천 황현黃玹(1855~1910)도 『목민심서』가 요즈음 말로 베스트셀러였음을 밝혔다.

"다산의 저서는 하나도 간행하여 배포된 것이 없으나, 다만 사사로이 서로들 책을 그대로 베껴서 단종單種으로 각각 흘러 다니고 있다. 『흠흠신서』와 『목민심서』 두 책은 관리가 지방을 다스리고 형사소송에 더욱 절실한 것이기에 비록 당론이 다른 집안에서도 값진 책으로 보관하지 않을 수 없었다. 지금 수백본이 나돌고 있는데 다만 오자와 잘못되고 빠진 것이 있어 읽을 수 없는 것이 있다."

(『매천야록』의 갑오이전(1864~1887) 기사)

매천은 다산의 저서가 당시 인쇄로 간행된 것이 하나도 없는데도, 『흠흠신서』와 『목민심서』는 "관리가 지방을 다스리고 형사소송에 더욱 절실한 책"이라서 널리 필사되었다고 했다. 당색黨色을 떠나 '값진 책'으로 소장하고 있는데 지금 필사본이 '수백본'이 나돌았

* 『목민심서』를 보면 수령의 농간질은 대략 6개 방법인데 ①反作 ②加分, ③許留, ④立本, ⑤增估, ⑥加執이다. 아전이 농간하는 방법은 대략 12개가 있는데 ①反作, ②立本, ③加執, ④暗留, ⑤半白, ⑥分石, ⑦執新, ⑧呑停, ⑨稅轉, ⑩徭合, ⑪私混, ⑫債勒이다.(김상홍, 『다산의 꿈 목민심서』, 새문사, 2007, 212~213쪽)

1. 천하 사람들이 근심하기에 앞서 근심하고, 천하 사람들이 즐거워한 뒤에 즐거워한다.

다고 했다. 이는 『흠흠신서』와 『목민심서』가 당시에 공직자의 필독서였고, 베스트셀러였음을 뜻한다.

국회 인사청문회 대상인 고위 공직자들의 과거 행적을 보면, 『목민심서』에 제시된 공직윤리와 거리가 너무 멀어 국민들을 실망시킨 이들이 한둘이 아니다. 다산이 196년 전에 제시한 공직윤리가 아직도 제대로 지켜지지 않고 있는 우리의 현실이 부끄럽다.

다산의 도덕성

논개는 1593년 일본 장수들이 진주 촉석루에서 잔치를 벌이고 있을 때 왜장 게야무라 로쿠스케毛谷村六助를 유인해 끌어안고 함께 남강에 떨어져 순국했다.

다산은 30세 때인 1791년에 촉석루가 있는 진주에 간다. 그의 아비기 정개원丁載遠이 진주목사였다. 이 무렵 4월에 3남 구장懼牂이 세 살로 요절했다. 다산은 아들이 천연두에 걸려 병마와 싸우는 줄도 모르고, 진주 남강에서 기생들과 배를 타고 장구치고 북치며 즐겁게 놀았다. 이 때문에 아들을 잃는 재앙을 받았다고 시 「억여행憶汝行」에서 자책하고 참회했다.

네가 병마와 싸우며 고통 받을 적에	曩汝苦痛楚
애비는 즐겁게 질탕히 놀았느니라	我方愉佚宕

1. 천하 사람들이 근심하기에 앞서 근심하고, 천하 사람들이 즐거워한 뒤에 즐거워한다.

배 타고 북치며 물놀이 하고	摛敲綠波中
기생 이끌고 홍루에서 놀았노라	攜妓紅樓上
방탕하였으니 재앙 받는 것 마땅한 일	志荒宜受殃
어찌 너를 잃는 벌을 면할 수 있겠는가	惡能免懲創

어린 아들이 병마와 싸우면서 신음하고 있는 줄 모르고 진주 남강에서 기생들과 배 타고 장구치며 질탕하게 놀았기 때문에, 하늘이 노하여 아들이 죽는 벌을 내렸다고 자책했다.

기생들과 배 타고 장구치고 놀았다고, 하느님이 어린 아들을 하늘나라로 데려가는 벌을 내린다면 이 세상 사내들 중에서 몇 명이나 자식을 키울지 모르겠다. 다산은 기생들과 장구치고 북치고 논 것 자체가 부도덕한 것으로 인식했다. 대단한 결백주의자이자 도덕적 완전주의자가 아닐 수 없다.

다산은 49세 때인 1810년 11월 6일, 유형의 땅 강진의 다산초당 동암東菴에서 잠을 자는데, 꿈에 한 미인이 나타나 유혹을 했다. 처음에는 마음의 동요가 있었으나 시 한 수를 지어주고 고이 돌려보냈다. 꿈을 깬 후 미녀에게 써 준 시를 시집에 기록했다. 시적 동기는 로맨틱하나 결국 도덕성으로 귀일歸一하고 만다.

「11월 6일 다산 동암 청재淸齋에서 홀로 잠을 자는데 꿈에 한 미녀가 나타나 나를 유혹했다. 내 또한 감정이 동하였으나 잠시 후 사양하고 보내면서 절구를 지어 그녀에게 주었다. 꿈에서 깨어나 그 시를 적으니 다음과 같다.」

十一月六日, 於茶山東庵清齋獨宿, 夢遇一姝來而嬉之. 余亦情動, 少頃辭而遣之, 贈以絕句, 覺猶了了詩曰.

눈 덮인 산속 깊은 곳에 한 송이 꽃	雪山深處一枝花
복숭아꽃과 붉은 비단처럼 아름다워라	爭似緋桃護絳紗
내 마음 이미 금강석과 쇠가 되었는데	此心已作金剛鐵
풍로가 있다한들 어찌 내 마음 녹이리오	縱有風爐奈如何

긴 시제詩題가 말해 주듯이 다산이 꿈속에서 아름다운 여인의 유혹을 뿌리친 것은 평상시의 내면세계가 극기와 결백성, 즉 도덕성이 항상 잠재되어 있기에 가능했다. 기구起句의 눈 덮인 깊은 산은 귀양지이고, 한 송이 꽃은 꿈속에 찾아온 미인을 암시한다. 눈 덮인 산 깊은 곳에 한 송이 아름다운 꽃이 피었다는 것은 자연계의 현상으로서는 있을 수 없는 비현실성, 꿈속의 세계임을 은유한 것이다. 승구承句의 복숭아꽃과 붉은 비단은 꿈속에 찾아온 미인의 자태를, 전구轉句의 단단한 금강석과 철鐵은 시인 자아의 사물화事物

---

1. 천하 사람들이 근심하기에 앞서 근심하고, 천하 사람들이 즐거워한 뒤에 즐거워한다.

化에 의한 부동심不動心으로 도덕성과 달관을 의미한다. 결구結句의 쇠를 녹이는 풍로는 미인의 유혹이다. 시인의 가슴속엔 금강석과 쇠만 남아 있다는 것은 세파에 시달리고 유배 생활에 지쳤기 때문도 아니고 마흔 아홉 살이라는 늙음 때문도 아니다. 내면에 잠재된 도덕성이 꿈에서도 미인의 유혹을 뿌리치고 고이 돌려보낸 것이다. 꿈속에서까지도 도덕적 완전주의(moral perfectionism)를 지향한 삶과 시적 세계는 자기완성으로 일원화一元化이자 다산 시의 한 특색이다.

다산은 표리表裏가 일치했다. 이러한 도덕적 완전주의를 추구한 삶과 철학이 있었기에 『목민심서』를 비롯한 542권의 저서에서 목민관에게 청렴을 요구하고 개혁안을 제시할 수 있었다.

다산 부인 홍혜완의 도덕성

　다산의 부인 홍혜완洪惠婉(1761~1838)은 인품이 훌륭하고 도덕적 완전주의자였다. 다산茶山은 15세 때 한 살 연상인 16세의 홍혜완과 결혼, 금슬이 좋아 9명(6남 3녀)을 낳은 다산多産한 아버지이다. 다산의 시 「남과탄南瓜嘆」에는 부인의 고고한 인품과 도덕성이 그려져 있다.

　다산이 성균관 유생시절인 23세(1784) 때 장마로 인하여 열흘 만에 집에 와 보니, 식량이 떨어진 지 오래되어 어린 여종이 이웃집의 호박을 훔쳐서 죽을 끓여 부인에게 드렸다가, 부인에게 꾸중을 들으며 회초리를 맞고 있었다. 「남과탄」의 일부를 보자.

아아 죄 없는 아이 꾸짖지 마오	嗚呼無罪且莫嗔
내 호박죽 먹을 것이니 두말 마시오	我喫此瓜休再說
옆집 주인 노인께 사실대로 말하리니	爲我磊落告圃翁

---

1. 천하 사람들이 근심하기에 앞서 근심하고, 천하 사람들이 즐거워한 뒤에 즐거워한다.

오릉중자 작은 청렴 달갑지 않다	於陵小廉吾不屑
이 몸도 때 만나면 출세길 열리리라	會有長風吹羽翮
안 되면 산에 가서 금광이나 파야지	不然去鑿生金穴
만 권 서적 읽었으나 어찌 아내가 배부르리	破書萬卷妻何飽
밭 두어 이랑 있었던들 여종은 깨끗했을 텐데	有田二頃婢乃潔

이 시에는 24세의 젊은 부인 홍혜완의 고고한 인품과 도덕성과 청렴성, 그리고 가난한 유생 다산의 고뇌와 지적 갈등과 정직함이 나타나 있다. 당시 부인은, 첫아들 정학연(1783~1859)이 돌이 지나지 않은 젖먹이였다. 어린 여종은 젖먹이 아기가 있는 주인마님이 식량이 떨어져 굶주리자 충성하려고 호박을 훔쳐다가 죽을 끓여 드렸다. 그러나 부인은 먹지 않고 오히려 어린 여종에게 누가 도둑질하랬냐고 엄하게 꾸짖으며 회초리로 종아리를 쳤다. 여기서 우리는 부인의 고고한 인품과 도덕성과 청렴성을 찾을 수가 있다.

다산이 18년간 유형지에서 학문에 정진할 수 있었던 것은 이런 훌륭한 부인의 내조가 있었기 때문일 것이다. 부인 홍혜완의 고고한 인품과 도덕성과 청렴성은 이 풍진세상을 사는 우리에게 큰 울림을 주고 있다. 다산 부인 홍혜완처럼 도덕적 완전주의자들이 많아야 나라의 미래가 있다.

도둑이 놓고 간 돈

도둑이 밥솥(鼎)을 훔치러 왔다가 너무 가난한 것을 불쌍히 여겨 밥솥에다 큰돈을 놓고 갔다. 그러면 그 돈을 써야 하나? 아니면 주인인 도둑에게 돌려줘야 하나? 돈을 돌려준 분이 있다. 바로 순조 때 홍기섭(洪耆燮(1781~1866))이다. 홍기섭은 조선 후기 문신으로 본관은 남양(南陽)이다.

그는 젊었을 때 매우 가난했다. 하루는 아침에 여종이 뛰어와서 돈 일곱 냥을 바치면서 "이것이 솥 안에 있었습니다. 이만하면 쌀이 몇 섬이고 나무가 몇 짐입니다. 하늘이 주신 것입니다."라고 했다. 그는 놀라서 "이것이 어찌된 돈인가." 하고, 돈 잃어버린 사람은 찾아가라는 글을 써서 대문 앞에 붙였다.

다음 날 유(劉)씨라는 사람이 찾아와 대문에 붙인 글의 뜻을 묻자, 홍기섭이 사건의 전말을 소상하게 말해 주었다. 유씨가 "남의

---

1. 천하 사람들이 근심하기에 앞서 근심하고, 천하 사람들이 즐거워한 뒤에 즐거워한다.

솥 안에다 돈을 잃어버릴 사람이 있을 리가 없습니다. 참말로 하늘이 주신 것인데 왜 쓰지 않습니까."라고 했다. 홍기섭은 "내 물건이 아닌데 어찌 가질 수 있겠소."라고 했다. 그러자 유씨가 꿇어 엎드리며 "소인이 어젯밤 밥솥을 훔치러 왔다가 너무 가난한 것을 보고 불쌍히 여겨 이 돈을 놓고 갔습니다. 지금 공公께서 고결하며 탐심貪心이 없고 마음이 깨끗함을 보고 감복되어 양심이 저절로 일어나 도둑질을 안 할 것을 맹세하고, 앞으로는 늘 옆에 모시기를 원하니 걱정 마시고 이 돈을 취하기를 바랍니다."라고 했다. 홍기섭이 돈을 돌려주면서 "당신이 선량한 사람이 된 것은 참 좋으나 이 돈은 가질 수 없소." 하고 끝끝내 받지 않았다.

홍기섭은 훗날 지금의 법무부 장관인 형조판서가 되었고 황해도 관찰사를 역임했다. 그의 아들 홍재룡洪在龍은 헌종憲宗의 장인인 익풍부원군이 되었다. 돈을 솥에 넣어두었던 유씨도 신임을 얻어 집안이 크게 번창했다. 이 가슴이 뭉클한 이야기가 『명심보감』에 실려 있다.

이 전설 같은 아름다운 이야기가 시사하는 바가 크다. 홍기섭의 고결한 인품과 청렴함이 도둑을 감복시켜 새사람이 되게 했고, 자신은 물론 자손들도 영화를 누렸다. 은행에 돈을 저축하듯이 청렴을 자꾸 저축하면 자신과 자손들이 큰 복을 받고 나라가 발전한다.

추락하는 한국의 청렴도

중국 광주廣州 20리 밖 석문石門에 '탐천貪泉'이라는 우물이 있다. 이 샘물을 관리들이 마시면 탐심貪心이 생겼다고 한다. 그래서 그런지는 몰라도 광주에 부임하는 관리마다 이 샘물을 마셔서 백성들의 고혈을 착취하다가 쫓겨났다.

동진東晉 때에 청렴한 오은지吳隱之(?~413)가 광주자사로 부임했다. 그는 자기의 마음을 굳게 채찍질하면서 아무리 탐천이라도 올곧은 사람의 마음을 변하게 할 수 있겠느냐며 그 샘물을 마시고 시「탐천貪泉」을 지었다.

옛 사람들이 말하기를 이 샘물은	古人云此水
한번 마시면 천금을 생각하게 한다네	一挿懷千金

1. 천하 사람들이 근심하기에 앞서 근심하고, 천하 사람들이 즐거워한 뒤에 즐거워한다.

| 시험 삼아 백이숙제에게 마시게 한다면 | 試使夷齊飮 |
| 끝내 마음을 바꾸지 않으리라. | 終當不易心 |

오은지는 올곧은 사람의 마음을 비록 탐천이라도 탐심으로 변하게 할 수 없다고 했다. 그는 탐천의 물을 마셨으나 탐욕은커녕 더욱 청렴하고 선정을 하니, 사람들이 그 우물을 염천廉泉(청렴한 샘)이라고 바꿔 부르게 되었다.

다산은 『목민심서』에서 "청렴한 관리를 귀하게 여기는 것은 그가 지나가는 곳의 산림이나 천석泉石도 모두 그 맑은 빛을 받게 되기 때문이다.(所貴乎廉吏者, 其所過山林泉石, 悉被淸光.)"라고 했다. 중국 북위北魏 때 방표房豹가 낙릉태수樂陵太守가 되었는데, 바닷가라서 좋은 식수가 없고 물맛이 짰다. 그가 우물을 하나 파도록 했더니 물맛이 그렇게 좋을 수가 없었다. 임기를 마치고 그가 떠나자 그 샘물이 다시 짜졌다고 한다.

국제투명성기구(Transparency International)는 지난 2013년 12월 3일에, '2013년 부패인식지수(CPI)'를 조사한 177국 중에서 한국은 10점 만점에 5.5점을 받아 46위라고 밝혔다. 우리나라는 2010년 39위(5.4점)였는데, 2011년 43위(5.4점), 2012년 45위(5.6점), 2013년 46위로 3년 연

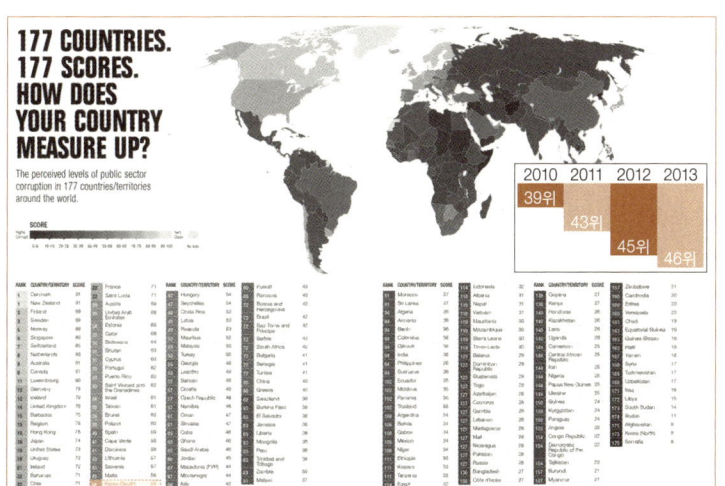

국제투명성기구가 발표한 2013년 부패인식지수(CPI-Corruption Perceptions Index)

속 순위가 추락했다. 2012년 12월 31일 한국투명성기구는 "최시중 전 방송통신위원장과 이상득 전 의원의 구속, 뇌물검사로 대표되는 사정기관의 부패 스캔들 등에 국민은 분노를 넘어 냉소를 보내고 있다."고 밝혔다.

국민권익위원회의 정부기관 627개에 대한 '2012년 공공기관 청렴도 평가 결과'를 보면 검찰과 경찰, 국세청 등 소위 힘 있는 기관의 순위가 꼴찌였다. 수사·단속·규제를 담당하는 중앙행정기관 가운데 경찰청은 6.36점으로 꼴찌였고, 검찰청이 6.81점으로 경찰청과

1. 천하 사람들이 근심하기에 앞서 근심하고, 천하 사람들이 즐거워한 뒤에 즐거워한다.

같은 5등급이고, 국세청은 7.02점으로 4등급이다. 힘 있는 검찰과 경찰과 국세청이 청렴도가 바닥인 것은 국격을 격하시키고 국민의 자존심에 큰 상처를 준 것이다.

2013년 12월 19일 국민권익위원회가 정부기관 등 공공기관 635개에 대한 '2013년 공공기관 청렴도 평가 결과'를 보면 경찰청과 검찰청과 국방부가 최하위 5등급을 받았다. 힘이 센 경찰청이 6.91점이고 검찰청이 6.86점으로 3년 연속 나란히 꼴찌를 했다.

우리나라는 2011년에 이어 2012년과 2013년도까지 3년 연속 "무역 1조달러 달성"이라는 샴페인을 터트렸다. 1964년 1억 2천만 달러에 불과했던 수출액이 2013년 5629억 달러까지 훌쩍 늘어 5600배라는 폭발적인 성장을 했다. 그런데 청렴도가 46위이고, 힘이 있는 경찰청과 검찰청의 청렴도가 꼴찌라는 사실이 창피하고 원망스럽다. 청렴도 46위를 경제 규모에 걸맞게 10위권으로 높여야 한다. 꼭 10위권으로 맞출 필요가 있는가? 1등하면 어디가 덧나는 것이 아니다. 다산은 청백리의 덕화德化는 자연환경까지 아름답게 변화시킨다고 했다. 샘물의 맛을 달게 변화시키는 청렴한 공직자가 많아야 미래가 있다.

2

혼자 걸어도 내 그림자에게 부끄럽지 않고,
혼자 잠을 자도 이불에게 부끄럽지 않았네.

獨行不愧影
獨寢不愧衾

「宋史」、「蔡元定傳」

아내에게 노예 취급 당한 이조판서

 이조판서가 아내에게 노예 취급을 받고 장모에게 매를 맞고 살았다면 믿을 수 있겠는가? 이조판서는 지금의 안전행정부 장관에 해당하는 벼슬이다. 그 악처는 누구이고 엄처시하에 산 사람이 누구일까? 지금부터 타임머신을 타고 1474년으로 돌아가 보자.『조선왕조실록』성종 5년(갑오) 4월 28일(임오)자 4번째 기사에 흥미로운 이야기가 있다.

"정효상鄭孝常을 정헌대부 이조판서로, 어세공魚世恭을 자헌대부 공조판서로, 이서장李恕長을 가선대부 행사헌부대사헌으로, 이예李芮를 가정대부 개성부유수로, 이경동李瓊소을 통훈대부 행사헌부장령으로, 서근徐近을 통훈대부 행사헌부지평으로, 윤혜중尹惠中을 중직대부 행사헌부지평으로 삼았다."

위의 인사발령에 대하여 사관史官이 정효상(1432~1481)과 어세공(1432~1486) 등의 품성과 행실에 관하여 문제를 제기하고 이렇게 논평했다.

① "정효상은 가난하고 문벌이 없는 집안 출신으로 과거에 발탁되자 기씨奇氏(奇宋)의 딸을 아내로 맞이하였다. 그의 집은 상당히 재산이 많았으며, 아내의 성격은 교만스럽고 사나워서, 정효상을 대하기를 노예처럼 하여 손발도 제대로 놀릴 수 없게 하였다. 그리고 그 장모는 더욱 성격이 사나워서 때로는 정효상에게 매질까지 하였다. 정효상이 일찍이 경상감사가 되었을 때는 관기官妓를 지독하게 사랑하여 심지어는 몰래 그 집에 가서 자고 오기까지 하였으니, 그는 이렇게 행검行檢이 없었다."

史臣曰, 孝常出於寒門, 及擢魁科, 娶奇氏女爲妻. 其家頗饒財産, 妻性驕悍, 待孝常如奴隷, 使不得措手足. 其妻母尤兇悍, 有時杖孝常. 孝常嘗爲慶尙監司, 酷愛官妓, 至潛宿其家, 其無行檢如此.

② "어세공은 성격이 경솔하고 허세를 부리는 데다가 익살을 좋아하였다. 심정원沈貞源이 버린 처妻를 후취後娶의 아내로 맞이하였는데, 그것은 그의 집이 부자이었기 때문이었다. 그래서 당시의 여론이 그르다고 하였다."

世恭性輕浮, 喜滑稽, 後娶沈貞源棄妻爲妻, 以其家富饒, 物論非之.

사관이 임금의 인사행정에 대해 혹독하리만큼 비판한 것은 언로가 살아 있다는 증거이다. 정효상의 장인 기채奇采는 공녀貢女로 끌려가 원나라 순제의 제2황후가 된 기황후奇皇后의 오빠 기철奇轍의 후손이다. 즉 기철奇轍→기인걸奇仁傑→기신奇愼→기석손奇碩孫→기채奇采→부인 기씨이다. 기황후의 오빠 기철은 못된 짓을 많이 해서 공민왕에 의해 주살誅殺되었다.

사관이 문제 삼은 것은 정효상이 ①처가 기씨네의 많은 돈을 보고 장가를 갔고 ②교만스럽고 사나운 부인에게 노예 취급을 당하면서 손발을 제대로 움직이지 못했고 ③장모에게 매를 맞고 ④관기를 사랑하여 잠을 잔 것이다.

그리고 어세공은 ①성격이 경솔하고 허풍쟁이이고 ②익살을 좋아하고 ③돈보고 남이 버린 여자를 후취로 맞아 ④여론이 좋지 않다고 했다.

사관은, 이조판서 정효상은 처가의 재산을 보고 장가 가서 경처가敬妻家, 驚妻家로 수신제가를 못했고, 어세공도 인품이 좋지 않고 돈보고 재취한 행실과 도덕성 문제를 지적하고 이런 사람들이 어떻게 판서가 될 수 있냐고 강하게 비판했다. 노블레스 오블리주가 아

2. 혼자 걸어도 그림자에게 부끄럽지 않고, 혼자 잠을 자도 이불에게 부끄럽지 않았네.

니라 노블레스 말라드인 사람을 판서로 임용했다고 임금을 신랄하게 비판했다. 이 사관의 대쪽 같은 기개가 그리운 것은 나 혼자만의 생각이 아닐 것이다.

　이 두 사람은 처가의 재산을 보고 장가 간 공통점이 있어 부끄럽게도 『조선왕조실록』에 기록되었다. 한편으로 생각하면 정효상은 공처가가 아니라, 천하의 악처와 못된 장모를 내치지 않고 함께 산 성품이 훌륭한 사람이다. 옛날이나 지금이나 매 맞고 사는 남편이 있는 것이 사실이다. 불편한 진실이다. 처가의 돈을 탐하면 마누라에게 노예 취급을 받고 장모에게 얻어맞고 살 수 있다. 지금도 마찬가지다. 천하의 못난 짓이 처가의 재산을 탐하는 것이다.

귀를 씻다

귀貴한 사람도 천한 짓을 하면 천하게 되고,
천賤한 사람도 귀한 짓을 하면 귀하게 된다.

고사高士도 아닌데 요즘은 귀를 씻는[洗耳] 일이 많아졌다. 기산영수箕山潁水라는 말이 있다. 허유許由는 요堯임금이 왕위를 물려주겠다는 말을 듣고 귀가 더러워졌다며 영천潁川의 물에 귀를 씻고 기산箕山에 들어가 숨어 살았다. 소부巢父는 소를 몰고 가다가 허유가 귀를 씻는 까닭을 듣고는 그 물을 소에게 먹일 수 없다며 더 상류로 올라가 물을 먹였다. 진晉나라 황보밀皇甫謐(215~282)의 『고사전高士傳』에 나오는 이야기다.

잘난 자식과 잘난 사람들이 '잘난 짓'을 많이 해야 집안과 나라가 발전하고 희망이 있다. 문제는 그 잘난 자식이나 잘난 사람이 '못난 짓'을 해대면 가정과 사회가 시끄럽고 가족들과 국민들이 피곤하고 가격家格과 국격國格이 실추된다는 점이다.

잘난 여의도의 "4년 계약직 300명" 중에는 시중잡배나 쓰는 천한 막말을 시도 때도 없이 하는 사람이 여럿 있다. 거침없이 쏟아내는 막말들은 국민을 짜증나게 하고 국회의 품격을 떨어뜨린다. 왜 막말을 하여 스스로 그 잘난 품격을 떨어뜨리는지 알다가도 모를 일이다.

안연顔淵이 인仁에 대해 묻자 공자는 "자기의 사욕을 이겨 예로 돌아가는 것(克己復禮)이 인"이라고 했다. 예로 돌아가는 길은 "예가 아니면 보지 말고(非禮勿視), 예가 아니면 듣지 말며(非禮勿聽), 예가 아니면 말하지 말고(非禮勿言), 예가 아니면 행동하지 마라(非禮勿動)"고 했다(『논어』 「안연」).

누구나 ①보고 ②듣고 ③말하고 ④행동하는 것이 예의에 맞게 해야 한다. 막말을 하는 것은 스스로 교양이 없는 천격賤格의 인간임을 밝히는 것이다. 국민이 뽑은 선량들이 품격을 잃은 언행을 하는 것은 주인인 국민을 모욕하는 것이다. 그러므로 스스로 천격임을 밝히는 막말을 해서 주인들이 귀를 씻게 하고 국격을 실추시켜서는 안 된다.

기산영수의 고사는 은자인 허유와 소부의 절개와 지조를 드러낸 것이다. 지금은 허유와 소부처럼 산 속에 숨어 살 수 없다. 쓰나 다나 이 풍진속세에 살 수밖에 없다. 공자는 예가 아니면 듣지 말라(非禮勿聽)고 했으나 지금 세상은 듣기 싫어도 들을 수밖에 없다. 여의도의 "4년 계약직 300명"은 품격 있는 언행을 해서 더 이상 국민들이 귀를 씻는 일을 없게 해야 한다. 소부와 허유만 귀를 씻는 게 아니다.

황제의 친구

친구가 어느 날 황제가 되었다면 벼슬을 해야 하나? 아니면 산속에 꼭꼭 숨어 은사隱士로 일생을 보내야 하나? 정답은 없다. 엄광嚴光의 자는 자릉子陵이다. 엄자릉으로 널리 알려진 그는 동한東漢을 개국한 광무제光武帝 유수劉秀(자 文叔, 서기전 6~서기 57)와 동문수학한 둘도 없는 친구이다.

한고조 유방劉邦이 세운 한漢나라(서기전 202~서기 8)는 211년만에 왕망王莽에 의해 멸망했고, 왕망의 신新나라(8~27)는 19년만에 유수에 의해 망했다. 천하가 혼란하자 유수는 일개 포의布衣로서 기병하여 신나라를 멸망시키고 동한을 개국했다. 친구 유수가 황제가 되자 엄자릉은 부담을 덜어주기 위해 부춘산富春山에 은거하여 낚시질을 하며 일생을 보냈다.

황제가 된 유수는 부춘산에 숨어 사는 친구 엄자릉을 불렀다. 엄자릉은 황제를 보자마자 "아! 문숙文叔이 이게 얼마만인가?" 하고 친구로 대했다. 신하들은 이를 보고 어쩔줄 몰랐다. 광무제 유수는 신하들을 물리치고 엄자릉과 밤새 이야기를 나누다가 같이 잤다.

천문天文을 보던 관리가 소스라치게 놀랐다. 객성客星이 태백太白을 범하는 천기가 나타났기 때문이다. 태백은 곧 임금을 상징하니 황제에게 위해危害가 가해질 징조였다. 천문관은 어전에 엎드려 이 사실을 고하고 알아보니, 엄자릉이 광무제의 배 위에다 발을 올려놓고 자고 있었다.

엄자릉의 은거와 거침없는 행동, 그리고 이를 수용한 광무제의 큰 도량과 우정의 세계는 아름답기 그지없다. 남송의 강호파 시인 대복고戴復古(1167~?)는 그의 시「조대釣臺」에서 엄자릉을 이렇게 노래했다.

만사에 마음 없고 다만 낚싯대 하나뿐	萬事無心一釣竿
삼공벼슬을 이 강산과 바꿀소냐	三公不換此江山
평생에 잘못 봤던 유문숙 때문에	平生誤識劉文叔
쓸데없는 이름만 만세에 퍼졌구나	惹起虛名萬世間

시인은 엄자릉의 고결한 인품을 높이 기렸다. 황제가 된 친구의

부담을 덜어주고자 은거한 절의節義와 황제를 친구로 대한 드높은 선비의 기백氣魄을 가졌던 엄자릉과, 친구의 무례한 행위를 수용한 광무제의 포용과 도량度量의 미학은 만세에 회자되고 있다. 광무제는 예禮로 자신을 낮추었고 엄자릉은 절의로써 자신을 높였다. 후세의 송나라 범중엄范仲淹(989~1052)은 「엄선생사당기」에서 두 사람을 이렇게 평했다.

"엄선생의 마음은 해와 달의 위로 솟아나오고, 광무제의 도량은 천지의 밖을 포용하니, 선생이 아니었으면, 광무제의 큰 도량을 이루지 못했을 것이요, 광무제가 아니었다면, 어찌 선생의 높은 절개를 이룰 수 있겠는가? 그리하여 탐욕스런 자를 청렴하게 하고 나약한 자를 서게 했으니 이는 명교名敎(유교)에 크게 공이 있는 것이다."

蓋先生之心, 出乎日月之上, 光武之量, 包乎天地之外, 微先生, 不能成光武之大, 微光武, 豈能遂先生之高哉. 而使貪夫廉, 懦夫立, 是大有功於名敎也.

이어서 "구름낀 산은 창창하고(雲山蒼蒼) 강물은 깊고 넓도다(江水怏 怏). 선생의 유풍은(先生之風) 저 산처럼 높고 저 강물처럼 장구하리로다(山高水長)."라고 노래했다.

친구가 황제가 되자 은거하여 낚시질로 일생을 보낸 절의와, 황제가 부르자 친구로 대하고, 황제의 배 위에다 발을 올려놓고 잠을 잤던 엄자릉과, 이를 포용한 광무제의 도량이 새삼 그립기만 한 세상이다.

억강부야 抑强扶弱

후한後漢 때 동선董宣이 낙양령이 되었다. 광무제光武帝의 동생인 호양공주의 종[奴]이 사람을 죽이고 숨어 있었다. 동선은 공주가 외출하기를 기다렸다가 그 종을 꾸짖어 수레에서 내리게 한 다음 그 자리에서 죽였다.

광무제가 동선으로 하여금 호양공주에게 사과하도록 했으나 따르지 않자 억지로 그에게 머리를 조아리게 했지만 끝내 숙이지 않았다. 광무제는 동선이 강직[强]하여 목[項]을 숙이지 않는 수령[令]이라고 하여 "강항령强項令은 나가라"고 명하고 상금으로 30만 냥을 하사했다.

그 황제에 그 신하였다. 광무제와 동선 모두 훌륭하다. 이로 말미암아 권세 있고 교활한 자들이 벌벌 떨며 동선을 '와호臥虎'라고 불렀다. '와호'는 누워 있는 호랑이라는 뜻인데, '관리의 준엄한 태도', '용맹한 사람'으로 널리 쓰인다.

다산의 『목민심서』에는, "횡포와 난동을 금지하는 것은 백성을 편안하게 하는 것이다. 호강豪强을 쳐서 누르되 임금이나 귀족의 측근으로 세력이 있는 자를 꺼려하지 않는 것은 목민관으로서 마땅히 힘써야 할 일이다.(禁暴止亂, 所以安民. 搏擊豪强, 毋憚貴近, 亦民牧之攸勉也.)"라고 했다.

임금이나 귀족의 측근을 두려워하지 않고 잘못한 자들을 단죄하는 것이 목민관의 임무라고 했다. 이는 다산의 애민사상인 '억강부약抑强扶弱'에서 나온 것이다. 권력과 돈의 힘을 믿고 방자하게 날뛰는 자를 억압하고, 약하고 힘없는 민초들을 지켜주는 것이 바로 '억강부약'이다.

강한 자를 제압하여 선량한 백성들이 편안하게 살 수 있도록 하는 것이 바른 정치이다. 우리 사회에 '와호'가 많아야 한다.

지조

 이성계는 1392년 7월 12일 공양왕을 폐위시키고 왕이 되고 5일 후인 7월 17일 즉위식을 했다. 고려의 선비 72명은 조선 건국을 반대하고, 고려의 신하로 남기를 맹세하고 지금의 경기도 개풍군 광덕면 광덕산光德山 서쪽과 만수산 남쪽에 위치한 두문동杜門洞에 들어가 불사이군의 지조를 지켰다.

 수양대군이 1455년 윤6월 조카 단종을 폐위하고 왕위를 찬탈하자, 집현전 학사 출신의 성삼문, 하위지, 이개, 유성원, 박팽년, 유응부 등은 단종의 복위를 도모한다. 그러나 김질金礩(1422~1478)의 배신으로 수포로 돌아갔고 사육신은 천추대절千秋大節을 청사에 남겼다. 두문동 72인과 사육신의 대쪽 같은 지조는 시공을 초월하여 사표가 된다.

 조지훈은 「지조론」에서, "지조는 선비의 것이요, 교양인의 것이다. 장사꾼에게 지조를 바라거나 창녀에게 정조를 바란다는 것은 옛날에도 없었던 일이지만 선비와 교양인과 지도자에게 지조가 없다면 그가 인격적으로 창녀와 가릴 바가 무엇이 있겠는가?"라고 했다. 선비와 교양인과 지도자가 훼절毁節하면 인격적으로 창녀와 같다는 것이다.

동진의 도연명(365~427)은 마흔한 살(405) 때 팽택현령의 벼슬을 미련 없이 내던지고 사랑하는 아내와 철부지 아들 다섯 명이 살고 있는 향리로 돌아와 은둔했다. 옛날이나 지금이나 군인이 힘을 쓰는 나라치고 잘된 나라가 없다. 군인 유유劉裕는 404년에 환현桓玄을 시해했고, 418년에는 안제安帝를 죽이고 공제恭帝를 세웠다. 유유는 도연명이 낙향한 지 15년 후인 420년에 공제를 유폐하고 제위를 찬탈하고 국호를 송宋이라 했다. 도연명이 「귀거래사」를 부른 이유 가운데 하나는 유유가 정권을 찬탈할 것을 예견했기 때문일 것이다.

도연명은 전원에 돌아와서 굶주림에 시달리면서도 지조를 지켰다. 죽을 때까지 손수 논밭을 갈아 먹으면서도 오직 도를 지켰기 때문에 언제나 유연히 남산을 바라볼 수 있었던(悠然見南山) 것이다. 유유가 세운 송나라에서 여러 차례 벼슬로 유혹을 했지만 그는 거부하고 올곧게 지조를 지켰다. 시호가 지조를 지켰다하여 정절선생靖節先生이다.

아무리 세상이 혼탁해도 지조를 지키는 사람들이 있어야 한다. 선비는 두문동 72인과 사육신의 지조 있는 삶과, 김질과 같이 지조를 헌신짝처럼 내던지고 동료를 배신하고 권력의 양지만을 찾는 창녀 같은 삶 중에서 어느 삶을 택해야 하는가?

선비의 길

　이 풍진세상을 살면서 살찐 돼지의 삶을 살 것인가? 아니면 고고한 마른 학의 삶을 살 것인가? 쉬운 이야기가 아니다. 선비는 남들이 말하지 못할 때 말하고(人不言, 言) 남들이 행동하지 못할 때 행동해야(人不行, 行) 한다. 세상이 아무리 황금만능과 출세지상주의로 치닫더라도 학처럼 고고하게 선비의 길을 걸어온 이들이 있다. 선비정신은 사회의 부패를 막는 소금이다. 올곧게 선비의 길을 걸어온 분들은 시공을 초월하여 사표師表가 된다. 도연명陶淵明(365~427)의 「영빈사詠貧士」는 가난한 선비의 슬픔을 그린 시이다. 그가 세상을 떠나기 1년 전인 62세(426)에 지었다.

만물은 저마다 의탁할 곳 있으나	萬族各有託
외로운 구름은 홀로 의지할 데 없네	孤雲獨無依

아득한 공중에서 사라져 없어지니	曖曖空中滅
언제나 여광餘光을 볼 수 있으리	何時見餘輝
아침노을에 묵은 안개 걷히고	朝霞開宿霧
뭇 새들은 짝지어 날건만	衆鳥相與飛
미적미적 숲을 나선 늦발이 새는	遲遲出林翮
저녁도 되기 전에 되돌아 왔네	未夕復歸來
분수 따라 옛길을 지킨 선비는	量力守故轍
어찌 추위에 떨고 굶주리지 않겠는가	豈不寒與飢
나를 알아주는 사람 없으니	知音苟不存
그만두자 슬퍼한들 무슨 소용 있으리	已矣何所悲

　세상에 존재하는 모든 사물은 의지할 곳이 있어 살아가지만 오직 흰 구름만이 의탁할 곳이 없어 이리저리 흘러 다닌다. 의지할 곳 없는 흰 구름은 도연명 자신이다. 흰 구름은 아득한 하늘에서 흔적 없이 사라지기 때문에 어느 날에야 여광餘光을 볼 수 있겠느냐고 탄식했다. 그가 56세 때인 420년에 유유劉裕가 공제恭帝를 유폐시키고 제위帝位를 찬탈하고 국호를 송宋이라 했다. 도연명의 조국 동진東晋이 망했다. 자신과 같은 선비는 발붙일 곳이 없었다. 그래서 떠도는 구름과 같은 신세라서 빛을 낼 수 없게 되었다고 탁물우의託物寓意했다.

도연명(陶淵明, 365~427)

　도연명은 405년에 너무 가난하여 처자식을 먹여 살리기 위해 팽택현령을 80여 일 지냈다. 그러나 벼슬이 생리에 맞지 않았고, 군인 유유 등이 설치는 것이 비위가 상해 「귀거래사」를 부르며 인수印綬를 버리고 고향으로 돌아왔다. 사람들은 날이 새고 안개가 걷히자 숲 속을 떠나는 새떼들처럼 모두가 권문세가를 기웃거리며 벼슬을 구걸했다. 그러나 도연명은 벼슬을 구걸하지 않았고 오히려 거절했다. 그는 해가 중천에 뜬 후 천천히 숲 속을 나왔다. "미적미적 숲을 나선 늦발이 새는/ 저녁도 되기 전에 되돌아 왔네"라고 한 것이 이를 의미한다. 절묘한 우의寓意가 아닐 수 없다.

　도연명은 추악한 세상과 타협하며 살 수 없었다. 그는 추위와 가난을 괴로워하거나 슬퍼하지 않았다. "분수 따라 옛길을 지킨 선비는/ 어찌 추위에 떨고 굶주리지 않겠는가/ 나를 알아주는 사람 없으니/ 그만두자 슬퍼한들 무슨 소용 있으리."라고 하여 가난을 운명으로 알고 받아들였다. 자기를 알아주는 지음知音이 없다는 것은 선비를 알아보지 못함을 뜻한다. 그러나 추위와 굶주림을 슬퍼하지 않고 지조를 지키면서 이를 초극한 것이다. 슬퍼한들 무엇하겠느냐는 것은 체념이 아니다. 인생을 달관한 오도悟道인 것이다. 군자는 궁할 때 더욱 단단해진다는 군자고궁君子固窮을 도연명은 지키면서 안빈낙도했다.

도연명이 세상을 떠난지 근 1600여 년이 된다. 이 시가 우리의 가슴을 아리게 하는 것은 무엇 때문일까? 그가 올곧은 선비의 삶을 살았기 때문이다. 선비의 길은 험난하다. 살찐 돼지의 삶을 살 것인가? 아니면 고고한 마른 학의 삶을 살 것인가? 이 시에서 해답을 찾을 수 있을 것이다.

사람은 혀 때문에 죽는다

한나라 무제武帝 때 엄군평嚴君平은 "입과 혀는 화와 근심을 불러들이는 문이요, 자신의 몸을 죽이는 도끼니라.(口舌者, 禍患之門, 滅身之斧也.)"는 명언을 남겼다. 지당한 말씀이다. 이 명언의 교훈을 깨닫지 못하고 혀를 잘못 놀려 신세를 망친 사람이 부지기수이다.

중국 수나라 때 하돈河敦은 임금에게 말 한 마디를 잘못하여 사형을 받게 되자 아들 하약필河若弼을 불러 유언을 했다. "내 평생 후회스러운 일을 한 일이 없는데 그만 혀를 잘못 놀려 이제 형장의 이슬로 사라지게 되었다. 이 애비가 너에게 부탁하노니 부디 입을 함부로 놀리지 말거라. 내가 죽음에 이르러 당부하는 말이니 평생토록 잊지 말고 명심하거라." 말을 마치자마자 그는 몸속에 감추었던 날카로운 송곳을 꺼내어 아들의 혀를 찔렀다. 사형장에 있던 사람들이 깜짝 놀라 웬일인가 하는데 하돈은 다시 침착한 어조로 "말을 할 때마다 부디 이 애비가 네 혀를 찌른 사실을 잊지 말아라."고 한 후 사형을 당했다. 하약필은 부친의 유언과 혀를 찔렸던 일을 잊지 않고 평생 입조심을 하여 왕에게 신임을 받았고 명장名將으로 이름을 드날렸다.

다산 정약용은 『목민심서』에서 공직자의 언행을 신중히 할 것을 강조했다.

"백성의 윗사람 된 자는 그 한 번 움직이고 한 번 정지하며 한 마디 말하고 한 번 침묵하는 것을 아랫사람이 모두 살피어 의심쩍게 탐색하는 법이니, 방에서 문으로, 문에서 고을로, 고을로부터는 사방으로 새어나가서 온 나라에 다 퍼지게 된다. 군자는 집안에 거처할 때에도 응당 말을 삼가야 하거늘, 하물며 벼슬살이 할 때이랴."

爲民上者, 一動一靜一語一默, 在下者, 皆伺察猜摸, 由房而門, 由門而邑, 由邑而達於四境 布於一路, 君子居家, 尙當愼言, 況居官乎.

저급한 언행은 부메랑이 되어 돌아와 자신의 목을 치는 도끼가 된다.

우리는 심심풀이로 연못에 조약돌을 던지지만 그 돌이 내일 결혼식을 올릴 '신랑 개구리의 소중한 고추를 정통으로 맞춰 성불구자로 만들 수도 있으며, 신부 개구리의 눈을 멀게 할 수도 있다'는 사실을 잊어서는 안 된다.

무심코 던진 조약돌만 그런 것이 아니라 내가 한 말 한 마디가 남의 가슴에 대못을 박을 수도 있고 혀 때문에 자신이 죽을 수도 있는 만큼, 좁은 입으로 말하고 넓은 치맛자락으로 못 막는 어리석음을 범하지 않도록 해야 할 것이다. 오죽하면 옛 어른들이 입 지키기를 병과 같이 하라(守口如甁)고 가르쳤겠는가?

사람은 혀 때문에 죽는다. 칼에 찔린 상처는 쉽게 나아도 말[言]에 찔린 상처는 낫기가 어렵다. "좁은 입으로 말하고 넓은 치맛자락으로 못 막는다."와 "곰은 쓸개 때문에 죽고 사람은 혀 때문에 죽는다."라는 우리 속담이 있다.

말이 많은 세상이다. 갑론을박으로 온 나라가 시끄럽다. 장삼이사(張三李四)와 필부필부(匹夫匹婦)도 언행을 신중히 한다. 하물며 높은 벼슬에 있는 분들의 현란한 언어의 유희로 국민들을 짜증나게 해서는 안 된다.

다산은 『목민심서』에서, 백성들은 고위층들의 일거수일투족을 언젠가는 모두 알게 된다고 했다. 비밀이 존재하지 않는 만큼 언감생심 속일 생각을 하지 말라는 것이다. 궤변이나 유치한 언어의 유희로 순박한 국민들을 속여서는 안 된다.

　높은 분들의 언행은 국민들에게 희망과 용기를 주어야지 상처를 줘서는 안 된다. 지도층은 일언일동을 신중히 하라는 다산의 가르침이 오늘따라 가슴에 와 닿는 것은 무엇 때문일까?

대장부의 눈물

사내는 한평생에 울어야 할 때가 세 번 있다고 한다. ①태어날 때 울고, ②부모님이 돌아가셨을 때 울고, ③나라가 망하면 운다고 한다. 망한 나라의 백성이 되지 않으면 일생에 울어야 할 일이 두 번밖에 없는 것이 된다. 이는 사나이의 울음은 헤퍼서는 안 되고 절제되어야 한다는 것이다.

당나라 시인 육구몽陸龜蒙(?~881)의 시 「이별離別」은 대장부가 청운의 뜻을 품고 먼 길을 떠날 적에 어떻게 행동해야 하는가를 보여주고 있어 널리 인구에 회자되고 있다. 그 이유는 호쾌하고 시원스런 시를 써서 나약한 자들의 간담을 서늘하게 했기 때문이다. 시를 보자.

대장부도 눈물이 없는 것은 아니나	丈夫非無淚
이별할 때에는 흘리지 않는다	不灑離別間
칼을 짚고 술 단지를 대하니	仗劍對樽酒
떠나는 자의 수심 띤 얼굴은 부끄러운 것	恥爲游子顔
독사가 손을 한번 물었다면	蝮蛇一螫手
장사는 빨리 팔을 잘라낸다네	壯士疾解腕
생각이 공명에 있으니	所思在功名
이별쯤으로 어찌 탄식하겠는가	離別何足歎

대장부는 눈물이 없는 것은 아니지만, 가족들과 이별할 때 눈물을 뿌리지 않는다. 이별의 술잔을 앞에 놓고서 얼굴에 슬픈 기색을 보일 수 없다. 길을 떠나지만 반드시 공명을 성취하고 돌아온다는 보장도 없고, 영원한 이별이 될지도 모른다. 앞날이 불확실한지라 만감이 교차할 수밖에 없으나 이별주를 앞에 놓고서 얼굴에 슬픈 기색을 보인다는 것은 사나이로서 부끄러운 일이다. 이제 먼 길을 떠나면서 이별의 아픔을 떨쳐버리기를 마치 독사가 손을 한번 물었다 하면 장사는 빨리 팔을 잘라내는 것처럼 이별의 아픔을 결연하게 억누르고 길을 재촉한다. 장사의 머릿속에는 오직 공명功名을 성취하려는 생각만 있기 때문에 이별쯤으로 시시하게 탄식할 수 없다.

이러한 의지가 있는 사내라면 반드시 공명을 이룰 것이다. 대장부의 가는 길을 시원스럽게 제시한 좋은 시이다. 심약한 자에게 용기를 불러일으키고 또한 우리에게 시를 읽는 즐거움을 만끽하게 한다. 대장부와 범부와의 이별은 이렇게 출발부터 다르다. 대장부는 공명을 이루어 역사에 이름이 남지만, 범부는 마누라의 치마폭을 맴돌다가 시들어 결국 초야에 묻히고 만다. 같은 사내라도 한평생이 이렇게 하늘과 땅 차이가 나는 것은 입지$_{立志}$에 달려 있다.

사나이로서 한 세상을 살아가자면 중요한 결단을 여러 차례 해야 한다. 결단의 여하에 따라 작게는 자신과 가족의 운명이 결정되고 크게는 국가와 민족의 장래가 직결된다. 이별과 같은 조그마한 아픔에 눈물을 찔끔거리거나 슬픈 기색을 보이고 탄식한다면 어떻게 큰 일을 할 수 있겠는가?

우리는 뜻을 세우기까지는 심사숙고하되 이를 실천하는데는 과감하게 추진해야 한다. 오로지 목적 달성을 위해서만 뛰어야 한다. 이러한 사람들이 역사의 수레바퀴를 움직이는 것이지, 이별할 때 눈물을 찔끔거리는 나약한 자가 역사를 창조하는 것이 아니다.

소동파의 협량狹量

　명문「적벽부赤壁賦」로 유명한 당송팔대가인 북송의 동파東坡 소식蘇軾(1036~1101)은 열정적이고 자유를 사랑한 문인이었다. 그러나 그는 우리 고려에 대하여 비우호적인 인물로 언제나 반고려의 노선을 취했다. 그는 수차에 걸쳐 고려에 불리한 상소를 했다. 지항주知抗州 재직시인 1089년(54세, 원우 4) 11월 3일에 고려 사신의 입공은 "송나라에 추호의 이익도 없다.(朝廷無絲毫之益)"고 고려국에게 불리한 상소를 했다.

　소동파는 여기에 그치지 않고 예부상서 재직시인 1093년(58세, 원우 8) 2월 1일과 2월 15일, 그리고 2월 26일 3차에 걸쳐 상소하여 고려 사신의 서적 구입 요청을 극력 반대했다. 『송사』(본기 17권)를 보면, 1093년 2월에 고려 사신이 중국 역대의 역사서와 『책부원귀策府元龜』 등 서적을 구입하려고 하자, 소동파는 5대 폐해가 있다고 3

회나 철종에게 상소하여 방해했다. 소동파가 당시에 철종에게 올린 「논고려매서이해차자論高麗買書利害箚子」 3편이 『소동파전집』에 실려 있다.

"고려는 우리나라의 의義를 사모하여 조공을 바친다고 명분을 대고 있으나 그 실상은 자기 나라에 이롭기 때문입니다. …… 지금 사신이 온 것은 우리나라 산천경개를 그려 가지고 허실을 염탐하기 위한 것이지, 어찌 다시 선의가 있어서 그러겠습니까."

"지금 온 고려 사신이 역대의 사서와 책부원귀 및 칙식勅式을 구입하고자 하니 구매를 허락하지 않기를 비옵니다."

"중국의 서적이 고려에 산처럼 쌓여 있고 글안契丹에 구름처럼 널려 있습니다. 신은 이러한 일이 중국에 온당하고 편안한 일인지 알지 못하겠습니다."

"신이 우려하는 것은 서적이 고려에 쌓여 있고 북로北虜에 유입되면 적으로 하여금 산천의 험요險要와 변방을 방어하는 이로움과 해로움을 두루 알게 하는 것이라서 환난이 지대할 것입니다. 비록 일찍이 우리가 서책을 그들에게 준 것은 지난날의 실책이었으니 지금부터는 주지 말아야 합니다."

소동파의 논리는 서적의 외국 유출은 국가 정보 누출로 보았다. 대국 송나라의 예부상서라면 이웃 나라의 문화발전에 기여하는 정책을 펴는 큰 그릇이 되어야 한다. 소동파는 대단한 문장가이자 정치가이지만 우리 고려의 입장에서 보면 협량狹量한 인물이다. 반고려의 입장을 취한 것을 생각하면 그의 「적벽부」를 굳이 자랑스럽게 병풍에다 써 놓는다거나 애송할 것까지는 없다는 생각이 들기도 한다.

그러나 우리 단군의 자손은 도량이 넓은 문화 민족이기에 소동파를 이해하고 그의 시문을 읽는다. 그렇지만 소동파의 글을 읽기 전에 이러한 역사적 사실이 있었음을 우리는 결코 잊어서는 안 된다. 역사를 망각한 민족은 미래가 없다.

내 그림자에 부끄럽지 않은 삶

혼자 걸어도 그림자에게 부끄럽지 않고   獨行不愧影

혼자 잠을 자도 이불에게 부끄럽지 않았네   獨寢不愧衾

소름끼치는 무서운 말이다. 이 말은 서산선생西山先生으로 널리 알려진 남송南宋의 채원정蔡元定(호 西山, 1135~1198)이 했다, 『송사宋史』「채원정전」에 나온다.

주자朱子의 제자인 채원정은 혼자 걸어가도 제 그림자에게 부끄럽지 않았고, 혼자 잠을 자도 덮고 있는 이불에게 부끄럽지 않은 청징淸澄한 삶을 살았다. 그는 군자는 홀로 있을 때에도 삼가한다는 "군자 신기독君子 愼其獨"을 실천했다. 수신修身의 달인達人이자 제왕帝王이다.

나의 모든 허물과 비밀을 누가 가장 많이 알고 있을까? 채원정이 말한 대로 내 그림자와 덮고 자는 이불일 것이다. 내 그림자와 이불은 나의 모든 행위를 빠짐없이 알고 있다고 생각하니 섬뜩하고 오금이 저린다. 만일 내 그림자와 이불이 입이 있어서 내가 잘못한 행위를 모두 불어 버린다면 나는 어떻게 될까? 과연 완전무결한 사람이 얼마나 될까? 채원정은 매섭게 자기 관리를 했다.

살아온 세월을 뒤돌아보니 내 그림자에게 부끄럽고 덮고 자는 이불에 부끄러운 일들이 많았다. 앞으로 남은 세월이 얼마인지 모르지만, 내 인생의 동반자인 그림자, 그리고 이불에게 부끄럽지 않게 살고 싶다. 수신제가, 자아관리, 자아검속自我檢束이 인생의 성패를 좌우한다.

삶의 흔적

사람은 이승을 떠나가도 흔적은 남는다. 오리梧里 이원익李元翼 (1547~1634)은 조선 중기 명신으로 영의정을 여러 차례 지냈으나 청빈한 생활을 했다. 시호는 문충文忠이다. 황해도 도사 시절의 군적 정비와 안주목사 때의 농상農桑 진흥, 그리고 광해군 즉위년인 1608년에 공납을 쌀로 수납하게 하는 대공수미법代貢收米法의 시행은 백성을 지극히 사랑한 면모를 보여주는 대표적 실례다.

그는 안주목사로 있을 때 농민의 생업을 안정시키고, 병졸들의 입번入番을 4번에서 6번으로 하여 1년에 2개월씩 근무하게 함으로써 백성들의 부담을 경감시킨 훌륭한 목민관이다. 이 제도는 그뒤 순찰사 윤두수尹斗壽의 건의로 전국적인 병제로 정해졌다. 또한 그때까지 양잠을 모르던 안주지방에 누에치기를 가르치고 장려해서 안주

이원익(李元翼, 1547~1634, 梧里)

에서는 "이공상_李公桑_"이라는 말까지 생겼다. 그는 전쟁 복구와 민생 안정책으로 국민의 부담을 경감시키기 위해 대동법을 실시했다.

또한 이원익은 신념과 원칙을 견지한 인물이었다. 임진왜란 기간 동안 그는 이순신_李舜臣_ 장군을 변함없이 옹호한 거의 유일한 대신이었다. 유성룡마저 이순신을 비판할 때도 이원익은 "경상도의 많은 장수들 중에서 이순신이 가장 뛰어나다"면서 그를 교체하면 모든 일이 잘못될 것이라고 주장했다.(선조 29년 10월 5일, 11월 7일).

이원익은 사람됨이 강직하고 몸가짐이 깨끗했다. 여러 고을의 수령을 역임했는데 치적이 가장 훌륭하다. 평안도에 두 번 부임했는데 그곳 백성들이 공경하고 애모해 사당을 세우고 제사했다. 그는 늙어서 직무를 맡을 수 없게 되자 바로 은퇴하고 금천으로 돌아갔다. 비바람도 가리지 못하는 몇 칸의 초가집에 살면서 떨어진 갓에 베옷을 입고 쓸쓸히 혼자 지냈으므로 보는 이들이 그가 재상인 줄 알지 못했다(인조 12년 1월 29일).

오리 이원익 정승의 훌륭한 공직생활과 애민정신, 그리고 청렴한 삶의 흔적은 우리의 사표가 된다. 한 세상을 살아가기가 쉽지 않다. 그러나 우리 선조들은 이렇게 향기로운 삶을 살았다. 우리는 이 세상에 왔다간 흔적으로 무엇으로 남길 것인가?

정붕의 소신所信과 성희안의 사과謝過

연산군을 축출하고 중종을 등극시킨 중종반정(1506)의 일등공신 성희안成希顔(1469~1513)이 영의정이 되었을 때의 일이다. 영의정 성희안은 경상도 청송부사인 정붕鄭鵬(1469~1512)에게 사신私信을 보내 청송의 특산품으로 임금님에게 진상하는 꿀과 잣을 보내달라고 했다.

정붕은 붓을 들어 예의를 갖춘 후 "잣나무는 높은 산꼭대기에 있고 벌꿀은 농가 백성들의 벌통 속에 있는데, 수령 된 사람이 이를 어떻게 얻을 수 있겠습니까?(松在高峰頂上, 蜜在村家桶中, 爲太守者, 何由得之.)"라고 답신을 보냈다.

청송부사 정붕은 영의정보다는 청송 백성들의 사유재산을 더 소중하게 여겼다. 편지를 받은 영의정 성희안은 자신의 잘못을 깨닫고 부끄러워하며 정붕에게 사과하는 편지를 보냈다. 성희안과 정붕은 다 같이 훌륭하다. 조선왕조는 이런 공직자들이 있었기에 519

년간 존속할 수 있었다.

　지방행정의 바이블이자 지남指南인 다산의 『목민심서』에는 "권문세가를 후하게 섬기지 말라.(權門勢家, 不可以厚事也.)"고 했다. 이는 권문세가를 섬기지 말고 백성들을 섬기라는 것이다.
　영의정의 청을 거절한 정붕과 같은 소신 있는 공직자와, 자신의 잘못을 시인하고 사과한 영의정 성희안과 같은 인물이 그리운 것은 나 혼자만이 아닐 것이다.

사유四維, 예의염치

춘추시대 제나라의 명재상 관중管仲(서기전 723~?서기전 645)은 나라를 유지하는 4대 강령, 즉 사유四維를 '예의염치'라고 했다. 그는,

"나라에는 4대 강령이 있다. 하나가 끊어지면 나라가 기울고[傾], 두 개가 끊어지면 나라가 위태롭고[危], 세 개가 끊어지면 나라가 뒤집어지고[覆], 네 개가 끊어지면 나라가 멸망한다[滅]. 기울어진 것은 바로잡을[正] 수 있고, 위태로운 것은 안정시킬[安] 수 있으며, 뒤집어진 것은 일으킬[起] 수 있지만, 나라가 망하면 다시 일으킬 수 없다."

國有四維, 一維絶則傾, 二維絶則危, 三維絶則覆, 四維絶則滅. 傾, 可正也, 危, 可安也, 覆, 可起也, 滅, 不可復錯也.

고 했다.

관중은 이어서

"무엇을 4대 강령이라고 하는가? ①예禮, ②의義, ③염廉, ④치恥이다. 예는 절도를 넘지 않는 것이고, 의는 스스로 나서지 않는 것이고, 염은 악을 감추지 않는 것이고, 치는 그릇된 것을 따르지 않는 것이다. 그러므로 절도를 지키면 윗사람의 자리가 평안하고, 스스로 나서지 아니하면 백성들 사이에 교활함과 속임이 없어지고, 악을 감추지 않으면 행실이 저절로 온전해지며, 그릇된 것을 따르지 아니하면 사악한 일이 일어나지 않는다."

何謂四維, 一曰禮, 二曰義, 三曰廉, 四曰恥. 禮, 不踰節, 義, 不自進, 廉, 不蔽惡, 恥, 不從枉. 故不踰節, 則上位安, 不自進, 則民無巧詐. 不蔽惡, 則行自全, 不從枉, 則邪事不生.

(『관자』「牧民篇」)

고 했다.

관중은 '예의염치'가 나라를 유지하는 4대 강령이라고 했다. 우리 사회는 이 4대 강령이 제대로 지켜지고 있는 것인가? 특히 지도층 인사들이 '예의염치'를 올곧게 지켜야 희망이 있는 것이다. 다시 말하면 지도층은 '노블레스 오블리주'를 실천해야 한다.

우리나라가 발전하려면 '여의도에 사는 4년 계약직 300명'이 예의염치를 실천해야 한다. 우리 국민들은 예의염치가 별로 없는 집단이 어디인가를 잘 알고 있다.

사람이 금수와 다른 것은 '예의염치'가 있기 때문이다.

남명 조식의 언행일치

남명南冥 조식曺植(1501~1572)은 단성현감으로 발령을 받자, 다음과 같이 사직 상소를 올리고 벼슬에 나가지 않았다.

"자전(문정왕후)께서 생각이 깊으시기는 하나 깊숙한 궁궐의 한 과부에 지나지 않고 전하(명종)께서는 어리시어 다만 선왕의 한 아드님일 뿐인데, 백 가지 천 가지의 천재와 억만 갈래의 민심을 무엇으로 감당해내며 무엇으로 수습하시겠습니까?"

慈殿塞淵, 不過深宮之一寡, 殿下幼沖. 只是先王之一孤嗣, 天災之百千, 人心之億萬, 何以當之, 何以收之耶.

대단한 상소가 아닐 수 없다. 수렴청정하는 문정왕후는 구중궁궐의 한 과부일뿐이고, 어린 명종은 선왕의 아들에 불과한데, 백

가지 천 가지의 천재天災와 억만 갈래로 갈라진 민심을 어떻게 수습할 것이냐고 직언을 하여 문정왕후의 간담을 서늘하게 했다.

공자는 "천자에게 바른말 하는 신하가 7명만 있으면 비록 무도無道하더라도 천하를 잃지 않고, 제후에게 직언하는 신하가 5명만 있으면 무도해도 나라를 잃지 않고, 대부에게 직언하는 사람이 3명만 있으면 무도해도 자기 집을 잃지 않고, 선비에게 직언하는 친구가 있으면 아름다운 이름이 떠나지 않고, 아버지에게 바른말 하는 자식이 있으면 아버지가 옳지 못한 일에 빠지지 않는다"고 했다.

또한 공자는 일찍이 남의 환심을 사기 위하여 아첨하는 교묘한 말과 보기 좋게 얼굴 빛을 꾸미는 교언영색巧言令色치고 어진 사람이 드물다고 했다. 그렇다. 아부꾼치고 욕을 먹지 않는 사람이 없고 아부와 아첨을 좋아하다가 신세를 망치지 않은 사람 없다. 직언을 수용하는 리더는 과오를 멀리할 수 있다.

남명은 언행이 일치하기로 유명하다. 남명이 속리산에 가서 동주東洲 성제원成悌元(1506~1559)을 방문하고 이별하면서 내년 8월 15일 가야산 해인사에서 만나기로 약속했다. 그날이 가까워지자 장마로 장대비가 연일 계속되었지만 남명은 그 비를 무릅쓰고 약속 장소인 해인사에 도착해보니, 동주가 조금 전에 도착하여 막 도롱이(비옷)를 벗고 있었다. 둘 다 장맛비를 개의치 않고 1년 전의 약속을 지킨 것이다.(『덕천사우록』)

조식(曺植, 1501~1572, 南冥)

옛날 선비들은 비록 친구간의 약속이라도 철저하게 지켰다. 우리네 정치인들처럼 자신의 말을 번복하거나 식언하지 않았다. 공자는 치국의 요체는 무기[兵]·식량[食]·신의[信]인데, 이중에서 최고의 덕목은 신뢰라 하고, "정치가는 백성들로부터 신뢰를 받지 못하면 천하에 몸 둘 곳이 없다.(民無信, 不立.)"고 했다. 식량을 하늘처럼 여겼던 가난한 시대에도 신의를 정치인의 최고 덕목으로 삼았는데, 하물며 21세기에 더 말할 것이 있겠는가?

금배지를 단 사람들이 처지가 바뀌었다고 식언을 밥 먹듯이 하고 전에 한 말을 궤변으로 호도(糊塗)하지 않았다. 이런 자들은 속히 「귀거래사」를 불러야 한다.

소가 웃을 일

가난이 무슨 벼슬이나 훈장은 아니다. 가난을 드러내 놓고 자랑할 것까지야 없지만 그렇다고 숨길 필요도 없다. 가난을 친구처럼 함께 지내면 부끄러울 것이 없다. 선비가 삼시 세끼를 제대로 먹을 수 없어 삼순구식三旬九食하고 십년일관十年一冠하는 극심한 가난 속에서도 권력에 아부하지 않고 지조를 지키며 자존심을 태산처럼 우뚝하게 세우고 살기란 쉬운 일이 아니다.

그러나 도연명은 그렇게 살았다. '삼순구식'은 가난하여 30일에 겨우 아홉 끼를 먹어 어렵게 연명하는 삶을 뜻한다. '십년일관'은 새 모자[冠]를 살 돈이 없어서 10년 동안 같은 모자를 쓰고 다녔다는 것이니, 그 형색을 알 만하다. 도연명의 시 「의고擬古」 앞부분을 보자.

동방에 한 선비가 있으니	東方有一士
입은 옷이 항상 누더기일세	被服常不完
30일에 아홉 번 밥을 만나 먹고	三旬九遇食
10년 동안 한 모자를 쓴다오	十年著一冠
고생스러움이 이보다 더할 수 없으나	辛苦無此比
항상 좋은 얼굴 하고 있네	常有好容顏

이 시에서 동방의 한 선비는 바로 도연명 자신이다. 비록 삼순구식하고 십년일관하여 그 누구와 비교할 수 없는 혹심하게 가난한 삶을 살지라도 항상 좋은 얼굴을 하고 있다는 것은, 고매한 정신으로 세속의 물질적 삶을 초월한 경지를 의미한다. 이는 바로 자신이 「귀거래사」에서 "부귀는 내가 원하는 바가 아니요 유토피아는 기대하지 않는다(富貴非吾願 帝鄕不可期)."고 한 세계와 일치한다.

공자는 "군자는 곤궁을 잘 견딜 수 있지만 소인은 곤궁해지면 마구 행동한다.(子曰, 君子, 固窮, 小人, 窮斯濫矣.)"라고 했다. 모두가 부귀만을 좇아 군자고궁君子固窮의 길을 가는 선비를 찾기 힘든 세상이 된 지 오래되었다.

도연명은 지독한 가난 속에서도 선비정신과 지조와 청렴을 올곧게 지켰고 실현시켰다. 그의 삶은 선비가 어떻게 살아야 하는가를

2. 혼자 걸어도 그림자에게 부끄럽지 않고, 혼자 잠을 자도 이불에게 부끄럽지 않았네.

극명하게 제시했다. 곤궁하지도 않는 사람들이 마구 행동을 하여 소가 웃을 짓을 계속한다면 나라의 미래가 밝을 수 있겠는가?

영원한 선비 임숙영

광해군의 난정亂政을 신랄하게 비판했던 소암疎庵 임숙영任叔英 (1576~1623)은 우리 정치사뿐만 아니라 우리 문학사에도 큰 족적을 남겼다. 남들은 권력이 두려워서 정론을 펴지 못할 때 죽음을 불사하고 당당하게 정론을 폈다.

임숙영은 36세 때인 1611년(광해군 3) 3월 17일 과거시험에서, 3883자의 장문으로 광해군의 4대 폐정인 ①궁위宮闈의 불엄不嚴, ②언로의 불개不開, ③공도公道의 불행不行, ④국세國勢의 부진을 당당하게 극론劇論하고 개혁책을 제시했다. 그리고 광해군에게 자만을 버리고 덕을 쌓을 것을 직론했다.

"전하께서 더욱 경계할 바는 덕을 쌓는데 있으니 비록 조신들이 '전하의 덕이 이미 이르렀다.'고 말하더라도 전하는 믿지 마시고, '전하의 공이 이미 지극하다.'고 말하더라도 전하는 현혹되지 마시옵소서."

故殿下之所戒者, 尤在於此, 雖朝臣之進說, 謂殿下德已至矣, 殿下勿信也, 爲殿下功已極矣, 殿下勿惑也.

(「辛亥殿試對策」)

이「대책」은 당시의 시대정신으로 백성들의 뜻을 대변한 것이다. 시관인 우의정 심희수沈喜壽가 장원급제시키려 했으나, 다른 시관들의 반대로 병과丙科의 끝에 급제했다. 광해군은 그의「대책」을 읽고 진노하여 과거급제자 명단에서 삭제를 명하여 삭과削科 파동이 일어났다. 이 파동 후에 승정원정자가 되었다.

1613년에 이른바 계축화옥이 일어나 선조의 적통인 영창대군을 무고하고 서인으로 폐하여 강화도로 위리안치시킬 때 그는 칭병하고 조정에 나가지 않아 해직되었다. 후에 승문원박사, 봉상시직장이 되었다. 광해군의 난정을 비판하다가 1616년 2월 이이첨 등의 무고로 삭탈관직 당하고 경기도 광주 봉안 용진으로 문외출송되었다.

1622년에 광해군은 재정이 궁핍하자 계축화옥 당시의 죄인들에게, 속전贖錢을 내면 사면한다는 명을 내렸다. 친구인 민참봉閔參奉이 그를 위해 속전을 모으며 뜻을 묻는 편지를 보내자 이렇게 답했다.

"아! 천하만고에 어찌 속전을 내고 사면받을 임숙영이겠느뇨."
嗚呼, 天下萬古, 豈有納銀自贖之任叔英乎.

임숙영은 속전을 내고 사면받는 것을 단호히 거부하고 지조와 절의를 지켰다. 그의 대쪽 같은 지조와 절의는 만고의 사표가 된다. 벼슬에 쫓겨난 지 7년 후인 1623년 3월 인조반정으로 다시 벼슬길에 나섰으나 10개월 후 48세로 세상을 떠났다.

그가 한질에 걸려 고생하자, 친구 권경權儆이 큰 이불을 빌려주었다. 병이 조금 차도가 있자 빌린 이불을 묶어 선반에 올려놓고 다 떨어진 이불을 덮은 채 자다가 운명했는데, 이불이 하도 작아 두 다리가 훤하게 나왔다. 이처럼 지독한 가난 속에서도 도포자락을 휘날리며 영원한 선비의 길을 외롭게 뚜벅뚜벅 갔다.

직절청명直節淸名의 임숙영! 그의 올곧은 삶과 청빈은 우리들에게 큰 울림을 주고 있다. 세상이 혼탁하다보니 임숙영과 같은 선비가 더욱 그립기만 하다. 올곧은 선비가 많은 사회라야 미래가 있다.

시인의 기개

시 한 수와 자신의 목숨을 바꾼 기개氣槪 있는 시인이 있다. 바로 석주石洲 권필權韠(1569~1612)이다. 그는 조선왕조의 최고 시인이었으나 자신의 시 한 수 때문에 광해군에 의해 죽음을 당했다. 그는 19세(1587) 때 진사 초시와 복시에 장원했으나 답안지에 임금(선조)에게 거슬리는 문구가 있어 출방出榜당한 후 다시는 과거에 나가지 않았다. 그러나 33세 때 명나라의 대문장가 고천준顧天俊이 사신으로 왔을 때 영접하는 문사로 뽑혀 포의布衣 신분으로 이름을 떨쳤다.

권필은 광해군의 난정亂政과 광해군의 처남 유희분柳希奮 등이 권세를 믿고 온갖 못된 짓을 자행하는 것을 보다못해 유명한 「궁류시宮柳詩」를 지어 난정과 유씨 일당의 횡포를 통쾌하게 풍자한 기개가 높은 시인이다. 결국 유희분 등의 모함으로 광해군 4년(1612) 죽음을 당했다. 즉 「궁류시」 때문에 천금과도 바꿀 수 없는 소중한 목숨을 잃은 것이다. 이와 같은 필화사건을 시로 인하여 화를 입었다 하여 시화詩禍라고 한다.

시화의 단초는 권필의 친구 임숙영任叔英(자 茂叔, 1576~1623)이 과거시험에서, 죽음을 두려워하지 않고 광해군의 사대폐정四大弊政의 원인과 폐해를 낱낱이 열거하고 개혁안을 제시한 데 있다. 이로 인하여 임숙영은 과거에 급제하고도 진노한 광해군의 명에 의해 과거합격이 취소되는 이른바 삭과削科 파동을 겪었다.

권필은 세상에서 「궁류시」라고 부르는 「문임무숙삭과聞任茂叔削科」를 지어 광해군의 난정과 외척인 유희분의 전횡, 그리고 임숙영의 과거합격 취소 파동을 신랄하게 풍자했다. 시로써 시대를 풍자以詩論刺한 「궁류시」를 보자.

궁궐의 버들은 푸르고 꽃들이 어지러이 날리는데	宮柳青青花亂飛
성안 가득한 벼슬아치들 봄빛에 아양을 떠누나	滿城冠盖媚春輝
조정에선 모두들 태평성대라고 하는데	朝家共賀昇平樂
뉘라서 포의처럼 위험한 말을 보낼 수 있겠는가?	誰遣危言出布衣

궁궐의 푸른 버들은 광해군의 왕비 유씨와 처남 유희분 일당을 은유했다. 봄빛은 아첨배이며, 포의布衣는 직언을 한 임숙영이다. 권

필은 이 풍자시 한 수로 인하여 유희분의 모함을 받아 혹독한 고문을 받고 경원慶源 땅으로 유배의 명을 받았다. 옥문을 나와서도 매를 맞은 상처가 심하여 곧바로 귀양길을 떠나지 못하고 흥인문(동대문) 밖의 주막에 하룻밤을 지내게 되었다. 그는 목이 마르다고 하면서 술을 찾아서 큰 그릇으로 한 잔을 마시고는 영영 눈을 감았으니 1612년 3월 그믐이었고 나이는 한창때인 44세였다. 권필은 칠언절구 28자로 광해군의 난정과 유희분 등 외척의 전횡을 아름답게 풍자하여 죽음을 당했다. 그러나 그의 시에는 대쪽 같은 선비의 기개가 서려 있어 꽃다운 이름이 세세년년歲歲年年 전해지고 있다.

권필(權韠, 1569~1612, 石洲)

가슴을 따뜻하게 하는 시를 썼던 어느 시인이 정치에 발을 담그더니 표변豹變하여 시중잡배나 쓰는 저급한 비속어로 남들을 비판하여 화제가 되고 있다. 미래의 권력에 잘 보여서 나중에 한자리하려고 표변한 것인가? 과연 시인까지 미래의 권력에 빌붙어서 나팔수 노릇을 해야 하는지 안타깝고 슬프다. 그냥 시인으로 남아 있으면 안 되나? 우리가 사는 이 시대에는 광해군의 폐정을 풍자한 권필과 같은 기개氣槪와 체급體級을 가진 시인이 있는가? 없는가?

선비는 국가의 원기元氣

　선비에게 지조志操란 지키라고 있는 것이다. 매춘부는 정조貞操를 팔지만 선비는 지조를 팔지 않는다. 지조를 지키기 위해 하나뿐인 목숨을 홍모鴻毛처럼 가볍게 여기고 춥고 어두운 서쪽으로 간 선비들은 한줌의 흙이 되었지만, 시공을 초월하여 존경을 받고 있다. 그러나 지조를 팔고 곡학아세한 썩은 선비 부유腐儒는 비록 이승에서 일신의 영화와 복록을 누리고 갔지만 그 누추한 이름이 청사에 기록되어 조소를 받고 있다.

　권력의 양지를 찾아간 부유가 승리하고, 지조를 지키기 위해 태양이 지는 추운 서쪽으로 간 선비가 패배한 것이 아니다. 역사는 그렇게 너그러운 것이 아니다. 세계 지성사에서 볼 때 결과적으로 지조를 팔고 권력의 양지를 찾아 간 사람은 춥고 어두운 곳으로 간 것이며, 지조를 지키기 위해 해가 지는 서쪽으로 간 선비들은 오히려 영원히 양지를 찾은 것이다. 이것이 역사의 필연이자 업보이다. 역사의 포폄은 추상같다.

춘추시대 진나라 사관인 동호董狐는 사필史筆을 굽히지 않았으므로 공자도 그를 양사良士라고 칭찬했다. 지조는 지키라고 있는 것이다. 권력에 빌붙어 지조를 팔고, 곡학아세하는 썩은 선비들은, 춘추필법으로 역사를 서술한 동호의 붓과 같은 예리한 사필이 우리가 사는 이 시대에도 있음을 명심해야 한다.

봉황은 벽오동이 아니면 깃들지 않고 죽실竹實이 아니면 먹지 않으며 예천醴泉의 물이 아니면 마시지 않는다. 정조대왕은 "선비는 국가의 원기元氣이다."라고 했다. 지조를 지키는 대쪽 같은 선비가 많아야 한다. 우리는 창녀에게 정절을 요구하지 않는다. 선비로 산다는 것이 쉬운 일이 아니다.

누추한 삶

세상이 그렇게 만만한 게 아니다. 세상만사를 다스리는 하느님의 통치철학은 공평제일주의라서 복을 한 사람에게 무더기로 주지 않는다. 여러 사람에게 골고루 나누어 주신다. '부·권력·명예' 이 셋을 한 사람이 모두 향유케 하지 않는다.

가난한 자에는 건강을 주거나 아니면 공부 잘하는 자식을 주고, 부자에게는 자식들이 재산 싸움을 하게 하는 등의 근심 걱정을 안겨 준다. 다 그런 것은 아니지만 고관대작을 지낸 자에게는 재임 중이나 퇴임 후에 쇠고랑을 차게 하거나, 부정하게 축재한 사실이 뒤늦게 밝혀져 손가락질을 받게 하는 등 망신살을 주기도 한다.

위대한 하느님은 공평무사한 통치철학 때문에 시공을 초월하여 모두에게 존경을 받는다. 문제는 이 같은 하느님의 통치철학을 깨달지 못하고 분수없이 날뛰는 인간들이 우리 사회에 많다는 것이다.

공자는 하늘의 이치를 순종하는 자는 살고, 하늘을 거역하는 자는 망한다고 했듯이, 위로는 대통령으로부터 아래로는 이름 없는 나무꾼이나 물 긷는 아낙네에 이르기까지 하느님의 뜻을 거역해서는 안 된다.

다산의 『목민심서』의 마지막 편인 해관解官에, 벼슬에서 물러날 때 지켜야 할 사항들을 제시했다. 퇴직하고 "집에 돌아왔을 때에 재산이 없어서 예전처럼 맑고 검소한 것이 상등급이다.(歸而無物 淸素如 昔, 上也.)"라고 하여, 재직 중에 치부를 해서는 안 된다고 했다.

명나라 정선鄭瑄은 또 "나는 돈을 많이 챙긴 자들을 보았지만, 그들이 죽은 지 몇 년이 못 가서 자손들이 서로 차지하려고 다투다가 망하기도 하고, 또 2대도 못 가서 자손들이 음탕해서 폐인이 되기도 한다."고 했다.

재직 중에 치부를 한 것이 밝혀져 뒤늦게 망신을 당하는 사람들이 없어야 한다. '부·권력·명예'를 모두 소유하려는 것은 염치없는 일이다. 셋 중에서 하나만 가져도 얼마나 축복 받은 삶인가? 옛날에도 나이 70이면 치사致仕라고 해서 벼슬에서 은퇴했다. 70이 넘었는데 한자리하려고 권력의 주위에 맴도는 것은 누추한 짓이다.

3

우리 임금을 요순보다 훌륭한 군왕이 되게 하고, 다음으로 백성의 풍속을 순박하게 하는 것이네.

致君堯舜上
再使風俗淳

「奉贈韋左丞丈二十二韻」、杜甫

시의 멋! 시 한 줄의 힘

내가 단국대학교 부총장 재직시절인 2009년 10월 중국 산동예술대학교 개교 50주년 기념행사에 초청을 받고, 우리 학교 예술대학 교수 및 무용단을 인솔하여 참석했다. 공식행사에 앞서 20여 개 나라에서 온 대학 총장을 비롯해서 중국 각지에서 온 예술대학 총장들이 큰 방명록에 서명을 했다.

이런 경우 일반적으로 "축 개교 50주년"을 한자로 쓰고 소속과 이름을 쓴다. 나는 명색이 한시를 가르치는 교수가 그렇게 할 수 없어 즉석에서 일연一聯을 지어 붓을 들어 방명록에 다음과 같이 썼다.

建校五十振藝術 개교 50년 동안 예술을 진작시켰고
入古出新興文化 옛것에 들어가 새것을 창출해 문화를 진흥시켰네

3. 우리 임금을 요순보다 훌륭한 군왕이 되게 하고, 다음으로 백성의 풍속을 순박하게 하는 것이네.

이렇게 쓴 후 한자로 "한국 단국대학교 부총장 김상홍金相洪"을 썼다. 그러자 갑자기 수많은 카메라 플래시가 터지고 요란한 박수가 터져 나왔고 많은 사람들이 악수를 청했다. 한국인이 한시漢詩 일연一聯으로 산동예술대학교가 개교 50년 동안 예술문화 교육에 공헌한 것을 압축해서 표현하고 그것을 붓으로 일필휘지하니 신기했던 모양이다.

성대한 개교기념식이 끝나고 다음날 산동예술대학교 50주년 경축 〈예술원교 교장논단藝術院校 校長論壇〉(중국은 총장을 교장으로 호칭함.)이 산동예술대 장지민張志民(호 張大石頭) 총장의 사회로 개최되었다. 나는 〈현대 대학의 예술교육의 방향〉이란 주제로 논문을 발표하고, 말미에서 만당晩唐의 유미주의 시인 이상은李商隱(813~859)의 시 「무제無題」의 일연一聯을 인용했다.

봄누에는 죽어야 실뽑기를 그치고   春蠶到死絲方盡
촛불은 타서 재가 되어야 눈물이 마르네   蠟炬成灰淚始乾

봄누에는 죽어야 바야흐로 실을 뽑는 것을 그치고 촛불은 타서 재가 되어야 눈물이 비로소 마르듯이, 이 자리에 모인 대학 총장들은 예술 교육에 생명이 다할 때까지 최선의 노력을 하자고 했다. 발언이 끝나자 기자들의 카메라 플래시가 터지고 박수가 터졌다.

역시 한국인이 당시_{唐詩}를 인용해서 예술교육에 정진하자고 발언하는 것을 보고 감동한 것이다. 이 이야기가 중국 신문에 보도된 것을 귀국 후에 알았다.

산동예술대학교 장지민 총장과 중국인 총장들은 오찬과 만찬에서 나에게 엄지손가락을 추켜세우며 최고라고 했다. 당시 외국에서 온 20여 명의 총장 중에서 내가 스타가 된 것이다. 모두 시의 힘이다. 내가 쓴 한 연_聯의 시와 이상은의 시를 빌어 예술교육의 중요성을 강조한 것이 중국인 총장들을 감동시킨 것이다. 한 줄의 시가 나를 그들에게 각인시켰고 톡톡히 외교에 기여했다.

이 글이 내 자랑하는 것 같아서 조금은 거시기하고 쑥스럽다. 어쨌든 시는 아름답고 사람을 감동시키는 힘이 있는 것은 사실이다. 가을이 깊어간다. 시를 읽기 좋은 계절이다.

---

3. 우리 임금을 요순보다 훌륭한 군왕이 되게 하고, 다음으로 백성의 풍속을 순박하게 하는 것이네.

두보의 꿈

당나라 백성들의 슬픔과 한을 대신해서 노래했던 시성詩聖 두보杜甫(712-770)는 자신의 꿈을 다음과 같이 노래하였다.

우리 임금을 요순보다 훌륭한 군왕이 되게 하고 致君堯舜上
다음으로 백성의 풍속을 순박하게 하는 것이네 再使風俗淳

이 천하의 명언은 748년에 서른일곱 살의 두보가 「상서좌승 벼슬에 있던 위제韋濟에게 드린 시(「奉贈韋左丞丈二十二韻」)」에 나온다. 그러나 이처럼 시리도록 아름다운 꿈은 애석하게도 공허한 꿈으로 끝나고 말았다.

두보는 이 시를 짓기 1년 전에 현종의 특명으로 과거에 응시했다. 그는 자신이 매우 뛰어났다고 자부하였기에 곧바로 중요한 벼

두보(杜甫, 712~770)

슬에 등용되어 현종을 보필하여 최고의 성군^{聖君}인 요임금과 순임금보다 더 훌륭한 임금이 되게 하고, 정치를 잘하여 백성들을 교화시켜 풍속을 순박하고 순후_{淳厚}하게 하려는 꿈에 부풀어 있었다. 그러나 정승 이임보_{李林甫}의 방해로 과거에 낙방하고 말았다.

두보는 고난에 찬 삶 속에서도 이 꿈을 결코 버리지 않았다. 그는 서울 장안에 온 후 13년 동안 나귀 타고 걸식을 했다. 아침밥은 부잣집 대문을 두드려 얻어먹고_(朝扣富兒門) 저녁밥은 살찐 말_(세도가가 타는 최고급 말)이 달리는 먼지 속을 뒤쫓아 가서 그 집에서 얻어먹었다_(暮隨肥馬塵). 때로는 고관대작들의 연회가 끝나기를 기다려 그들이 먹다 남긴 술잔의 술을 마시고 썰렁하게 식은 불고기 몇 점을 얻어먹으며_(殘杯與冷炙) 하루하루를 살자니 가는 곳마다 뼈아픈 슬픔에 겨워 눈물이 옷깃을 적셨다_(到處潛悲辛).

---

3. 우리 임금을 요순보다 훌륭한 군왕이 되게 하고, 다음으로 백성의 풍속을 순박하게 하는 것이네.

너무나도 아름다운 꿈은 실현될 수 없는 영원한 미완의 꿈인가? 만일 두보의 꿈이 실현되었다면 현종은 황제의 자리를 아들 숙종에게 양위하지도, 백성들은 안록산安祿山과 사사명史思明의 반란으로 8년 동안 내란의 고통을 겪지 않았을 것이다.

두보의 꿈인 "우리 임금을 요순보다 훌륭한 군왕이 되게 하고/ 백성의 풍속을 순박하게 하는 것"은 누가 해야 하는가. 바로 국무총리와 청와대 수석들과 장관 및 고위 공직자들이다. 두보는 고위 공직자가 못 되어 그 꿈을 실현할 수 없었다. 그러나 이 시대의 국무총리, 장관 및 고위 공직자들은 대통령을 잘 보좌하여 성공한 대통령이 되도록 하여야 한다. 그리고, 위민행정을 하여 풍속이 순박하고 순후淳厚하도록 하는 것은, 비단 1260여 년 전의 시인 두보의 꿈만 아니라, 21세기 이 시대에도 고위 공직자가 가져야 할 비전이자 실현할 어젠다Agenda이다.

두보와 위팔처사의 금란지교

아름다운 우정을 금란지교金蘭之交라고 한다. 『주역』에 "두 사람이 같은 마음이면 그 날카로움이 쇠를 자를 수 있고, 진정한 마음에서 하는 말은 그 냄새가 난초같이 향기롭다.(二人同心, 其利斷金, 同心之言, 其臭如蘭.)"에서 나온 말이다. 친구 간에 마음이 맞고 교분이 두터워서 생사를 함께하는 우정을 비유한 말이다.

두보의 시 「증위팔처사贈衛八處士」는 안사安史의 난리를 겪으면서 20년 전에 헤어졌던 친구 위팔처사를 방문하고 두터운 환대에 감격하여 쓴 것이다. 친구간의 우정을 노래한 시가 많으나 이 시처럼 우정의 아름다운 세계를 감동적으로 형상화한 시는 드물다. 위衛는 성씨이고 팔八은 위씨네 집안 형제 중 8번째로 태어난 사람으로 중국에서는 이름 대신 이 배항排行의 숫자를 많이 쓴다. 처사란

---

3. 우리 임금을 요순보다 훌륭한 군왕이 되게 하고, 다음으로 백성의 풍속을 순박하게 하는 것이네.

은자를 일컫는 말로 벼슬하지 않고 산수간에 묻혀 사는 사람이다. 위팔이 누구인지는 정확히 알 수 없다. 두보가 48세 때인 759년(건원 2) 봄에 화주華州에서 140리 떨어진 포주浦州에서 살던 위팔을 찾아가 쓴 것으로 보인다.

두보와 위팔은 가난한 선비로 다정한 친구였다. 두보는 벼슬을 구하려 장안을 떠돌며 세월을 보냈고 위팔은 은자여서 산수에 묻혀 살다보니 서로 만날 수 없었다. 마치 동쪽에서 뜨는 별인 삼성參星과 서쪽에서 뜨는 별 상성商星과 같아서(人生不相見 動如參與商) 영원히 서로 만날 수가 없었다. 그런데 두보가 위팔을 찾아갔다. 오늘 밤은 어떤 밤인가 둘이 함께 촛불 아래 만나보니(今夕復何夕 共此燈燭光) 둘 다 호시절 청춘은 가버리고 귀밑머리가 허연 노인이 된 것을 가슴 아파했다(少壯能幾時 鬢髮各已蒼). 떠돌이 두보는 그 동안 옛 친구들을 찾아가 보면 벌써 절반이나 귀신이 되고 말았기에 인생의 무상에 얼마나 통곡했는지 모른다(訪舊半爲鬼 驚呼熱中腸). 그런데 위팔과 같은 친구가 살아 있으니 얼마나 반가웠겠는가?

헤어진 지 20년 만에 두보가 찾아올 줄을 꿈엔들 생각하지 못했는데(焉知二十載 重上君子堂) 찾아온 것이다. 20년 전 이별할 때는 위팔은 총각이었는데 세월이 흘러 이제는 자식을 많이 두어서(昔別君未婚 男女忽成行) 그들이 아비의 친구에게 공손히 절하면서 "어디서 오셨느냐" 내게 묻더니(怡然敬父執 問我來何方) 인사가 채 끝나지 않았는데 아이 시켜 술상을 차려왔다(問答乃未已 驅兒羅酒漿). 시골에 사는지라 귀한 친구가 찾아와도 별로 대접할 것이 없어 어젯밤 봄비에 자란 부추로 안주를 만들고 기장을 섞은 새 밥을 지어 내오는 것이 아닌가(夜雨剪春韭 新炊間黃粱). 소박한 밥상이지만 친구의 우정이 가득 담겼기에 두보는 감격하지 않을 수 없었다.

위팔은 무슨 놈의 인생사가 강산이 두 번 변하고 나서야 만나게 되었느냐면서 연거푸 술잔을 권하여(主稱會面難 一舉累十觴) 두보는 십여 잔을 마시고도 취하지 않은 것은 우정에 감동했기 때문이었다(十觴亦不醉 感子故意長). 그러나 우리네 인생사는 즐거운 친구와의 만남도 잠시일 수밖에 없다. 날이 새면 두보는 떠나야 한다. 세상사를 예측 못하듯이 내일 이별하면 서로의 소식이 산과 강물에 막혀 또다시 아득할 수밖에 없음을(明日隔山岳 世事兩茫茫) 슬퍼했다.

친구의 환대에 감탄하며 변함이 없는 아름다운 우정의 세계가 그림처럼 그려져 있다. 두보는 곤궁했으나 위팔과 같은 좋은 친구가 있다는 것만으로도 행복한 사람이다. 이 시는 각박하게 오늘을 사는 우리들에게 과연 두보와 위팔의 금란지교처럼 좋은 친구가 있는가를 생각하게 한다. 만에 하나라도 이해타산으로 교우관계를 맺고 있는 것은 아닌지 돌아보자. 진실한 우정은 빈부귀천을 초월

3. 우리 임금을 요순보다 훌륭한 군왕이 되게 하고, 다음으로 백성의 풍속을 순박하게 하는 것이네.

하기 때문에 아름답다. 참된 우정은 태산을 만들고 때로는 파도처럼 밀려오는 불행과 슬픔과 먹구름 같은 암담함을 걷어낼 수 있기에 아름답다.

정이 많은 두보

　시성 두보杜甫를 정성情聖의 시인이라고 한다. 인간의 정을 형상화하는데 성인의 경지에 이르렀다는 뜻이다. 그의 꿈은 "임금님을 요순과 같은 성군으로 만들고致君堯舜上 백성들을 교화시켜 풍속을 순박하게 하는 것再使風俗淳"이었다.(「奉贈韋左丞丈 二十二韻」) 그러나 꿈을 성취시킴만한 높은 벼슬에 오르지 못했다. 결국 꿈을 접고 마흔아홉(760년)에 성도成都 밖의 완화계浣花溪와 만리교萬里橋 서쪽에 초가집[草堂]을 짓고 살았다.

　성도에 온 이듬해인 761년 초당에서 지은 「객지客至」는 인구에 회자되는 명시이다. 「객지」는 '손님 오다'의 뜻이다. 이 시의 표제標題 아래에 "최명부의 방문을 기뻐하다喜崔明府相過"라고 써 있다. 즉 초당에 찾아온 명부 벼슬을 하는 최씨는 바로 두보의 외삼촌이다. 시를 보자.

---

3. 우리 임금을 요순보다 훌륭한 군왕이 되게 하고, 다음으로 백성의 풍속을 순박하게 하는 것이네.

초당의 남북으로 봄물이 흐르는데	舍南舍北皆春水
다만 갈매기 떼가 날마다 오는 것만 보이네	但見群鷗日日來
꽃길은 일찍이 그대 위해 쓸지 않았고	花徑不曾緣客掃
사립문은 오늘 비로소 그대 위해 열었노라	蓬門今始爲君開
소반에는 시장이 멀어 맛있는 것 없고	盤飧市遠無兼味
술단지의 술은 집이 가난해 옛적 빚은 것일세	樽酒家貧只舊醅
즐거이 이웃집 늙은이와 함께 마시려고	肯與隣翁相對飮
울타리 너머로 불러와 남은 잔을 다 비웠네	隔籬呼取盡餘杯

두보의 한거閑居와 고적孤寂한 삶의 흔적을 수련首聯의 '來래'에서 찾을 수 있다. 봄이 되어 남북으로 강물이 흐르는데 다만 날마다 갈매기 떼만 볼 뿐이었다. 이 한적하고 고적한 생활을 깨뜨리게 한 것은 손님(외삼촌)이 찾아온다는 기쁜 소식이었다. 그러나 서두르지 않았다.

초당으로 들어오는 꽃길에 떨어진 꽃을 쓸지 않은 것은 오솔길에 떨어진 꽃잎이 저절로 꽃 융단이 되게 한 것이다. 손님이 그 꽃잎으로 만든 카펫을 사뿐히 즈려밟고 들어오라고 쓸지 않았다. 초당에 칩거하면서 외출하지 않아 사립문이 닫혀 있었기에 찾아오는 손님을 위해 처음으로 열어 놓았을 뿐이다.(함련) 두보는 떨어진 꽃잎을 즈려밟고 오라고 했는데, 김소월(1902~1934)은 「진달래꽃」에서,

"가시는 걸음 걸음/ 놓인 그 꽃을/ 사뿐히 즈려 밟고 가시옵소서"라고 했다. 이를 보면 김소월이 두보의 「객지」를 읽은 것 같다.

막상 반가운 손님이 찾아왔으나 가난하여 풍성한 술상을 차릴 수가 없었다. 그래서 술상이 빈약한 이유를 시장이 멀기[市遠] 때문이라고 에둘러댔다. 가난한 집이라서 술이라고는 옛적에 빚어놓은 것뿐이었지만 기꺼이 내놓는다는 것은 손님이 찾아온 기쁨을 형상화한 것이다.(경련)

두보는 둘이서만 마실 수가 없었다. 외숙이 찾아온 기쁨을 이웃과 함께 했다. 그래서 이웃집 노인을 불러다 함께 남은 술을 다 마셨노라고 노래했다. 미련尾聯의 해석을 손님과 둘이서 마시다보니 흥에 겨워 "즐거이 이웃집 노인과 함께 마시다가(최소한 3인)/ 울타리 너머 있는 이를 불러서 남은 술을 다 마셨다(최소한 4인)"로 하는 이도 있다. 두보는 정이 많은 시인이었다.

임금을 성군으로 만들고 백성들의 풍속을 순박하게 교화시키려 했던 아름다운 꿈을 접고 초당에 묻혀 사는 두보의 삶이 오롯이 그려져 있다. 이 시는 시창詩唱으로 널리 애창된다. 멀리서 친구가 찾아왔을 때 도도한 취흥에 이르면 가난한 주인은 으레 이 시를 읊기도 한다. 그는 고귀한 꿈을 접었지만 주옥같은 시를 남겨 당나라를 시의 나라로 만들었다.

---

3. 우리 임금을 요순보다 훌륭한 군왕이 되게 하고, 다음으로 백성의 풍속을 순박하게 하는 것이네.

베적삼

나는 음치다. 그러나 "콩밭 매는 아낙네야 베적삼이 흠뻑 젖는다."로 시작하는 주병선의 〈칠갑산〉을 무척 좋아한다. 그 이유는 칠갑산의 아낙네는 바로 우리의 어머니이자 할머니의 고단한 삶이 오롯이 내재되어 있기 때문이다. 이 노래를 들으면 돌아가신 어머니 생각에 눈물이 나고 가슴이 시리다.

아주 오래 전의 일이다. 지금은 고인이 되신 단국대학교 천안캠퍼스 황패강 부총장님이 전화로 "농과대학 입구에 표석標石을 세우려는데 좋은 시를 추천해 달라."고 했다. 나는 즉시 당나라 이신李紳(780~840)의 「민농憫農」을 추천했다. 그 후 천안캠퍼스에 강의하러 가서 보니, 농대 입구 작은 표석에 "農科大學" 네 글자 밑에 「민농」의 둘째 시가 새겨져 있었다. 농부들의 삶을 동정한 「민농」 2수를 보자.

봄에 한 알의 곡식을 씨 뿌리면	春種一粒粟
가을에 만 알의 곡식을 거두네	秋成萬顆子
온 세상에는 한가한 전답이 없는데	四海無閒田
농부들은 오히려 굶어 죽는구나	農夫猶餓死
호미로 김을 매는데 해는 중천에 있어	鋤禾日當午
땀방울이 곡식 밑의 흙으로 떨어지네	汗滴禾下土
뉘라서 알리오 소반 위의 밥이	誰知盤中飧
알알이 모두가 농부의 피땀인 것을	粒粒皆辛苦

제1수는 농부들이 관리들의 가혹한 수탈로 굶어 죽는 것을 개탄했다. 농부들은 봄에 한 알의 곡식을 파종하여 가을에 많은 곡식을 수확한다. 부지런한 농부들이 씨 뿌릴 만한 곳은 모두 개간하여 파종했기 때문에 사방천지 한가하게 노는 전답은 없다. 그러나 농부들은 가혹한 조세정책과 탐관오리들의 착취로 땀 흘려 가꾼 곡식을 빼앗겨서 굶어 죽는다.

제2수는 농부들의 고통을 노래했다. 오뉴월 무논[水畓]에서 초벌과 두벌 김을 맬 때 벼가 목과 가슴을 찌르고 구부린 등은 작열하는 태양에 구슬 같은 땀방울이 떨어진다. 바로 주병선의 〈칠갑산〉의 콩밭 매는 아낙네의 베적삼이 흠뻑 젖었던 정경과 같다. 바로

---

3. 우리 임금을 요순보다 훌륭한 군왕이 되게 하고, 다음으로 백성의 풍속을 순박하게 하는 것이네.

이런 땀방울이 쌓이고 쌓여 밥상 위에 밥이 오르지만, 이를 먹는 권문세가 귀족들은 밥알 하나하나에 배어 있는 농부들의 노고를 알지 못한다.

이 「민농」은 만고에 회자되는 명시이다. 우리는 편안히 앉아서 하루에 세 차례 쌀밥을 먹지만 쌀 한 톨 한 톨에 농부들의 피와 땀이 배어 있음을 잊고 있다. '米'(쌀 미) 자를 파자破字하면 八(팔)·十(십)·八(팔) 세 글자로 이루어졌는데, 쌀 한 알이 우리 입안에 들어오려면 농부의 손길을 여든여덟 번 거쳐야만 된다는 뜻이다.

꽃과 달을 노래하고 사랑 타령을 하는 시인도 있어야 하고, 농부들의 고단한 삶을 보고 가슴 아파하는 시인도 있어야 한다. 농부들이 궁핍하게 사는데도 이를 외면한 채, 꽃과 달만 읊조리고 사랑 타령만 한다면 그 사회는 시인이 죽은 사회이다. 꾀꼬리가 봄을 노래하지 않으면 꾀꼬리가 아니다.

시인

    농가 지붕 위에 빨간 고추가 널려 있고 헛간 지붕에는 보름달보다 더 큰 박이 주렁주렁 열려 있고 마당에 송아지가 뛰어 놀고 굴뚝에서는 저녁밥 짓는 연기가 피어오르는 농촌 풍경을 보고, 지나가는 글쟁이들은 평화롭고 목가적牧歌的이라고 미화하여 필력筆力을 자랑한다.

    그러나 한 번쯤 뜨거운 여름에 도리깨로 보리타작을 해본 적이 있거나, 뙤약볕에 베적삼이 흠뻑 젖도록 콩밭을 매본 적이 있거나, 빨갛게 익은 고추를 말리려고 사다리를 타고 지붕 위로 올리고 내리는 고된 일을 경험해 본 사람들은 농촌의 풍경이 절대로 목가적이라고 하지 않는다.

    예나 지금이나 농부의 삶은 고단하다. 북송의 진사도陳師道

---

3. 우리 임금을 요순보다 훌륭한 군왕이 되게 하고, 다음으로 백성의 풍속을 순박하게 하는 것이네.

(1053~1101)는 당송팔대가인 증공曾鞏의 제자이다. 그는 종9품의 한직인 비서성정자秘書省正字를 끝으로 관직을 떠난 불우한 삶 속에서도 주옥같은 시를 남긴 고음형苦吟型의 시인이다. 성품이 고결하여 안빈낙도했고, 시풍은 정심情深하고 전오典奧하다. 그가 1090년(元祐 5) 영주교수潁州敎授로 가는 도중에 농민들이 과중한 요역徭役으로 인해 고생하는 것을 보고 연민憐憫의 정을「전가田家」에 형상화했다.

닭이 울면 농부들은 일하러 가서	鷄鳴人當行
개가 짖을 때에야 집으로 돌아오네	犬鳴人當歸
가을이 오니 공사가 급박해져서	秋來公事急
나가고 들어올 때를 기약할 수가 없네	出處不待時
어젯밤에 장맛비가 석자나 내려서	昨夜三尺雨
아궁이 바닥은 진흙투성이일세	竈下已生泥
사람들은 농부들이 즐겁다고 말하지만	人言田家樂
농부들의 고통을 남들이 알겠는가	爾苦人得知

농부들이 첫새벽에 일하러 나갔다가 일몰 후 개가 짖는 소리를 들으며 집으로 돌아오는 고단한 삶을 그렸다. 이어서 가을이 왔는데 추수에 바쁜 농민들을 관청에서 시도 때도 없이 공문을 보내어 부역賦役에 동원하니 수확할 틈도 없는 힘겨운 삶을 아파했다.

추수철인데 가을비가 석자가 내렸다. 집중 폭우가 온 것이다. 이로 인해 아궁이까지 침수가 되어 진흙투성이가 되었다. 폭우의 피해와 농민들의 주거환경이 매우 열악함에 가슴 아파했다. 이런 고난에 찬 농부들의 삶을 보고 시인은 탄식한다. 사람들은 농촌의 삶이 즐겁다고 하는데 이렇게 고난에 찬 삶을 살고 있는 것을 그대들은 알고 있느냐고 반문했다.

송나라 장유張兪는「잠부蠶婦」에서 누에치는 농민들의 슬픔과 한을 핍진하게 노래했다.『고문진보』는 이 시의 작자를 알 수 없는 무명씨라고 했으나 장유가 지은 시이다.「잠부」를 보자.

어제 도시에 갔었는데	昨日到城郭
돌아올 저엔 수건에 눈물이 가득했네	歸來淚滿巾
온 몸에 비단옷 입고 있는 사람은	遍身綺羅者
누에치는 사람이 아니었네	不是養蠶人

누에를 키워 생계를 유지하는 농촌 아낙네가 도시로 나갔다가 집으로 돌아올 적에 눈물이 앞을 가려 수건을 흥건하게 적시고 말았다. 그 이유는 도시 사람들은 모두가 비단옷을 입고 있는데 그들은 누에치는 사람들이 아니었기 때문이었다.

---

3. 우리 임금을 요순보다 훌륭한 군왕이 되게 하고, 다음으로 백성의 풍속을 순박하게 하는 것이네.

그 아낙네는 손발이 닳도록 누에를 길러 비단을 짰지만 비단옷을 입지 못한다. 비단옷을 입는 도성 안의 귀한 사람들은 누에치는 사람들의 신고辛苦를 조금도 알지 못하기에 더욱 서럽게 눈물을 뿌린 것이다.

이 시는 비단을 생산하는 주체가 그 생산의 결과로부터 소외를 당하는 부조리한 사회의 단면을 핍진하게 고발한 것이다. 이 시를 쓴 장유의 생애에 대한 자세한 기록을 찾을 수 없다. 다만 이 시에 나타난 시풍을 보면, 민초의 어려운 삶을 노래한 사회시인이 분명하다.

농부들의 고단한 삶을 오롯이 형상화한 후 이들의 고통을 사람들은 알고 있느냐고 반문한 진사도, 백성들의 아픔과 슬픔을 자아의 아픔과 슬픔으로 동일시하고 이를 노래한 장유는 가슴이 따뜻한 시인이다.

같은 하늘 아래에서 살면서 고단하게 사는 사람들은 거들떠보지도 않고 오로지 꽃과 달을 노래하고 사랑 타령이나 하는 시인들과 격格이 달라도 한참 다르다.

노예시인 어무적

예나 지금이나 민초들의 삶은 고달프다. 노예 출신 시인 어무적魚無迹이 쓴 시 「유민탄流民嘆」이 있다. 「홍길동전」의 허균은 이 시를 칠언고시 중 최대의 걸작으로 격찬했다. 연산군의 학정으로 고난에 찬 삶을 살아야 했던 민초들의 고통을 노래했다.

어무적은 어효양魚孝良의 서얼庶孽로 생몰연대는 알 수 없다. 다만 『조선왕조실록』 연산군 7년(1501) 7월 을해조에 그의 「신유상소辛酉上疏」가 수록된 것을 보면 16세기 초반에 활동한 시인이다. 그의 자는 잠부潛夫, 호는 낭선浪仙, 본관은 함종咸從으로 연산군 때 우의정을 역임한 어세겸과 재종형제간이다. 명문가의 출신이나 서얼이라서 일생을 불우하게 보냈다. 그는 김해 출신으로 관가의 노비였으나 후일 면천되었다. 서얼들에게 주어지는 미관말직인 율여습독관

3. 우리 임금을 요순보다 훌륭한 군왕이 되게 하고, 다음으로 백성의 풍속을 순박하게 하는 것이네.

律呂習讀官을 한때 지냈다.

당시 김해 고을의 수령이 학정을 하여 과일나무에까지 세금을 징수했다. 백성들이 견디다 못해 매실나무를 도끼로 베어버리는 것을 목격하고 「작매부斫梅賦」를 지어 가렴주구를 풍자했다. 이에 진노한 수령이 잡아 족치려하자 도망하여 유랑하다가 마침내 어느 역사驛舍에서 쓸쓸하게 객사客死했다.(『패관잡기』) 「유민탄」을 보자.

유랑민들의 고난에 찬 삶을 살고 있다(蒼生難 蒼生難)고 전제한 후 흉년들어 식량이 없음(年貧爾無食)을 슬퍼했다. 시인은 유민들을 구제하고 싶었으나(我有濟爾心), 아무런 힘이 없다(而無濟爾力)고 한탄했다.

백성의 고통이여 백성들의 고통이여	蒼生苦 蒼生苦
날씨가 찬데 너희는 이불도 없구나	天寒爾無衾
저들은 너희를 구제할 힘이 있으나	彼有濟爾力
너희를 구제할 마음 없구나	而無濟爾心

고관들은 소인배의 심보를 돌려서(願回小人腹) 군자의 마음으로 돌아가(暫爲君子慮) 귀를 열어 민초들의 하소연을 들어보라(暫借君子耳 試聽小民語)고 했다. 백성들이 고통을 호소해도 간신들이 차단해 임금이 알지 못하여(小民有語君不知) 금년에 백성들이 살 길을 잃어 유리걸식하

게 되었다(今歲蒼生皆失所)고 했다.

 비록 대궐에서 백성을 구휼하라는 명령을 내려보내도(北闕雖下憂民詔) 지방의 수령들은 시행하지 않고 휴지처럼 여겼고(州縣傳看一虛紙), 조정에서 특별조사단을 파견하지만(特遣京官問民瘼) 하루에 3백리를 가버리니(駟騎日馳三百里) 실상을 파악할 수 있느냐고 반문했다. 백성들은 못먹어서 제집 문턱까지 나올 힘도 없는데(吾民無力出門限) 어느 겨를에 관리들에게 딱한 사정을 말할 수 있겠느냐(何暇面陳心內事)고 통탄했다. 한 고을에 1명의 관리를 파견해도(縱使一郡一京官) 특파된 관리는 민초들의 고통을 들으려 않고, 백성들 또한 두려움과 체념에 쌓여 말하려 하지도 않는다(京官無耳民無口)는 것이다. 그 이유는 고을의 관리들이 실상을 말하지 말라고 겁주었고 실상을 말해도 해결 못할 것이라고 믿기 때문이었다. 불신이 팽배했다

 이처럼 부패한 조정과 관리들을 불신한 것은 시인이나 민초들도 마찬가지였다. 차라리 한나라 때 훌륭한 목민관 급암을 불러와(不如喚起汲淮陽) 그로 하여금 그나마 죽지 않고 목숨이 붙어 있는 남은 백성들을 구제해 보는 것(未死子遺猶可救)만 같지 못하다고 통탄했다. 연산군은 유랑하는 백성들을 구제할 수 없음을 말한 것이다. 새로운 임금, 새로운 시대를 갈구한 것이다. 그가 갈구한 대로 연산군은 1506년 9월 박원종, 성희안 등이 주도한 중종반정에 의해 쫓겨나

3. 우리 임금을 요순보다 훌륭한 군왕이 되게 하고, 다음으로 백성의 풍속을 순박하게 하는 것이네.

강화도 교동에 유배된 후 곧 죽었다.

어무적은 서얼 출신으로서 자아의 고난보다도 유랑민들에게 따뜻한 가슴을 가진 숭고한 휴머니즘이 있었다. 물(백성)은 배(임금)를 띄우기만 하는 것이 아니라 뒤집기도 한다. 꽃과 달을 노래하고 사랑 타령하는 시인도 있어야 하고, 도탄에 빠진 백성의 아픔을 대신 노래하는 시인도 있어야 한다. 노예 출신 어무적은 후자의 시인이다. 그래서 위대하다. 백성들이 잘 사는 나라가 좋은 나라이다. 정치는 민생이다.

부모님 산소에서

귀양살이는 창살 없는 감옥이다. 형기刑期가 없었기 때문이었다. 지금은 죄를 지으면 법이 정한 형기 동안 감옥살이를 하면 자유의 몸이 된다. 옛날에는 귀양을 보낼 때 유배 장소만 명시하고 유배 기간에 대해서는 일체 언급이 없었다. 언제 풀려날지도 모르는 막막한 귀양살이! 미래를 예측할 수 없는 유배형은 사람을 힘들게 하고 시들게 하여 많은 사람들이 유배지에서 죽었다.

다산 정약용의 둘째 형이자 『자산어보』를 쓴 정약전은 유배 16년차인 1816년 6월 6일 귀양지 흑산도에서 세상을 떠났다. 다산이 1818년 유배에서 풀려나 헤아려보니 귀양살이를 18년을 한 것이다. 유배를 떠날 때 18년간 귀양살이를 하라고 명을 받은 적이 없다.

다산은 40세 때인 1801년 신유사옥이 일어나자 천주교도로 몰

3. 우리 임금을 요순보다 훌륭한 군왕이 되게 하고, 다음으로 백성의 풍속을 순박하게 하는 것이네.

려 2월 9일 감옥에 들어갔다. 셋째 형 정약종은 2월 26일 서소문 밖 네거리에서 참수되고 다산과 둘째 형 정약전은 죽음을 면하고 2월 27일 정약전은 신지도로, 다산은 경상도 장기현으로 유배를 떠난다. 그해 조카사위 황사영의 백서 사건으로 10월 20일 유배지에서 체포, 서울로 압송되어 27일 감옥에 들어갔다. 황사영 백서 사건에 무관함이 밝혀졌으나 11월 5일 출옥되어 다산은 강진으로, 정약전은 흑산도로 유배된다. 다산의 형제는 일사이적一死二謫으로 1명이 죽고(정약종) 2명(정약전, 다산)이 귀양을 가서 가문이 몰락하고 폐족이 된다.

부모, 형제, 처자 등 지친至親을 주제로 한 사모사思慕詞는 애틋한 정한이 그려져 있다. 1801년 경상도 장기로 유배갈 적에 충주의 가차산면 하담荷潭의 부모님 산소를 참배하고, 직계선조 8대가 모두 옥당(홍문관) 출신인 명문가가 하루아침에 몰락한 사실을 고하고 불효의 죄를 속죄하였다. 이때 쓴 시「하담별荷潭別」을 보자.

아버님 아십니까 모르십니까	父兮知不知
어머님 아십니까 모르십니까	母兮知不知
우리 가문 갑자기 뒤집혀서	家門欻傾覆
하나는 사형당하고 둘은 유배되었지요	死生今如斯

제 목숨 겨우 부지했지만	殘喘雖得保
육신은 슬프게도 이지러졌어요	大質嗟已虧
아들 낳으시고 부모님 기뻐하셨고	兒生父母悅
기르실 때 품으시고 정성 다하셨지요	育鞠勤携持
천륜의 공 갚으라고 말씀하셨지	謂當報天顯
어찌 유배 죄인되랴 생각하셨으리	豈意招芟夷
세상 사람들에게 바라는 바는	幾令世間人
다시는 아들 낳았다 기뻐하지 마시오	不復賀生兒

일창삼탄一唱三嘆의 이 시는 6구까지가 전단前段이자 고사告辭이고 후단 6구는 불효지죄에 대한 반성과 절규이다. 1연은 혈루반점血淚斑點으로 감정의 제어 없이 토해낸 아픔이다. 2~3연은 셋째 형 정약종은 천주교 신자로 사형을 당하고 다산과 둘째 형 정약전은 귀양객이 된 불효이다. 후단은 신체발부를 훼손 않는 것이 효도의 처음이고 입신양명하여 부모의 이름을 빛나게 하는 것이 효의 마지막이라는 가르침을 역행하고 귀양객이 된 불효의 참회이다. 마지막 연은 세상 사람들에게 아들로 인하여 다시는 자신과 같은 비극이 재현되지 않기를 기원한 비장의 절규이다.

---

3. 우리 임금을 요순보다 훌륭한 군왕이 되게 하고, 다음으로 백성의 풍속을 순박하게 하는 것이네.

유배를 가면서 부모님 산소에 참배하고 쓴 「하담별」은 독자의 가슴을 시리게 하고 아리게 한다. 다산은 인간의 정을 시로 형상화하는데 천부적인 재능을 가졌기 때문에 정성情聖의 시인이라고 한다. 내 가족을 사랑하는 사람이 타인을 사랑한다. 유배객이 된 불효를 부모님 산소에서 피눈물로 먹을 갈아 쓴 이 시가 심금을 울리는 것은 곡진한 슬픔이 내재되었기 때문이다.

달팽이 뿔 위의 싸움

달팽이 뿔의 왼쪽에 A나라가 있고, 오른쪽 뿔에 다른 B나라가 있었다. 그 두 나라는 영토 싸움을 반복하고 있었는데, 죽은 자만 해도 수만을 헤아리고 15일에 걸친 격전 후에야 겨우 군대를 철수했을 정도였다. 『장자莊子』에 나온다. 이 와각지쟁蝸角之爭은 달팽이의 촉각觸角 위에서 싸운다는 뜻으로 작은 나라끼리의 싸움과 하찮은 일로 승강이하는 짓을 뜻한다. 먹이 싸움에 불과한 당쟁을 비유할 때 쓴다. 만촉지쟁蠻觸之爭이라고도 한다.

다산은 18년간 유배살이를 한 불우한 삶을 살았다. 한마디로 그는 당쟁의 희생자였다. 조선왕조 당쟁사는 연산군(재위 1494~1506)에 비롯되어 조선 말기까지 지속되었다. 선조 8년(1575) 동서붕당이 발생한 후 당쟁은 치열했다. 사도세자(1735~1762) 사건으로 소론·노론·남

---

3. 우리 임금을 요순보다 훌륭한 군왕이 되게 하고, 다음으로 백성의 풍속을 순박하게 하는 것이네.

인이 각각 벽파(僻派)와 시파(時派)로 분열되었다. 다산은 남인의 시파계열이다.

다산이 신유사화로 천주교도로 몰려 1801년 경상도 장기로 유배되었을 때 쓴 시 「견흥(遣興)」에는 당쟁의 참화를 비판하면서 상생의 정치가 구현되기를 기원했다.

아웅다웅 싸움질 제각기 외고집	蠻觸紛紛各一偏
객지에서 깊이 생각하니 눈물 줄줄 흐르네	客窓深念淚汪然
산하는 옹색하게 삼천리뿐인데	山河壅塞三千里
비바람 섞어 치듯 다툰 지 이백 년	風雨交爭二百年
많은 영웅들이 슬프게도 출세를 못했으니	無限英雄悲失路
어느 때에야 형제들 전답 싸움 부끄러워하리	幾時兄弟恥爭田
만약 만곡의 은하수로 씻어낸다면	若將萬斛銀潢洗
상서로운 햇빛이 온 세상을 비출 텐데	瑞日舒光照八埏

다산은 우리나라 당쟁을 『장자』의 우화인 와각지쟁(蝸角之爭(蠻觸之爭))과 다를 것이 없다고 보았다. 조선의 산하는 삼천리에 불과한 작은 나라임에도 불구하고 서인·동인·남인·북인으로 분파되고 다시 노론·소론으로, 그리고 벽파·시파로 나뉘어져 치열하게 싸운 지 2백 년이 된 것을 한탄했다.

이로 인해 많은 영웅들이 정략의 덫에 걸려 뜻을 펴지 못하고 슬프게 희생되었는데, 어느 때에야 동포 형제들이 밥그릇 싸움을 부끄러워할 것이냐고 반문했다. 잔혹한 당쟁의 해결책은, 많고 많은 깨끗한 은하수로 여야 모두가 반목과 치졸한 먹이 다툼에 불과한 혈전을 씻어내고, 대화합을 한다면 온 세상에 서광이 비칠 것이라 했다. 즉 상생의 정치가 구현되기를 염원했다.

이 시를 여의도에 사는 4년 계약직 3백 명이 모두 읽었으면 좋겠다. 상생의 정치와 민생을 챙기는 정치로 회귀해야 한다. 국민들은 먹이(정권) 싸움에 불과한 와각지쟁, 만촉지쟁에 신물이 난 지 오래다.

---

3. 우리 임금을 요순보다 훌륭한 군왕이 되게 하고, 다음으로 백성의 풍속을 순박하게 하는 것이네.

차별의 슬픔

'한 잔 술에 눈물 난다'는 속담이 있다. 차별을 당한 슬픔은 뼛속까지 아프다. 한때 '고·소·영'이란 말이 회자됐다. 특정 대학출신과 특정 교회 신자와 특정 지역 출신이 고관대작에 많이 임용되는 것을 풍자한 것이다. 차별의 뼈아픈 설움을 당해본 사람은 안다. 다산 정약용은 인간이 출신성분에 따라 차별을 받아서는 안 된다는 만민평등론을 전개했다. 다산의 신분제도 개혁안인 유명한 「통색의通塞議」를 보자.

"온 나라의 백성들을 다 모아 배양하더라도 진흥시키기 두려운데, 하물며 그 중의 8~9할을 버린단 말입니까? 소민小民이 그 중에서 버림받은 자이고 중인中人이 그 중에 버림받은 자입니다. 평안도와 함경도 사람이 그 중에 버림받은 자이고 황해도 개성, 강화 사람이 그 중에 버림받은 자입니다. 강원도와 전라도의 절반이 그 중에 버림받은 자이고, 서얼이 그 중에 버림받은 자이고, 북인과 남인은 버린 것은 아니나 버린 것과 같으며, 그 중에 버리지 않은 자는 오직 문벌 좋은 집 수십 가호뿐입니다. 이 가운데에도 사건으로 인해서 버림을 당한 자가 많습니다.

어찌 천지가 그 정기를 모으고 산천이 그 진기眞氣를 길러서 반드시 수십 집에만 산출시켜주고, 그 더럽고 혼탁한 기운은 나머지 사람에게 뿌려 준 것이겠습니까? 그 태어난 지방이 나쁘다 하여 버리는 것입니까? …… 제일 좋은 방법은 동서남북에 구애됨이 없게 하고 멀거나 가깝거나 귀하거나 천하거나 간에 가리는 것이 없게 하여 중국의 제도와 같이 하는 것입니다."

다산은 출신성분과 지역, 귀천과 당색을 구별하지 말고 인재를 등용하라는 것은 만민평등론이자 상생론이다. 또한 「서얼론」에서는, 비록 서얼이라도 유능한 인재라면 대간 벼슬도 작은 것이니 반드시 정승을 시켜야 옳다(臺諫其小者也, 必相而后可者也.)고 했다. 서자도 능력이 있으면 국무총리를 시켜야 한다는 것이다.

다산의 사회시를 비롯한 시문에는 금수초목은 물론 인간과 인간이 차별을 받지 않고 공존하며 화평하게 삶을 살아야 한다는 상생론을 전개했다. 그는 자신이 입론한 만백성을 윤택하게 하고 모

---

3. 우리 임금을 요순보다 훌륭한 군왕이 되게 하고, 다음으로 백성의 풍속을 순박하게 하는 것이네.

든 사물을 보호하고 육성한다(澤萬民 育萬物)는 아름다운 정신을 시문에 구현하였기에 그의 문학은 생시는 물론 사후에도 경세적인 문학으로 평가받고 있다.

다산의 시 「고시이십칠수古詩二十七首」(4)는 경상도 장기 유배시절인 1801년에 쓴 것으로 당쟁을 혁파하고 상생의 정치가 실현되기를 기원했다. 이를 보자.

모든 풀은 다 뿌리가 있는데	百草皆有根
부평초만은 매달린 꼭지가 없이	浮萍獨無蔕
물 위에 둥둥 떠다니며	汎汎水上行
언제나 바람에 끌려다닌다네	常爲風所曳
목숨은 비록 붙어있지만	生意雖不泯
더부살이 신세처럼 가냘프기만 해	寄命良瑣細
연잎은 너무 괄시를 하고	蓮葉太凌藉
마름풀도 이리저리 가리기만 해	荇帶亦交蔽
똑같이 한 못 안에 살면서	同生一池中
어쩌면 그리 괴롭게 서로 어긋날까	何乃苦相戾

다산은 자신의 의사와 무관하게 바람 부는 대로 끌려다니는 부평초가 연꽃과 마름풀에게 무시와 괴롭힘을 당하는 아픔을 실사

했다. 부평초는 약자이고 연꽃과 마름풀은 강자이다. 강자의 탄압과 핍박으로 약자가 곤욕을 겪기 때문에 결련에서 같은 연못에 살면서 어찌하여 상생의 삶을 살지 않느냐고 반문했다.

이 시는 탁물우의託物寓意이다. 문제는 우리가 사는 이 세상에도 연꽃과 마름풀과 같은 힘센 자들이 연약한 부평초를 못살게 한다는 사실이다. 서로를 인정하고 손잡고 나가야 미래가 있다. 한잔 술에도 눈물이 나는데 힘 있다고 돈 있다고 권력이 있다고 힘없는 사람들을 무시하고 차별하면 하늘이 용서하지 않는다.

제비의 슬픔

우화란 다른 사물에 비유하여 의견이나 교훈을 은연중에 나타내는 것이다. 우화에 등장하는 인물은 사람을 비롯하여 두루미, 여우, 늑대, 개미와 베짱이 등 이 세상에 존재하는 갖가지 사물들이고, 무대는 인간 세상을 비롯하여 우주로까지 확대된다.

우화는 캡슐로 된 약과 같다. 약의 표피表皮는 삼키기 좋게 달콤하지만 속에는 쓰디쓴 약이 들어 있다. 우화를 읽을 때 달콤한 이야기에 빠지지만 그 속에 내재된 쓴 교훈을 얻는다. 그래서 우화는 동서고금을 막론하고 어린이뿐만 아니라 모든 이들에게 사랑을 받고 있다.

다산 정약용이 1801년(40세) 경상도 장기현에서 귀양살이할 때에 쓴 우화시 「고시이십칠수古詩二十七首」(8)가 있다. 이 시는 탐관오리에

게 수탈당하는 백성들의 고난에 찬 삶을 집 없는 제비의 설움으로
비유하여 노래했다. 이를 보자.

제비가 처음 날아 왔을 때	鷰子初來時
지지배배 하는 소리 그치질 않네	喃喃語不休
말 뜻 분명히 알 수 없지만	語意雖未明
집 없는 설움 하소연하는 것 같네	似訴無家愁
"늙은 느릅나무 홰나무엔 구멍이 많은데	楡槐老多穴
어하여 그 곳에서 살지 않느냐"	何不此淹留
제비가 다시 지지배배	燕子復喃喃
사람에게 대답하기를	似與人語酬
"느릅나무 구멍엔 황새가 와서 쪼고	楡穴鸛來啄
홰나무 구멍엔 뱀이 와서 뒤진다오"	槐穴蛇來搜

제비는 힘없는 백성들이고, 지지배배 울음소리는 백성들의 탐관
오리에 대한 원성이고, 느릅나무 홰나무의 구멍은 민초들의 삶의
터전이며, 황새와 뱀은 삼정의 문란으로 백성들을 괴롭히는 탐관오
리를 은유했다.

   제비가 시인 곁으로 처음 날아와서 "지지배배 지지배배"를 계속
했지만 그 뜻을 알 수 없었으나, 자세히 들어보니 집 없는 서러움

---

3. 우리 임금을 요순보다 훌륭한 군왕이 되게 하고, 다음으로 백성의 풍속을 순박하게 하는 것이네.

을 하소연하는 것 같았다. 시인은 제비에게 "늙은 느릅나무와 홰나무엔 구멍이 많은데/ 어찌하여 그 곳에 살지 않느냐"고 물었다. 그러자 제비가 다시 지지배배 하면서 "느릅나무 구멍엔 황새가 와서 쪼고/ 홰나무 구멍엔 뱀이 와서 뒤진다"고 대답했다. 즉 황새와 뱀이 시도 때도 없이 집을 뒤져 어린 새끼들을 잡아먹고 못살게 하기 때문에 더 이상 살 수 없다는 눈물겨운 하소연이다.

시는 여기에서 끝났다. 시인은 망연자실했다. 그러나 할 말을 잊은 것이 아니다. 연약한 제비가 황새와 뱀의 등살에 살 수 없는 처지, 즉 제비와 같은 힘없는 민초들이 황새와 뱀과 같은 탐관오리들의 가렴주구로 살아갈 수 없는 처지임을 제비의 입을 통하여 전달하는 것이 훨씬 시적 효과를 높이기 때문에 더 이상 언급하지 않은 것이다. 즉 사족을 달지 않았다. 군더더기가 없다.

집 없는 제비의 설움에 가탁假託하여 조선 후기 낡고 병든 사회에서 모진 목숨을 살아야 했던 민초들의 고난과 눈물의 농도를 핍진하게 풍자했다. 이 우화시를 통하여 화평의 세계, 공존의 질서가 무너진 낡은 사회, 약육강식의 잘못된 사회의 실상이 어떠한 것인지를 우리는 알 수 있다.

조선 후기의 대표적인 우국시인 다산은 민초들의 고뇌와 가련한 삶을 실사하면서 치자治者와 피치자의 대립적 관계에서 수평적 사회, 갈등이 없는 화평의 세계가 되기를 염원했다. 우리는 이 시를 통하여 다산의 문학정신인 '우국애민'이 얼마나 고결하고 뜨거웠던가를 이해할 수 있다.

---

3. 우리 임금을 요순보다 훌륭한 군왕이 되게 하고, 다음으로 백성의 풍속을 순박하게 하는 것이네.

고래 사냥

 '솔피'라는 고래가 있다. 근 40여 년 전의 이야기이다. 나는 다산 시선집 『유형지의 애가』(단국대 출판부, 1981)를 출판하기 위해 다산 정약용의 시를 번역하고 있었다. 내륙 산간 시골에서 자라서 다산 우화시 「해랑행海狼行」에 나오는 "'해랑'은 방언으로 '솔피'라고 한다.(海狼, 方言曰, 乺皮.)"를 이해하지 못했다. 물어도 아는 사람이 없어 더욱 궁금했다. 어느 날 저녁 식당에서 주문한 음식을 기다리던 중 식탁에 있던 신문을 보다가 "솔피 떼의 공격으로 고래가 상처를 입어 죽은 것이다."라는 부산수산대학 전찬일全燦一 교수의 언급이 있는 기사가 눈에 들어왔다.

 나는 전찬일 교수님에게 편지를 썼다. 고맙게도 전 교수님은 솔피의 학명을 비롯하여 성질과 특징 등을 장문으로 상세한 답변을 보내주어 궁금증이 말끔히 풀렸다. 지금 생각해도 이는 우연이자 인연으로 학문하는 자만이 느끼고 맛볼 수 있는 작은 기쁨이기도 하다. 다산의 「해랑행」은 1801년 경상도 장기에서 귀양살이 할 때 쓴 시이다. 이를 보자.

솔피고래는 이리 몸통에 수달 가죽으로	海狼狼身而獺皮
가는 곳마다 수백 마리 떼지어 다니네	行處十百群相隨
물속에서 적을 치려 포위함이 나는 듯해서	水中打圍捷如飛
갑자기 덮치면 고기들 알지 못하네	欻忽搶襲魚不知
큰고래 한 번에 천 석의 고기를 삼켜서	長鯨一吸魚千石
큰고래 한 번 지나가면 고기가 씨도 없네	長鯨一過魚無跡
솔피는 먹을 고기 없어 고래에게 한을 품어	狼不逢魚恨長鯨
큰고래 죽이기로 계책을 세웠네	擬殺長鯨發謀策

큰고래는 한 번에 천 석의 고기를 삼키기 때문에 지나가면 고기가 씨도 없었다. 굶주리게 된 솔피고래들은 먹이를 싹쓸이한 큰고래에게 원한을 품고 죽일 작전계획을 치밀하게 수립하고 총공격을 했다.

한 떼는 고래 머리를 들이받고	一群衝鯨首
한 떼는 고래 꼬리를 에워싸고	一群繞鯨後

3. 우리 임금을 요순보다 훌륭한 군왕이 되게 하고, 다음으로 백성의 풍속을 순박하게 하는 것이네.

한 떼는 고래 좌측을 엿보고	一群伺鯨左
한 떼는 고래 우측을 공격하고	一群犯鯨右
한 떼는 물에 잠겨 고래 배를 맡고	一群沈水仰鯨腹
한 떼는 뛰어올라 고래 등에 올라타서	一群騰躍令鯨負
상하 사방에서 일제히 고함지르며	上下四方齊發號
살을 뜯고 씹으니 어찌 그리 잔혹하느뇨	抓膚齚肌何殘暴
고래는 우레처럼 소리 지르며 물을 뿜으니	鯨吼如雷口噴水
파도가 들끓고 맑은 날에 무지개가 떴네	海波鼎沸晴虹起
무지개 사라지고 파도가 잔잔해지자	虹光漸微波漸平
아 슬프다 고래가 이미 죽었노라	嗚呼哀哉鯨已死

솔피고래들은 조를 짜서 자기들의 먹이를 싹쓸이하는 큰고래를 상하좌우와 머리와 꼬리에서 일제히 공격하여 죽이는 혈전을 실감 나게 형상화했다. 큰고래는 혼자서 솔피고래 떼의 공격을 당할 수 없어 마침내 죽고 말았다.

혼자로선 많은 힘을 대적할 수 없느니	獨夫不遑敵衆力
간사한 작은 놈들 큰 사악한 놈을 죽였구나	小黠乃能殲巨慝
너희들 혈전이 어찌해 이 지경에 이르렀느뇨	汝輩血戰胡至此
본의는 음식 싸움에 지나지 않았던가	本意不過爭飮食

넓고 넓은 끝없는 바다에서   瀛海漭洋浩無岸
너희들 어찌하여 지느러미 흔들며 꼬리치며 서로 사이좋게 살지 못하는가   汝輩何不揚鬐掉尾相休息

이 혈전의 원인은 먹이 싸움에 지나지 않았느냐고 반문한 후, "넓고 넓은 끝없는 바다에서/ 너희들 지느러미 흔들며 꼬리치며 사이좋게 살지 못하는가"라고 탄식했다. 이 탄식은 더불어 사는 상생의 삶이 실종된 것에 대한 애련에서 나온 것이다.

다산의 우화시 「해랑행」의 먹이를 위한 혈전은 바로 치열한 당쟁을 뜻한다. 다산 자신이 당쟁의 희생양이었다. 솔피고래와 큰고래의 싸움에 가탁하여 함께 사는 상생의 삶을 은유했다. 이 시가 우리에게 시사하는 바가 크다. 정쟁만으로는 미래가 없다.

모기보다 더한 자들

우리 속담에 "모기 다리의 피 뺀다."는 교묘한 수단으로 없는 데에서도 긁어내거나 빈약한 사람을 착취할 때 빗대어 쓴다. 그리고 "모기 밑구멍에 당나귀 신(腎)이 당할까."는 작은 구멍에 큰 물건이 부당함을 가리키거나, 분에 넘치는 보수나 지위를 감당하지 못한다는 의미로 사용한다. "모기 보고 칼 빼기[見蚊拔劍]"는 시시한 일에 성을 내거나, 아주 작은 일에 만용을 부릴 때 사용하는 속담이다.

다산 정약용의 시에 모기를 증오한 「증문(憎蚊)」이 있다. 이 시는 전라도 강진에서 유배 살고 있을 때인 1804년(43세) 여름에 지었다. 다산이 유형의 땅에서 여름밤 모기에 시달리는 정경이 너무나 슬프다. 시의 일부를 보자.

모기 한 마리 앵 하는 소리 귓가에 들리니　　一蚊嘿然聲到耳

기가 질리고 오장이 서늘하고 애간장이 타네	氣怯膽落腸內煎
부리를 박아 피를 빠는 것만도 족할 터인데	挿觜吮血斯足矣
어찌하여 뼛속까지 독을 불어넣느냐	吹毒次骨又胡然
홑이불 덮고 머리만 내놓았는데	布衾密包但露頂
어느새 부처님 이마의 백호 같은 혹이 만 개나 생기네	須臾癗瘟萬顆如佛巓
비록 내 뺨을 후려쳐도 언제나 헛손질뿐	頰雖自批亦虛發
넓적다리 급히 후려쳤으나 이미 도망갔네	髀將急拊先已遷
힘써 싸웠으나 잡지 못하고 잠만 설치니	力戰無功不成寐
여름밤이 일 년보다 더 지루하구나	漫漫夏夜長如年
너의 바탕이 지극히 작고 미천한 족속	汝質至眇族至賤
어이하여 사람을 만나면 군침을 흘리는가	何爲逢人輒流涎

 외로운 바닷가 강진 유형지에서 모기와 싸우며 잠 못 이루는 다산의 모습이 아주 생생하게 형상화되어 있다. 가난한 유배객에게 모기장이 있었겠는가? 앵앵거리며 물고 피를 빠는 모기와 여름밤 내내 잠 못 이루고 치열하게 혈투(?)를 벌이는 귀양객의 모습이 처연하고 애잔하고 눈물겹다.

 모기도 너무했다. 고량진미를 먹어서 살찐 탐관오리의 피를 빨 일이지 시리고 아린 삶을 사는 유배객의 피를 빨아댄건 너무했다.

---

3. 우리 임금을 요순보다 훌륭한 군왕이 되게 하고, 다음으로 백성의 풍속을 순박하게 하는 것이네.

이 시에서 모기는 백성의 고혈을 빠는 변학도 같은 탐관오리이고 모기에게 고통을 당하는 시인은 백성으로 해석할 수도 있다.

다산은 이 시의 마지막 연聯에서 "지금은 봉당에서 짚을 깔고 사노라니(如今土床薦藁蘇)/ 모기를 내가 부른 것이지 모기 잘못 아니네(蚊由我召非汝怨)"라고 했다. 우리는 흔히 곤경에 처하게 되면 조상을 탓하거나 남을 원망하기 마련인데 다산은 모든 것을 자신의 잘못으로 돌리고 원망하거나 미워하지 않았다. 우리는 이 편린片鱗에서 다산의 참모습을 만날 수 있다.

뇌물을 받아먹은 이들은 모기보다 더한 자들이다. 모기는 그나마 염치가 있어서 낮에는 사람의 피를 빨지 않고 잠복해 있다가 밤에만 빠는데, 탐관오리들은 장소불문, 시간불문, 달러불문 24시간 올나이트로 돈을 흡입한다. 모기보다도 염치가 없는 인간들이 존재하고 있는 한 우리의 삶은 괴롭고 나라의 발전은 정체된다. 이들을 영원히 격리시키는 방법은 없는 것인가?

다산의 꿈

다산 정약용은 언제 풀릴지도 모르는 고난에 찬 유배생활을 하면서도, 민초들이 겪는 고초를 자아의 것으로 동일시하고 우국의 일념으로 새로운 조선을 건설하고자 치열하게 선명善鳴했다.

다산은 1809년(48세) 김이재金履載(1767~1847)에게 보낸 서한에서, "중풍이 점점 심해지고 온갖 병이 생겨 언제 죽을지도 모르는 처지"이나, "기꺼이 귀양지의 강물에 뼈를 버리더라도 애석할 것이 없지만 오직 우국지성을 발산할 길이 없어 점점 응어리가 되었다."고 했다. 또한 "살아서 고향으로 돌아가느냐의 여부는 오직 나 한 사람의 기쁨과 슬픔일 뿐이지만, 지금 만백성이 다 죽게 되었으니 이를 장차 어찌하면 좋으냐."고 가슴을 쳤다.

그리고 "어느 것 하나라도 병들지 않은 것이 없어서 이를 고치지

---

3. 우리 임금을 요순보다 훌륭한 군왕이 되게 하고, 다음으로 백성의 풍속을 순박하게 하는 것이네.

정약용(丁若鏞, 1762~1836, 茶山)

않으면 반드시 나라가 망할 것인데 이를 어찌 충신과 지사가 팔짱 끼고 방관할 수 있겠느냐."고 통탄했다. 자신이 살던 시대를 "살려야 할 사람을 죽음에 이르게 하고, 죽여야 할 사람을 살리고도 오히려 태연하고 편안하게 여긴다.(或生而致死之, 亦死而致生之, 尙恬焉安焉.)"고 통탄했다.

다산은 "목민관은 백성을 위하여 있는 것인가? 백성이 목민관을 위해서 생존하는 것인가? 백성이 곡식과 베[布]를 바쳐서 목자를 섬기며 백성이 수레와 말과 종복을 내어서 목민관을 맞고 보내며 백성의 고혈을 짜내어 목민관을 살찌게 하니 백성이 목민관을 위하여 생존하는 것이 아닌가? 아니다. 아니다. 목민관은 백성을 위해서 존재하는 것이다.(牧, 爲民有也.)"라고 했다. 공직자는 국민을 위해서 존재한다는 준엄한 논리이다.

다산은 "백성들은 땅으로 농토를 삼는데 관리들은 백성들로 전답을 삼는다.(民以土爲田, 吏以民爲田.) 백성의 껍질을 벗기고 골수를 긁어내는 것으로써 농사짓는 일로 여기고 머릿수를 모으고 마구 거두어들이는 것으로써 수확하는 일을 삼는다.(剝膚槌髓, 以爲耕耨, 頭會箕斂, 以爲刈穫.)"고 부패가 만연한 공직사회를 신랄하게 비판했다.

다산이 진단한 조선 후기 사회의 부패상과, 오늘날 우리 사회의 부정부패를 비교해 보면 별로 달라진 게 없는 것 같다. 다산의 꿈은 부패한 정치사회를 개혁하여 "국법이 존중되고 백성을 중히 여기고(以尊國法, 以重民生.)", 썩어 문드러진[腐爛] 공직사회를 개혁하여 "공직자는 백성을 위해서 존재(牧, 爲民有也.)"하는 나라를 만드는 것이었다.

다산의 꿈은 "오래된 나라를 새롭게 개혁하는 것(新我之舊邦)"으로 요즈음 말로 '신조선 창조'이다. 그의 꿈은 낡은 조선을 새롭게 개혁하여 "만백성을 윤택하게 하고(澤萬民) 만물을 육성하는 것(育萬物)"이다. 다산의 꿈은 아직 이 땅에서 이루어지지 않았다. 우리에겐 그 미완의 꿈을 실현시킬 책무가 있다.

---

3. 우리 임금을 요순보다 훌륭한 군왕이 되게 하고, 다음으로 백성의 풍속을 순박하게 하는 것이네.

민초들의 슬픔

역대 시인들은 우화寓話의 기법으로 세상만사를 풍자하는 시를 즐겨 썼다. 동양의 가장 오래된 시집인 『시경』에도 우화시가 있는데, 그 중 하나가 탐관오리들을 큰 쥐로 풍자한 「석서碩鼠」이다.

민초民草들의 고난과 슬픔을 자신의 슬픔으로 동일시했던 다산 정약용은 강진 유배지에서 1809년(48세)에 시 「전간기사田間記事」 6편을 썼다. 이 중에서 〈시랑豺狼〉은 민생이 도탄에 빠져 신음하고 있는데도 이들의 절실한 문제를 외면한 채 호의호식하는 탐관오리들을 이리와 승냥이 같은 존재라고 매도하였다. 〈시랑〉에서는 살인 사건을 숨긴 두 마을 사람들이 관가로부터 당하는 괴로움을 그렸다. 이 시를 짓게 된 배경을 다산은 다음과 같이 밝혔다.

"용龍마을과 봉鳳마을의 갑甲과 을乙이 우연히 다투었는데 을이 앓다가 죽었다. 마을 사람이 관가의 트집을 두려워하여 갑에게 자살을 권유했다. 갑은 두 마을 사람들을 살리려고 자살했다. 두어 달이 지난 후에 관리들이 이를 알고 불고죄로 두 마을에서 3만 냥을 토색질을 해가니, 한 치의 베, 쌀 한 알도 남아 있지 않아 그 여파가 심하기는 흉년보다 더 극심했다. 관리들이 마을을 떠나는 날 두 마을 주민들도 집을 떠나 유민이 되었는데 이를 현령에게 호소하였으나, 네가 가서 찾으라는 말뿐이었다."

〈시랑〉은 3장으로 구성된 4언시이다. 제1장을 보자.

승냥이여! 이리여!	豺兮狼兮
이미 송아지 잡아갔으니	既取我犢
우리 양일랑 잡아가지 말아라	母噬我羊
옷장에 저고리마저 없고	笥既無襦
횃대에 치마도 없다	椸既無裳
장독엔 남은 반찬 없고	甕無餘醢
뒤주엔 남은 식량 없다	瓶無餘糧
가마솥 이미 빼앗아가고	錡釜既奪
숟가락 젓가락마저 빼앗아갔네	匕筯既攘

3. 우리 임금을 요순보다 훌륭한 군왕이 되게 하고, 다음으로 백성의 풍속을 순박하게 하는 것이네.

도적도 아니고 원수도 아닌데	匪盜匪寇
어쩌면 이다지 못살게 구는가	何爲不臧
살인자는 이미 자살했는데	殺人者死
또 누구를 죽이려 하는고	又誰戕今

살인 및 자살 사건을 빌미로 삼아 탐관오리들이 수탈을 어떻게 했는가를 오롯이 형상화했다. 다산은 『목민심서』에서, 살인 사건을 고발하는 자는 열에 두셋이고, 일고여덟은 다 숨긴다고 했다. 관가의 검시檢屍와 검문을 한 번 치르게 되면 일 년 이내에 온 마을의 사람들이 유랑민이 된다고 했다. 사람들이 살인자는 추방해 버리고 죽음을 당한 가족들에게 돈을 걷어 주고 매장케 하여 입을 막았고, 혹 관리들이 이를 알고 주민들을 위협하면 2백~3백 냥을 모아 그들의 입을 막았다. 한 마을에서 살인 사건이 나면 마을이 폐허가 되는, 자신이 살던 시대의 참상을 시로 형상화했다.

다산은 귀양살이를 하면서도 자아의 고통보다 민초들의 고난에 찬 삶을 가슴 아파했다. 힘없는 민초들이 당하는 고통을 자신의 고통으로 동일시하여 노래했다. 때로는 격정적으로 때로는 우화시로 낡고 병든 사회를 고발하고 풍자했다. 그의 대표적인 우화시는 「전간기사田間記事」의 〈시랑〉을 비롯하여 「고시이십칠수」, 송충이를 탐관오리로 비유한 「충식송蟲食松」이 있고, 도둑고양이를 탐관오리로 비유한 「이노행狸奴行」 등이 있다.

　이들 우화시는 우국애민의 정신을 시로 형상화한 것이고 이를 산문으로 표현한 것이 바로 『경세유표』, 『목민심서』, 『흠흠신서』 등이다. 민초들의 슬픔과 한을 대변하면서 우국휼민의 뜨거운 정을 노래한 그의 시정신은 위대하다.

3. 우리 임금을 요순보다 훌륭한 군왕이 되게 하고, 다음으로 백성의 풍속을 순박하게 하는 것이네.

유형지의 애가

이리여! 승냥이여!	狼兮豺兮
우리 삽살개를 빼앗아 갔으니	旣取我尨
닭일랑 묶어가지 말라	毋縛我鷄
자식은 이미 팔려갔고	子旣鬻矣
내 아내 누가 사 가리오	誰買吾妻
너희들 내 살가죽 벗기고	爾剝我膚
몽둥이로 내 뼈마저 부수누나	而搥我骸
논밭을 보아라	視我田疇
얼마나 가엾은 일이냐	亦孔之哀
강아지풀도 못자라니	稂莠不生
다북쑥인들 자랄 수 있겠는가	其有蒿萊
죽은 자는 이미 죽었지만	殺人者死

또다시 누구를 해치려하느뇨!	又誰災兮

이 시는 다산 정약용이 강진 유배지에서 1809년(48세)에 쓴 시 「전간기사田間記事」의 〈시랑豺狼〉 제2장이다. 살인 사건을 숨겼다고 두 마을이 탐관오리들에게 수탈당하여 폐허가 된 슬픔을 노래한 것이다. 탐관오리를 이리와 승냥이보다 더 극악하다고 풍자했다. 탐관오리들이 협박과 수탈로 가축마저 빼앗기고 또한 자식을 남의 집 머슴으로 보내야 했으며, 아내까지 팔아야 할 지경이었다. 그리고 곤장을 맞은 참상을 오롯이 형상화했다.

승냥이여! 호랑이여!	豺兮虎兮
말한들 무엇하리	不可以語
금수같은 놈들이여	禽兮獸兮
나무란들 무엇하리	不可以詬
부모가 있다지만	亦有父母
의지할 길 전혀 없네	不可以恃
달려가 하소연해도	薄言往愬
귀담아 듣지 않네	褎如充耳
우리들 논밭을 보아라	視我田疇
얼마나 참담한 모습인가	亦孔之慘

3. 우리 임금을 요순보다 훌륭한 군왕이 되게 하고, 다음으로 백성의 풍속을 순박하게 하는 것이네.

유랑민 되어 굴러다니다가	流兮轉兮
시궁창 구덩이를 가득 메우네	塡于坑坎
사또여! 사또여!	父兮母兮
고량진미 씹으면서	梁肉是啖
방안에 기생들은	房有妓女
꽃과 같은 예쁜 얼굴이네	顔如菡萏

위는 제3장이다. 탐관오리의 수탈로 백성들은 유랑하다 시궁창에 죽어가고 있건만, 탐관오리들은 이와 반대로 고량진미 씹으면서 꽃같이 아름다운 기생을 곁에 두고 호의호식했다. 백성의 부모가 되어야 할 관리들이 탐관오리가 되었기에 그들은 백성의 부모가 아니라 백성의 원수였고 승냥이와 이리와 호랑이 같은 사나운 존재였다.

그것은 분명 사람이 살 수 없는 사회였고 인간으로서의 존엄한 생존권마저 박탈당한 지옥과 같은 사회였음을 비판했다. 다 같은 나라의 백성이건만 왜 정반대의 이질적 삶을 살아가야 하는 어처구니없는 현실의 문제에 대해서 다산은 고심했다. 탐관오리들은 이미 백성의 부모가 아니라 금수만도 못한 원수였고, 이들이 존재하는 한 민초들은 수화지중水火之中을 헤어날 길이 없음을 파악하고 이를 광정匡正하고자 외로운 바닷가 강진 유형지에서 우국애민의 애가哀歌를 불렀다.

"임금을 사랑하고 나라를 걱정하지 않으면 시가 아니고, 어지러운 시국을 아파하고 피폐한 습속을 통분해 하지 않으면 시가 아니며, 아름답게 풍자하고 권선징악의 뜻이 담겨져 있지 않으면 시가 아니다. 그러므로 지기志氣를 세우지 못하고 학문이 순정하지 못하면 대도大道를 듣지 못하고 임금을 성군으로 만들고 백성들을 윤택하게 할 마음이 없는 자는 시를 지을 수 없다."

위의 글은 다산의 시론詩論 일부이다. 사회시는 ①애군우국愛君憂國 ②상시분속傷時憤俗 ③미자권징美刺勸懲의 뜻이 있어야 한다고 했다. 이 3요소가 결여되면 시가 아니라고 부정했다. 시인의 지기志氣가 여기에 있어야만 치군택민致君澤民할 마음이 생겨나서 사회시를 쓸 수 있다는 논지이다. 이 사회시론은 낡고 병든 당시 사회를 바로잡아 구제하여 새로운 조선을 만들려는 우국충정에서 나온 것이다.

고통받는 백성들의 슬픔과 한을 대변하면서 우국휼민의 뜨거운 정을 노래한 다산의 시인적 정신은 시로써 시대의 잘못을 바로잡으려 한 이시광정以詩匡正에 있었다. 백성의 고통과 한을 외면하고, 꽃과 달을 노래하고 사랑 타령만하는 시인들의 시와 다산 시는 격이 다르다. 차원이 다르다.

---

3. 우리 임금을 요순보다 훌륭한 군왕이 되게 하고, 다음으로 백성의 풍속을 순박하게 하는 것이네.

쉬파리를 위한 제문祭文

영혼이 아름답고 마음이 고운 사람은 하찮은 미물도 사랑을 한다. 쉬파리에게 제사를 지내고 제문을 쓴 사람이 있다. 바로 다산 정약용이다. 다산은 강진에 유배된 지 10년 되던 1810년(49세)에 쓴 「조승문弔蠅文」은 쉬파리를 의인화한 우언문寓言文이다.

1810년 여름 유배지 강진에 쉬파리 떼가 극성을 부리니 백성들이 잡느라 야단이었다. 다산은 쉬파리가 번성하게 된 근본적인 원인을 ①작년(1809)에 큰 기아飢餓와 ②혹한 ③염병이 돌고 또한 ④가혹한 세금을 징수당하여 수많은 백성들이 굶어 죽은 데서 찾았다.

이런 천재天災와 인재人災 앞에서 힘없고 가진 것이 없는 민초들은 자연히 굶어 죽어 시체가 길과 언덕에 즐비한데 가련하게도 수의襚衣도 관棺도 없었다. 훈풍이 불고 기온이 높아지자 오래 전에 죽은 시신과 새로 죽은 시신에서 모두 썩은 물이 홍건히 고이고 엉기자, 자연히 시신에서 구더기가 생겨 황하의 모래보다 만 배나 되었다. 이 구더기가 쉬파리로 변하여 인가로 날아든 것이라고 원인을 밝혔다. 「조승문」은 바로 인간에 대한 사랑을 우언문으로 형상화했다. 「조승문」의 앞부분을 보자.

아! 이 쉬파리들이	嗚呼蒼蠅
어찌 우리 인간 무리가 아니리오	豈非我類
너의 생명을 생각하면	念爾之生
절로 눈물이 주르르 흐르노라	汪然出淚
이에 음식을 만들어	於是具飯爲殽
널리 청해 와 모이게 하였으니	普請來集
서로 전하고 알려서	相傳相告
모여 먹도록 하거라	時嘬是咂
이에 다음과 같이 조문한다	乃弔曰

다산은 쉬파리들은 불쌍하게도 굶주려 죽은 백성들의 전신轉身이라고 한 데서 한 걸음 더 나가 인간의 무리(嗚呼蒼蠅 豈非我類)라 하고 이들의 기구한 생명을 생각하면 저절로 눈물이 흐른다고 했다. 이러한 연민憐憫이 결국 제수를 차려 놓고, 쉬파리들을 모두 불러 먹

---

3. 우리 임금을 요순보다 훌륭한 군왕이 되게 하고, 다음으로 백성의 풍속을 순박하게 하는 것이네.

도록 권하고 조문했다.

조문의 대상은 살아 있는 쉬파리뿐만 아니라, 이미 대나무 통발에 걸려 죽거나 약을 뿌려 죽은 파리들도 포함된다. 특히 쉬파리들을 굶어 죽은 백성의 몸이 옮겨 온 것으로 보았고 또한 우리 인간의 무리로 격상시킨 것은 대단한 풍자이자 생명에 대한 사랑이 아닐 수 없다.

쉬파리야! 날아와서	蠅兮飛來
이 소반에 모여라	歕盂盤只
수북히 담은 흰쌀밥에	有饙白飯
국도 간 맞춰 끓여 놓았고	和羹酸只
무르익은 술과 단술에	酒醴釀薰
국수와 만두가 있으니	雜麪饅只
그대 타는 목 축이고	沾君之渴喉
그대 타는 창자 채우거라	潤君之焦肝只
쉬파리야! 날아와서	蠅兮飛來
훌쩍훌쩍 울지만 말고	無啜泣只
너의 부모와	挈爾父母
처자도 모두 데리고 와서	妻子合只
한번 실컷 포식하고	聊玆一飽

근심하지 말아라 　　　　　　　　　無於悒只

굶어 죽은 백성의 전신(轉身)인 쉬파리를 위해 소반 위에 흰쌀밥과 국, 잘 익은 술과 단술과 만두를 차려 놓고 어서 와서 타는 목을 축이고 굶주린 창자를 채우라고 권했다. 이어서 쉬파리에게 배고파서 훌쩍훌쩍 울지만 말고 부모와 처자도 모두 데리고 와서 한번 실컷 포식하고 근심하지 말라고 했다.

이 「조승문」은 미물에 대한 측은지심으로 아름다운 사랑이 형상화되었다. 쉬파리에게 제사상을 차려놓고 마음껏 먹게 한 다산의 아름다운 영혼과 고운 마음이 독자의 가슴을 시리게 하고 뜨겁게 한다. 이 글은 우리가 남에게 몇 번이나 따숩게 했는지 돌아보게 한다. 세상에 베푸는 사랑보다 아름다운 것은 없다.

---

3. 우리 임금을 요순보다 훌륭한 군왕이 되게 하고, 다음으로 백성의 풍속을 순박하게 하는 것이네.

쥐와 고양이의 야합

야합野合(collusion)처럼 더러운 것은 없다. 좋지 못한 목적으로 서로 어울리는 야합은 음산하고 치사하다. 「이노행貍奴行」은 다산 정약용이 유배 10년째인 1810년에 지은 도둑고양이를 노래한 우화시이다.

이솝Aesop(?서기전620~?서기전560)의 우화와 라 퐁텐La Fontaine(1621~1695)의 우화시는 우리들에게 많은 교훈을 주고 있다. 우화는 태양이나 신, 그리고 동·식물은 물론 삼라만상에게 인간과 같이 생명과 사유를 불어넣어 행동하고 말하게 하여 독자들에게 흥미와 재미를 주지만 그 속에는 쓰디쓴 교훈이라는 약이 들어 있다. 「이노행」은 나라의 곳간을 훔치고 백성의 고혈을 착취하는 부패한 고위 공직자를 도둑고양이로 풍자했다. 이를 보자

남산골에 사는 노인이 고양이를 길렀는데 오래되자 늙은 여우처

럼 요사해져서 밤마다 고기를 훔쳐 먹고 항아리와 술병까지 뒤지는 등 못된 짓을 다했다. 노인은 도둑고양이의 목을 치고 싶었지만 방법이 없었다.

하늘이 고양이에게 쥐를 잡는 막강한 권한을 준 것은, 백성들의 고통을 덜어주기 위해서였다. 하늘이 고양이를 쥐잡이 대장으로 삼아 쥐를 죽일 권력을 주었고, 황금같이 반짝이는 두 눈과 보라매같이 예리한 발톱과 호랑이처럼 톱날 같은 이빨을 주었다. 그런데 쥐는 잡지 않고 오히려 주인의 것을 도둑질했다. 쥐는 좀도둑이라 피해도 적은데, 도둑고양이는 힘도 세고 권세도 높고 마음까지 거칠어 못하는 짓이 없다. 이 도둑고양이는 쥐들로부터 뇌물을 받으면서 즐기고 있다고 통탄했다.

그러니 쥐 떼들이 이제 뭐가 무섭겠나	自今群鼠無忌憚
구멍 밖에서 껄껄대고 수염을 흔들면서	出穴大笑掀其鬚
훔친 물건 모아다가 너에게 뇌물 바치고	聚其盜物重賂汝
태연하게 행동을 너와 함께 하는구나	泰然與汝行相俱
네 꼭 닮은 호사자도 더러 있는데	好事往往亦貌汝
졸개들이 떼쥐처럼 감싸고 호위하고	群鼠擁護如騶徒
나팔 불고 북 치고 온갖 풍악 다 잡히고	吹螺擊鼓屬法部
대장기 높이 들고 앞잡이가 되어 갈 때	樹纛立旗爲先驅

3. 우리 임금을 요순보다 훌륭한 군왕이 되게 하고, 다음으로 백성의 풍속을 순박하게 하는 것이네.

| 네 놈은 큰 가마 타고 교태를 부리면서 | 汝乘大轎色夭矯 |
| 떼쥐들 굽신대는 그거나 좋아하누나 | 但喜群鼠爭奔趨 |

이 시에서 남산골 노인(南山村翁)은 힘없는 백성이고, 늙은 도둑고양이는 부패한 고위 공직자인 탐관(貪官)이고, 쥐는 하위직 부패한 오리(汚吏)이다. 고양이는 쥐를 잡지 않고 쥐가 주는 뇌물을 받아먹고 우쭐대고 거드름 피웠다. 고양이와 쥐의 야합은 아이러니이다. 도둑을 잡아야 할 책무를 버리고 오히려 도둑들에게 뇌물을 받고 그들의 두목이 되어 떠받듦을 즐기는 더러운 야합을 풍자했다. 이는 우화가 아니라 다산이 살던 19세기 조선의 실상이었다. 이런 추악한 야합에 다산은 분노했다.

| 내 이제 붉은활에 큰 화살 메워 네놈 쏴 죽이고 | 我今形弓大箭手射汝 |
| 그래도 쥐들이 횡행한다면 사냥개를 부르리라 | 若鼠橫行寧嗾盧 |

도둑고양이는 물론 쥐들마저 큰 화살로 쏴 죽이고 그래도 쥐들이 횡행하면 사냥개를 불러 모조리 잡아 죽이겠다고 했다. 탐관과 오리의 더러운 야합의 척결! 이것이 다산의 꿈이었다. 도둑고양이처럼 뇌물을 받아먹는 자나 뇌물을 주는 기업과 개인을 엄하게 처벌해야 한다. 야합으로 인해 우리는 작년 무더운 여름을 에어컨은커

녕 선풍기조차 마음대로 틀지 못한 채 힘겹게 보냈다. 이 시를 읽으면 가슴이 시리고 아리다. 왜 그럴까? 인간 도둑고양이들이 아직도 있기 때문이다.

차 한 잔과 시

　이 세상 어딘들 꽃이 피지 않으리! 동토凍土에도, 사막에도, 유형지에도 꽃은 핀다. 군대시절 서해안 참호 속에 2인 1조로 6시간을 근무하고 먼동이 트기 시작하면 초소로 돌아왔다. 봄이 오지 않아 바닷바람이 매서운 데도 해안 길 돌틈 사이로 이름 모를 아주 작은 파란꽃이 피어 있었다. 육군 일병인 나는 쌓인 눈속을 뚫고 꽃을 피운 신비한 생명력에 감탄하여 발길을 멈추고 한참 동안 그 이름 모를 파란꽃을 쳐다본 적이 있었다.

　사물이나 현상에 의탁하여 자신의 사상과 감정을 표현하는 것을 탁물우의託物寓意라고 한다. 다산이 강진으로 유배된 지 8년 되던 해인 1808년에 「다산화사茶山花史」 20수를 지었다. 그 중에서 탁물우의한 1수를 보자.

월계화 한 그루 화분에 심었는데	月季移栽僅一盆
연약한 어린 가지 뿌리 못내리네.	穉枝纖弱未舒根
풍설에 시달린 지 몇 날인지 아느뇨	含風鬪雪知何日
수척한 유배객 마주보며 슬퍼하노라.	瘦客相看欲斷魂

이 시는 선경후정先景後情이다. 귀양지 다산초당에서 월계화를 화분에 옮겨 심고 이를 기구한 자신의 운명과 대비했다. 해변에 자생하던 월계화를 화분에 옮긴 것은 살던 곳을 떠나 다른 곳으로 유배된 시인의 운명과 같다. '화분'은 월계화나 시인에게 유형지임을 뜻하고, 연약한 어린 가지라서 뿌리를 내리지 못한 것은 귀양살이 하느라 수척해진 시인의 처지이다. 타의에 의해 풍설風雪에 시달리는 곤고한 삶을 사는 시인과 월계화는 처지가 같았기에 서로 마주보며 동병상련한 것이다.

유배의 고통을 이렇게 절묘하게 탁물우의한 다산은 조선 후기를 대표하는 시인이다. 북한의 신구현은 다산을 '시성詩聖'이라 하여 두보杜甫의 반열에 올려놓았다. 비록 삶이 팍팍할지라도 따끈한 차를 앞에 놓고 시를 읽는 여유를 갖자.

3. 우리 임금을 요순보다 훌륭한 군왕이 되게 하고, 다음으로 백성의 풍속을 순박하게 하는 것이네.

안중근 의사의 장부가

왜놈이란 소리만 들어도 기분이 나쁘다. 연일 우리의 염장을 지르고 있는 일본은 과연 선린善隣인가? 아니다. 개인이나 국가나 이웃을 잘 만나야 한다. 그런데 우리는 재수 없게도 이웃 나라를 잘못 만났다.

"한국은 어리석은 국가", "안중근은 범죄자" 등 일본 총리와 관방장관의 잇따른 망언에 기가 막힌다. 일본 정부 대변인 스가 요시히데菅義偉 관방장관이 지난 2013년 11월 19일 조선 침략의 원흉 이토 히로부미伊藤博文를 저격한 안중근 의사를 범죄자라 부르고 "이는 나라(일본)의 입장"이라고 했다. 그들이 하는 짓은 예나 지금이나 변함이 없다.

이토 히로부미는 1905년 조선에 통감부統監部가 설치되자 초대 통감으로 부임, 한국 병탄(倂呑)의 기초공작을 수행했다. 1909년 통감을 사임하고 추밀원 의장이 되어 10월 26일 만주 시찰을 겸하여 러시아 재무대신과 회담차 중국 하얼빈 역에 도착했다. 안중근(安重根) (1879~1910) 의사는 그를 권총으로 쏘아 즉사시켰다.

안중근 의사는 거사 후 검찰에서 "이토(伊藤)를 처단한 것은 대한 의군 참모중장으로서 한 것이지 자객으로서 한 것이 아니다."고 했다. 그는 "남의 나라를 탈취하고 사람의 생명을 빼앗고자 하는 자가 있는데도 수수방관하는 것은 더 큰 죄악이므로 그 죄악을 제거했을 뿐"이라고 했다. 안 의사의 이토 저격에는 침략의 수괴를 처단하는 것을 넘어 동양평화를 지키겠다는 역사적, 도덕적 대의(大義)가 있었다.

안중근 의사는 동양의 평화라는 큰 시각을 가지고 있었다. 안 의사는 법정에서 "이번 거사는 나 개인을 위해 한 것이 아니고 동양평화를 위한 것이다. 만약에 이토 히로부미가 생존한다면 한국뿐 아니라 일본도 드디어 멸망하리라고 생각한다. 이토 히로부미가 사망

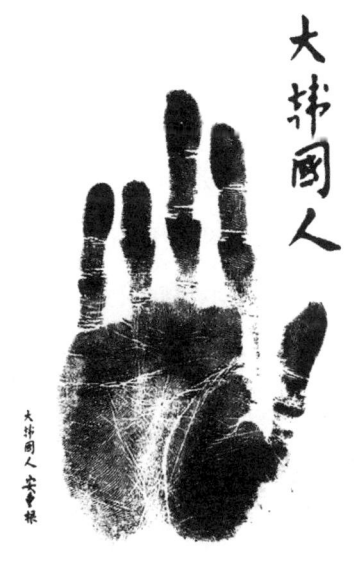

3. 우리 임금을 요순보다 훌륭한 군왕이 되게 하고, 다음으로 백성의 풍속을 순박하게 하는 것이네.

한 이상 앞으로 일본은 충분히 한국 독립을 보호하여 실로 한국으로서는 크게 행복하고 금후 동양 기타 각국의 평화를 보존하리라고 생각한다."라고 했다. 안 의사는 1910년 2월 14일 사형을 선고받고 같은 해 3월 26일 오전 10시 15분 여순감옥에서 순국했다. 감옥 안에서 「동양평화론」을 집필하기 시작했으나 사형으로 미완하였다. 동양평화론은 국권회복운동 전략인 독립전쟁전략 배후 근저에 있던, 동양과 세계의 평화론 사상이었다.

안 의사가 의거를 거행하기 전에 「장부가丈夫歌」를 지어 우덕순에게 주었다. 이를 보자.

장부가 세상에 처함에 그 뜻이 크도다	丈夫處世兮 其志大矣
때가 영웅을 지음이여 영웅이 때를 지으리로다	時造英雄兮 英雄造時
천하를 응시함이여 어느 날에 업을 이룰고	雄視天下兮 何日成業
동풍이 점점 차가오니 장사의 의기는 뜨겁도다	東風漸寒兮 壯士義熱
분개함이 한번 뻗치니 반드시 목적을 이루리로다	忿慨一去兮 必成目的
쥐도적 이토여 어찌 즐겨 목숨을 비길고	鼠竊伊藤兮 豈肯比命
어찌 이에 이를 줄 헤아렸으리오 사세가 고연하도다	豈度至此兮 事勢固然
동포 동포여 속히 대업을 이룰지어다	同胞同胞兮 速成大業

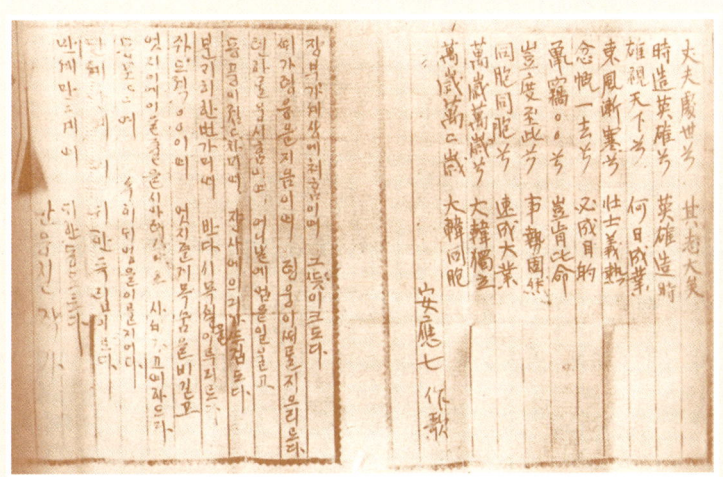

안중근 의사의 「장부가(丈夫歌)」 친필
안중근 의사가 의거 전 하얼빈에서 구국의 의지를 담아 지은 「장부가」이다.

만세 만세 대한 독립이로다	萬歲萬歲兮 大韓獨立
만세 만만세 대한동포로다	萬歲萬萬歲 大韓同胞

　안 의사는 이토를 '서절鼠竊'이라 하여 쥐새끼처럼 남의 것을 훔치는 도둑이라고 했다. 이 시에서 안 의사는 자신의 역사적 사명을 명시했다. 영웅은 때를 만나야 하는데 때가 와도 영웅이 없으면 허사라는 것이다. 망국의 위기를 맞았음에도 구국의 영웅이 나지 않는다면 나라는 망한다는 것이다. 그리고 "동포 동포여 속히 대업을

3. 우리 임금을 요순보다 훌륭한 군왕이 되게 하고, 다음으로 백성의 풍속을 순박하게 하는 것이네.

이룰지어다"라고 한 것은 대한독립을 밝힌 것이다. 가만히 앉아 있어서는 이 대업을 이루지 못할 것이니 모두가 궐기하라는 것이다.

안중근 의사의 동양평화론에 역행을 하고 있는 일본 정치지도자들은 그들의 조상들이 노략질을 일삼던 왜구倭寇의 더러운 짓거리를 버리지 못하고 있다. "한국은 어리석은 국가", "안중근은 범죄자" 등 망언과 망동을 일삼는 아베 신조 총리나 요시히데 관방장관 등 정치지도자들이 언제쯤 철이 들까? 미숙아는 자기가 미숙아인줄 모른다. 일본은 추악한 이웃 나라이다. 우리는 이웃 나라를 잘못 만났다. 슬픈 일이다.

4

나 죽고 그대가 천 리 밖에 산다면,
그대 나의 이 슬픈 마음을 알리라.

我死君生千里外
使君知我此心悲
「配所輓妻喪」、金正喜

춤추는 국화

국화가 춤을 추는 것을 본적이 있는가? 국화도 사람처럼 춤을 춘다. 옛 선비들은 촛불에 비친 국화[菊]가 춤을 추는 그림자[影]를 감상하며 시를 짓는 풍류를 즐겼다. 이 모임을 국영시회菊影詩會라 한다. 국영시회는 선비들의 멋진 풍류로 다산 정약용이 창안했다. 다산이 33세 때인 1794년(정조 18, 갑인) 9월 중순에 남고 윤지범尹持範(자 彝敍) 등 대여섯 명이 백운대에 올라가 시를 읊고 돌아와서, 다산의 집인 죽난서옥竹欄書屋에서 촛불에 비친 국화 그림자를 보고 시를 짓는 국영시회를 열었다.

다산은 「국영시서菊影詩序」에서, 사람들이 국화를 좋아하는 이유가 꽃 중에서 가장 늦게 피고, 오래도록 피어 있고, 향기롭고, 고우면서도 화려하지 않고 깨끗하면서도 싸늘하지 않기 때문이라고 한 후 여기에다 촛불 앞 국화 그림자의 아름다움을 추가하고 이를 즐겼다.

다산이 어느 날 남고에게, 오늘 저녁 우리 집에서 국화를 구경하자고 했더니 남고는 "국화가 아무리 아름답다 한들 어찌 밤에 구경할 수 있겠는가." 하면서 몸이 아프다 핑계하고 사양했다. 다산이 "한 번만 구경해 보시지요." 하고 함께 집으로 돌아왔다. 저녁이 되어 동자를 시켜 촛불을 국화 한 송이에 바싹 갖다 대게 하고는, 남고에게 "기이하지 않습니까?" 했더니, 남고가 자세히 들여다보고는 "자네의 말이 이상하군. 나는 이것이 기이한 줄을 모르겠네." 했다. 그러자 다산도 그렇다고 했다.

다산은 동자를 시켜 자신이 창안한 대로 옷걸이·책상 등 모든 산만하고 들쭉날쭉한 물건을 치워 한쪽 벽을 스크린으로 만든 후, 국화 여러 송이를 정돈하여 벽에서 약간 떨어지게 한 다음, 촛불이 비추기 적당한 곳에 두어서 밝히게 했다.

그랬더니 기이한 무늬, 이상한 형태가 홀연히 벽에 가득했다. 그 중에 가까운 것은 꽃과 잎이 서로 어울리고 가지와 곁가지가 정연하여 마치 묵화를 펼쳐놓은 것과 같고, 그 다음의 것은 너울너울하고 어른어른하며 춤을 추듯이 하늘거려서 마치 달이 동녘에서 떠오를 제 뜨락의 나뭇가지가 서쪽 담장에 걸리는 것과 같았다. 그 중 멀리 있는 것은 산만하고 흐릿하여 마치 가늘고 엷은 구름이나 놀과 같고, 사라져 없어지거나 소용돌이치는 것은 마치 질펀하게 나뒤치는 파도와 같아, 번쩍번쩍 서로 엇비슷해서 그것을 어떻게 형용할 수 없었다.

그러자 남고가 큰 소리를 지르며 뛸 듯이 기뻐하면서 손으로 무릎을 치며 감탄하기를, "기이하구나. 이것이야말로 천하의 빼어난 경치일세."라고 했다.

감탄의 흥분이 가라앉자 술을 마시고, 술이 취하자 서로 시를 읊으며 즐겼다. 그때 주신舟臣(李儒修의 자)과 해보溪父(韓致應의 자)와 무구无咎(尹持訥의 자)도 같이 모였다.

선비들의 놀이문화 모습이 오롯이 그려져 있다. 다산이 기획하고 연출한 고품격의 국영시회는 선비들의 멋스런 풍류이자 놀이문화이다. 오늘 밤 다산이 개발한 국영시회를 재현해 보자. ①방안의 한쪽 벽의 물건들을 치워 스크린으로 만든 다음 ②국화 화분이나 국화 여러 송이를 꽂은 병을 벽 앞의 적당한 곳에 놓고 ③촛불을 국화 앞에다 켜 놓고(전기불은 끄고) ④창문을 약간 열어놓으면 바람에 국화 그림자가 흔들려 스크린인 벽에 기기묘묘하게 춤을 출 것이다. 이를 감상하면서 사랑하는 가족들과 3행시 짓기를 해 보자.

꼭 국화라야 되는 것은 아니다. 아무 꽃이나 가능하다. 꽃집에 가서 장미나 또는 백합을 사다가 즐길 수 있다. 이른바 꽃[花] 그림자_[影]_가 춤을 추는 것을 즐기는 모임인 화영회_花影會_를 가족들과 또는 친구들과 해 보자. 화영회는 365일 언제든지 할 수 있다. 풍류는 고아_高雅_하고 멋지게 노는 것이다. 풍류가 별것인가? 국향이 그윽한 계절! 고품격 문화를 즐기고 향유하면 고품격의 사람이 되는 것이다. 선비의 언행을 하면 선비가 된다.

옛 선비들의 풍류

　옛날 선비들의 풍류는 어떠했을까? 다산 정약용은 35세 때(1796) 그가 주도하여 초계문신抄啓文臣 출신자를 중심으로 '죽난시사竹欄詩社'를 결성했다. 시사詩社는 시인들이 모여서 만든 단체이다. 뜻을 같이 하는 친구들이 모여서 시회詩會를 열어 시작詩作 활동을 하던 문학 동아리로서 오늘날 동인활동의 모체가 된다.

　다산은 「죽난시사첩서」에서 죽난시사를 결성한 동기를 밝혔다. 한 세대를 같이 산다는 것과 한 나라에 같이 산다는 것은 우연(Accident)이 아니라 연분(Connection)이 있다고 인식했다. 나이의 많고 적음과 거주의 원근으로 인하여 즐거움은 적고 서로 알지 못하고 지내는 것이 인생사라고 했다. 그리고 우리 인간은 사람마다 곤궁과 현달顯達이 각각 다르고 취향이 같지 않으면 비록 나이가 같고 이웃에 산다 하여도 같이 놀며 즐겁게 놀지 않는 편협성이 있다고 했다. 그래서 인생의 교결交結이 넓지 못하기 때문에 시사를 결성했 노라고 했다.

동인 선발 기준을 다산은 「죽난시사첩서」에 이렇게 밝혔다. "일찍이 채홍원과 함께 의논하여 시사를 만들고 같이 즐겼다. 채홍원이 말하기를, '나와 그대는 나이가 동갑이다. 우리보다 나이가 9년 많은 사람과, 우리보다 9년 적은 사람을 나와 그대는 모두 그들과 벗할 수 있다. 그러나 우리보다 9년 많은 사람과 우리보다 9년 적은 사람이 서로 만나면, 허리를 굽혀 절을 하고 앉은 자리에서 일어나 피한다. 그래서 그 모임은 벌써 어지러워진다.'고 했다. 그리하여 우리보다 4년 많은 사람으로부터 우리보다 4년 적은 사람까지만 모임을 가졌더니, 모두 15인이다."라고 했다. 다산과 채홍원이 당시 35세였으니까 4년 많은 39세와 4년 적은 31세까지가 동인 자격이 되었다.

죽난시사의 열다섯 동인은 당시 제제명사인 30대 관료문인들인 이유수李儒修, 홍시제洪時濟, 이석하李錫夏, 이치훈李致薰, 이주석李周奭, 한치응韓致應, 유원명柳遠鳴, 심규로沈奎魯, 윤지눌尹持訥, 신성모申星模, 한백원韓百源, 이중련李重蓮, 정약전丁若銓, 정약용, 채홍원蔡弘遠이다. 이 15명 모두가 과거에 급제하여 관직에 있던 이들이다. 문신文臣으로서 초계문신에 선발되는 것을 일대의 영광으로 여겼던 당시 사회에서, 동인 중 초계문신 출신자가 9명에 이르렀다는 것은 귀족적 관료 문인들의 시사이자 정조대왕 시대의 문단을 대표하는 시사라고 해도 과언이 아니다.

죽난시사는 정기적인 시회를 ①살구꽃이 피면 열고, ②복숭아꽃이 피면 열고, ③여름에 참외가 익으면 열고, ④서쪽 연못[西池]에 연꽃이 피면 열고, ⑤국화꽃이 피면 열고, ⑥겨울에 큰 눈이 내리면 열고, ⑦세모[歲暮]에 화분에 매화가 피면 열었다.

비정기적인 시회는 경사가 난 동인이 초대했다. 즉 ①득남[得男]한 자가 열고, ②지방 수령이 된 자가 열고, ③승진한 자가 열고, ④자제가 과거에 급제[登科]하면 열었다.

정기적인 시회의 장소는 나이가 적은 동인의 집에서 시작하여 연령에 따라 순서대로 열었고, 비정기적인 시회는 경사가 난 동인의 집에서 열었다. 시회를 주최하는 당사자가 술과 안주와 필연[筆硯]을 갖추고 동인들과 시를 짓고 술을 마시며 풍류를 즐겼다.

죽난시사가 결성된 소식을 들은 영의정 번옹[樊翁] 채제공[蔡濟恭]은 크게 감탄하여, "훌륭하다! 이 모임이여! 내가 젊었을 때에 어찌 이런 모임이 있을 수 있었으랴. 이는 모두 우리 성상[正祖]께서 20년 동안 선비를 기르고 성취시키신 효과이다. 늘 모일 적마다 성상의 은

택을 읊어서 보답할 방법을 생각해야지, 한갓 곤드레만드레하여 떠드는 것만 일삼지 말라."고 했다.

다산이 주도하여 결성한 죽난시사의 결성 동기나 동인 선발기준, 그리고 정기적인 시회와 비정기적인 시회가 열리는 동기, 시회를 준비하는 차례, 채제공의 일침 등 모두가 아름답고 어느 하나가 멋지지 않은 것이 없다. 풍류의 극치가 아닐 수 없다. 죽난시사는 조선 후기 문단의 발전에 기여했다. 다산의 죽난시사 활동은 1800년 8월까지 4년간 활발하게 지속되었으나 다음 해(1801) 신유사옥으로 인해 유배되어 중단되었다.

지금은 이런 멋스러운 풍류가 보이지 않는다. 친구들과 만나도 주문한 메인 안주가 나오기도 전에 벌써 소주 두어 병을 비우는 것이 다반사인데 이는 풍류가 아니다. 이는 풍류를 모독하는 짓으로 술고래들이나 하는 천격賤格의 음주문화이다. 옛 선비들은 술을 마셔도 시를 짓고 품평하며 서로 절장보단絶長補短했다.

시를 읽는 즐거움

옛 사람들은 시를 짓는 것도 어렵지만, 좋은 시를 가려내는 것이 더 어렵고, 좋은 시를 가려내는 것도 어렵지만, 시를 감상하는 것이 더욱 어렵다고 했다. 이는 시를 분석하고 감상하는 일이 쉽지가 않음을 말한 것이다.

당나라 왕지환王之渙(688-742)이 관작루에 올라 지은 「등관작루登鸛雀樓」는 오언절구로 인구에 회자되는 시이다. 관작루는 중국 산시성山西省 영제현永濟縣 황하 강변에 있는 누각이다. 이 시가 『고문진보』에도 실려 있다.

태양은 서산 의지해서 지려하고	白日依山盡
황하는 바다로 들어가 흘러가누나	黃河入海流

4. 나 죽고 그대가 천 리 밖에 산다면, 그대 나의 이 슬픈 마음을 알리라.

천 리 끝까지 보고 싶어 　　　　　欲窮千里目
다시 한 층의 누대를 오르고 싶네 　　更上一層樓

　이 시는 기구起句와 승구承句가 대우對偶가 되고, 전구轉句와 결구結句가 대우가 되어 두 개의 벽옥璧玉이 서로 연하여 있는 형상이다. 이런 수사법을 연벽대連璧對라고 한다. 이 시는 선경후정先景後情으로, 기구와 승구에서는 관작루 앞의 자연경관을 그렸다. 전구와 결구에서는 일몰의 시간에 황하가 바다로 흘러 들어가는 장엄한 정경을 천리 먼 곳까지 보고 싶기에 한 층이 더 있다면 올라가고 싶다는 원초적 욕망을 오롯하게 형상화하였다. 도도하게 흐르는 황하의 역동적인 모습을 보고 싶다는 시인의 마음이 담겨 있다.

　기구의 태양은 서산 의지해서 지려한다는 것은 관작루 앞에 있는 중조산中條山이 높고 커서 태양에 가려져서 아직 해가 지지 않았는데도 해가 진 것처럼 보인다는 것이다. 승구의 황하는 바다로 들어가 흘러간다는 것은 황하가 아득한데 그 형세가 곧바로 물이 내

관작루(鸛雀樓)
중국 산시성[山西省] 윈청[運城]에 있는 누각.

려와서 그것이 바다로 들어가는 것처럼 보인다는 것이다. 기승구는 모두 관작루 위에서 바라본 것이다. 전구의 "천 리 끝까지 보고 싶어"는 조망眺望의 방향을 바꾸는 것으로 시인의 시력이 아직도 한껏 보지 못했는데 천 리 밖까지 보고 싶다는 의지이다. 그래서 결구에서 "다시 한 층의 누대를 오르고 싶네"라고 노래한 것이다.

결구의 "更上一層樓갱상일층루"를 주목해야 한다. 이를 모두가 "다시 한 층을 오른다"고 해석하고 있다. 이는 잘못된 해석이다. "다시 한 층을 오른다"로 해석하면 누각이 5층까지 있는데 4층에서 시를 지은 것이 된다. 누구나 누각에 오르면 마지막 층까지 올라가서 시야에 펼쳐진 대자연을 조망하기 마련이다. 즉 5층의 누각이라면 4층까지만 올라가서 시를 읊지 않는다. 마지막 5층까지 올라간 후 시를 읊기 마련이다.

왕지환은 관작루의 가장 높은 마지막 층까지 올라가서 이 시를 쓴 것이다. 석양의 장엄한 황하의 모습을 더 멀리 보고 싶어 한 층이 더 있다면 오르고 싶다고 노래한 것이다. 결구는 시인이 만든 가공의 1층이지 실존하는 1층이 아니다. 그래서 시를 읽는 즐거움이 있다.

시와 산문의 차이

문학의 꽃인 시는 위대하다! 시와 산문의 차이는 무엇인가? 어떻게 써야 시가 되고 어떻게 쓰면 산문이 되는가? 그 해답을 노오란 국화를 "내 누님같은 꽃"이라고 노래한 미당 서정주와 향토색 짙은 소설을 쓴 김동리 사이에 있었던 일화에서 찾아보자.

"젊었을 때의 일이다. 하루는 김동리가 시를 써가지고 와서 서정주에게 들려주었다. 그 중에서 "꽃이 피면 벙어리도 우는 것을"이라는 구절을 듣고 서정주는 아주 마음에 들어 절창이라면서 무릎을 탁 쳤다. 그랬더니 동리는 미당을 빤히 쳐다보면서, "이 사람아! 꽃이 피면이 아니라, 꼬집히면이야"라고 말하는 것이었다. 즉 동리가 "꼬집히면 벙어리도 우는 것을"이라고 노래한 것을 미당은 "꽃이 피면 벙어리도 우는 것을"이라고 들은 것이다.

미당은 그 때의 일을 다음과 같이 회상하였다. "그래서 자네는 산문 쪽으로 가야겠네. 그랬지요. 그래서 소설을 쓴 건 아니겠지만 그 뒤 소설을 씁디다. 하하하……."

(최일남이 만난 사람들, 「시인 서정주씨의 안 잊히는 날들」, 『신동아』, 1983. 3월호, 243쪽)

"꼬집히면 벙어리도 우는 것을"이라면 시가 아닌 산문이 되지만 "꽃이 피면 벙어리도 우는 것을"은 훌륭한 시가 된다. 왜냐하면 벙어리뿐만 아니라 성한 사람도 세게 꼬집히는 신체적 충격을 받으면 누구나 아파서 울기 마련이기 때문에, 시라고 하기에는 아무래도 어색하다. 그저 평범한 산문일 뿐이다.

그러나 말 못하는 벙어리일지라도 계절이 바뀌어 온갖 꽃들이 만개한 것을 보고 어찌 만단의 정회情懷가 없을 수 있겠는가? 꽃의 아름다움을 보고서도 말로 표현 못하는 천형天刑이 한恨이 가슴 속에 맺혀 있기에 흐느끼게 된다. "꼬집히면 벙어리도 우는 것을"을 미당은 "꽃이 피면 벙어리도 우는 것을"이라고 들은 상상력과 투시력은 훌륭한 시가 아닐 수 없다. 시와 산문은 다 같은 문학인데도 이렇게 다르다.

우리가 한세상을 살다보면 때로는 삶에 대한 회의를 갖게 되고 허무감과 좌절의 늪에 빠질 때가 간혹 있을 수 있다. 그럴 때 국악이나 교향곡을 나직하게 틀어놓고 따끈한 차를 마시며 시를 읽어 보자. 인생사의 모든 것이 담겨져 있는 시에서 삶의 의미를 찾을 수 있을 것이다. 시를 가까이 하는 사람의 삶은 향기가 있고 그 영혼은 맑고 아름답다. 시를 아는 이와 사랑과 우정을 나누고 꿈과 인생을 논하자.

처가살이! 겉보리 서 말

우리 속담에 "겉보리 서 말만 있으면 처가살이 안 한다."라는 말이 있다. 처가살이 하는 만단의 어려움과 슬픔을 극명하게 표현한 속담이다. 겉보리 서 말을 방아 찧으면, 물론 식구 수에 따라 다르겠으나 1주일치 양식도 되지 않을 것이다. 이 속담의 뜻은 며칠 먹을 양식이 있어 당장 굶어 죽지 않을 정도면 적어도 처가살이를 하지 않는다는 것이다.

그러나 오죽하면 처가살이를 하겠는가? 가난한 자의 슬픔, 그것도 먹을 것이 없어 처자식을 처갓집으로 보내는 자의 슬픔은 겪어 보지 않은 자는 잘 모를 것이다. 당송팔대가의 하나인 증공曾鞏의 제자 진사도陳師道(1053-1101)는 무척 가난했다. 진사도가 아내와 3명의 자식과 이별할 때 쓴 「별삼자別三子」를 읽으면 가슴이 시리고 아프다. '겉보리 서 말'이 없었던 가난한 진사도는 32세 때인 1084년(원풍

7)에 처자식을 처가살이시킬 수밖에 없었다. 장인인 곽개郭槩가 당시 성도부成都府 제형提刑이 되어 사천으로 떠날 적에 함께 가는 부인과 3명의 자식을 보내면서 눈물로 먹을 갈아 쓴 시이다.

부부는 죽으면 한 무덤에 묻히지만	夫婦死同穴
아비와 아들은 가난하고 천하면 생이별을 하네	父子貧賤離
천하에 어찌 이런 일이 있으리오마는	天下寧有此
옛날에 들었던 말을 오늘에야 보는구나	昔聞今見之
어미는 앞서고 세 자식은 뒤따라가는데	母前三子後
자세히 보려 해도 눈이 따라갈 수 없구나	熟視不得追
아아 하늘이 어찌 어질지 않으랴만	嗟乎胡不仁
나를 이 지경에 이르게 했느뇨	使我至於斯

아내와 어린 자식 3명을 처갓집으로 떠나보내면서 겪는 생이별의 슬픔이다. 부부는 죽으면 한 무덤에 묻히지만 아비와 아들은 가난하고 천하면 생이별을 한다는 1구와 2구는 너무나도 시리고 아리다. 시인은 생이별이란 말을 옛적에 들었는데 지금 눈앞에서 당하고 있는 것이다. 어미는 앞서 가고 자식들은 그 뒤를 따라가는 모습을 차마 똑바로 볼 수가 없어 고개를 돌렸다. 어찌하여 내 처지가 이 지경에 이르게 되었느냐고 통탄하면서 하늘에게 물었다.

딸아이는 이제 막 머리를 묶어	有女初束髮
이미 생이별의 슬픔을 알아서	已知生離悲
내 무릎 베고 일어나지 않으려 하고	枕我不肯起
나하고 이제부터 이별할 것을 두려워하네	畏我從此辭
큰애는 이제 말 배우기 시작하여	大兒學語言
절하고 읍을 할 때 옷을 이기지 못하는데	拜揖未勝衣
"아부지" 부르고나서 "나 떠나는 거야"	喚爺我欲去
이 말을 어찌 생각해야 할까	此語那可思
작은놈은 강보에 싸여 있어	小兒襁褓間
어미가 안았다 업었다 하네	抱負有母慈

어린 자식들이 아버지와 헤어져 외가로 떠나기 직전의 눈물겨운 정경을 그렸다. 머리를 막 묶은 큰딸이 생이별의 슬픔을 알아 아비의 무릎을 베고 일어나지 않는 것은 이별을 두려워하기 때문이다. 다음으로 큰애(장남)는 이제 말 배우기 시작하여 절하고 읍을 할 때 옷을 이기지 못하는 어린애인데, "아부지, 나 떠나는 거야."라고 말하는 것이다. 이 말을 듣고 목이 메어 말을 잇지 못했다. 막내는 강보에 싸인 아기라서 아내가 안았다가 업었다 했다. 눈물겨운 정경이 아닐 수 없다.

| 너희들 울음소리 아직 귀에 쟁쟁한데 | 汝哭猶在耳 |
| 아린 내 마음을 남들이 알 수 있으리 | 我懷人得知 |

마지막 2구는 가족을 처가로 떠나보낸 이후 혼자 남은 가장家長의 슬픔이다. 이별이 서러워 어린 자식들의 울며불며 하던 모습이 눈에 밟혀 괴로워하는 마음을 남들은 알 수 있겠느냐고 반문했다. 너무 가난해서, '겉보리 서 말'이 없어서 아내와 어린 자식 3명을 처가살이시켜야 하는 가장의 시리고 아픈 가슴이 오롯이 그려져 있다. 지독한 가난이 이산가족을 만든 것이다.

진사도는 '겉보리 서 말'이 없어서 이산가족이 되었다. 그러나 지금 세상은 제 발로 이산가족을 만드는 자들이 있다. 가장이 나쁜 짓을 하면 은팔찌(수갑) 차고 옷 주고 밥주는 국립대학(교도소)에 가기 때문에 자연히 이산가족이 된다. 문제는 '겉보리 서 말'이 없어서 부정비리를 저지르는 것이 아니라는 점이다. 누만금累萬金을 쌓아놓고도 나쁜 짓하는 자들이 있어 우리를 슬프게 한다.

진사도는 "아비와 아들은 가난하고 천하면 생이별을 하네(父子貧賤離)"라고 했지만, 나는 "아비와 아들은 부패하면 생이별을 하네(父子腐敗離)"라고 말하고 싶다.

못생긴 아내와 독수공방

못생긴 아내와 악독한 첩이라도 독수공방보다는 좋다고 동파 소식蘇軾(1037~1101)은 「박박주薄薄酒」에서 노래했다. 박박주는 술은 술이로되 가장 맛없는 술이다. 시를 보자.

맛없는 술이라도 끓인 차보다 낫고 薄薄酒, 勝茶湯
거친 베옷이라도 치마 없는 것보다 나으며 粗粗布, 勝無裳
못생긴 아내 악한 첩이라도 독수공방보단 낫다네 醜妻惡妾勝空房
새벽에 대궐문 열리기 기다리다 신발에 서리 가득한 벼슬살이는
　　　　　　　　　　　　　　　　　　　　五更待漏靴滿霜
삼복에 해가 높이 뜨도록 자며 시원한 북창에 발 뻗고 사는 것만 못하다네
　　　　　　　　　　　　　　　　　不如三伏日高睡足北窓凉

맛없는 술이라도 끓인 차보다는 좋다고 술의 덕을 찬미했다. 하찮고 볼품없는 조악한 베옷이라도 치마가 없는 것보다 낫다고 했다. 치마가 있어야 출입을 할 수 있기 때문이다. 못생긴 아내와 악독한 첩이 있으면 독수공방의 허전함은 면할 수 있다. 이른 새벽에 출근하여 대궐문이 열리기를 기다리고 조회朝會를 기다리다 보면 신발에 하얀 서리가 수북하게 쌓이는 벼슬아치의 고달픈 삶보다는, 한여름에 해가 중천에 높이 뜰 때까지 실컷 잠을 자며 시원한 바람이 부는 북쪽 창가에 두 다리 죽 뻗고 사는 자유로운 야인의 삶이 보다 값진 것이라고 했다.

비단옷 입혀 옥관에 뉘어 만인의 전송 받으며 북망산 가는 것은
　　　　　　　　　　　　　珠襦玉匣萬人祖送歸北邙
누더기 입고 홀로 앉아 아침 햇빛 등에 받으며 사는 거지만 못하네
　　　　　　　　　　　　　不如懸鶉百結獨坐負朝陽
생전에 부귀 누리려 하고 사후에 문장 남기려 하나　生前富貴死後文章
백 년도 순식간이요 만 년도 바삐 지나가는 것을　百年瞬息萬世忙
백이숙제와 강도인 도척도 다 같이 실패했나니　夷齊盜跖俱亡羊
눈앞에 크게 술 취해　　　　　　　不如眼前一醉
시비와 근심과 즐거움을 모두 잊는 것만 못하네　是非憂樂都兩忘

죽어서 금옥으로 치장한 수의를 입혀 옥으로 만든 관 속에 넣어져 수많은 사람들의 애도 속에 꽃상여 타고 북망산에 가서 묻히는 고관대작들의 신세보다는, 차라리 너덜너덜하고 덕지덕지 기운 옷을 입고 홀로 앉아 따뜻한 아침 햇살을 등에 받으면서 이[蝨] 잡는 거지 신세만 못하다고 했다. 살아생전 부귀를 누리려 하고 사후에 문장가로 이름이 천추에 전해지기를 바라는 이들에게, 백 년 세월도 찰나이며 만 년의 세월도 바삐 지나가는 것이라고 했다. 훌륭한 백이숙제와 춘추시대 진秦나라 도둑인 도척盜跖도 결국 한 줌의 흙으로 돌아간 만큼, 살아생전 실컷 술을 마시고 크게 취하여 인생사의 시비와 근심과 즐거움을 모두 잊어버리는 것만 못하다는 것이다.

　이 시는 술을 예찬했다. 모두가 이 시처럼 인생의 무상만을 탄식하며 술만 마셔댄다면 처자식은 누가 먹여 살리고 나라의 발전은 누가 시키나? 나라가 시끄러운데도 술만 마시는 것은 현실도피이다. 현실도피는 비겁하다. 진정한 리더는 시끄러움을 수습하지 시끄러움을 부채질하거나 생산하지 않는다.

춘래불사춘

춘래불사춘春來不似春이라는 말은 계절은 좋은 시절이 왔건만 아직도 상황 또는 마음은 겨울이라는 의미로 쓰이고 있다. 이 말은 중국 4대 미인의 하나인 왕소군王昭君의 비극적인 생애를 노래한 당나라 동방규東方虯의 시 「소군원昭君怨」에 나왔다.

왕소군은 한나라 원제元帝(재위 서기전49-서기전33)의 후궁으로 이름은 왕장王嬙이고 자는 소군昭君이다. 자색이 뛰어나 후궁으로 뽑혔으나 임금의 사랑을 받지 못했다. 원제는 후궁들이 하도 많아 궁중화가 모연수毛延壽에게 초상화를 그리게 하여, 이를 보고 잠자리를 함께 할 궁녀를 낙점했다. 궁녀들은 너도나도 모연수에게 예쁘게 그려달라고 뇌물을 주었는데 많게는 10만 냥이었고 적게는 5만 냥이었다고 한다. 왕소군은 자신의 미모만 믿고 뇌물을 주지 않고 5~6년을 기다렸으나 화가 모연수가 밉게 그려서 끝내 황제의 사랑을 단 한 번도 받지 못했다.

그러던 중 변방의 막강한 오랑캐[匈奴國] 왕인 호한사선우呼韓邪單于가 사신을 보내어 화친책으로 궁중의 미녀들을 요구했다. 원제는 은총을 내리지 않은 궁녀들만 보내라고 하여, 왕소군이 오랑캐 나라로 시집가게 되었다. 왕소군이 하직인사를 하러 나타나자 원제는 그녀를 처음 본 순간 아름다운 자태에 그만 넋이 나가고 말았다. 오랑캐에게 주기는 너무나 아까운 미모였으나 외교는 신의를 중요시하기 때문에 눈물을 머금고 떠나보낼 수밖에 없었다. 원제는 그런 절세가인을 못생긴 얼굴로 그려 올린 화가 모연수를 즉시 그 자리에서 죽였다.

왕소군은 오랑캐 왕의 첩이 되었으나 마음은 조국 한나라를 한시도 잊지 않았다. 또한 황제에게 한 번도 은총을 받지 못하였으나 원망하지 않고 오히려 원제를 그리워하며 눈물로 세월을 보낸 착한 여인이었다. 동방규는 이 불행한 여인을 위해 시를 썼다.

오랑캐 땅에는 화초가 없어	胡地無花草
봄이 와도 봄 같지 않다네	春來不似春
자연히 허리띠가 느슨해졌나니	自然衣帶緩
허리 가는 미인이 되고자함이 아니었다네	非是爲腰身

4. 나 죽고 그대가 천 리 밖에 산다면, 그대 나의 이 슬픈 마음을 알리라.

왕소군이 시집간 오랑캐의 땅 사막에도 봄은 왔으나 초목이 없어 봄 같지 않았다. 그녀의 허리띠가 느슨해진 것은 고국 생각에 저절로 야위어서다. 즉 S라인인 가는 허리[細腰]가 되어 오랑캐 왕에게 날씬하게 보이려고 한 것이 아니었다. 시인은 그녀가 고국을 그리워하며 시들어가는 모습을 슬퍼했다.

왕소군은 호한사선우와 딸 하나를 낳았다. 호한사선우가 죽자 둘째 부인의 아들 조도막고雕陶莫皐가 왕이 되었다. 아비가 죽으면 어머니를 첩으로 데리고 사는 것이 오랑캐 풍속이라서, 자기가 낳은 아들은 아니지만 아들인 조도막고와 사이에 두 딸을 낳았다. 이 두 딸 중 하나인 수복거차須卜居次는 왕망王莽이 평제平帝를 대신하여 정권을 좌지우지할 때, 태황황후太皇皇后에게 환심을 사기 위하여 한나라에 바쳐졌다. 이들 모녀는 다 함께 외교용으로 희생을 당한 비극의 여인들이었다.

일설에는 왕소군이 흉노 땅에서 아들을 낳았다고 한다. 아들 주누株累가 호한사선우의 뒤를 이어 왕이 되었다. 아비가 죽으면 어미를 첩으로 삼는 풍속인지라, 소군은 아들에게 "너는 흉노냐, 한나라 사람이냐?"고 물었다. 아들이 "나는 흉노에 더 가깝습니다."라고 대답하였다. 아들의 이 말은 곧 오랑캐의 풍속대로 어머니를 첩으로 삼겠다는 뜻이었다. 기구한 운명에 처하게 된 소군은 독약을 마시고 자살하자 장례를 거국적으로 치렀다.

왕소군은 내몽고 호화호특시呼和浩特市 남쪽 9킬로미터 지점에 있는 대흑하大黑河 남쪽 기슭에 묻혀 있다. 오랑캐 땅의 풀들은 원래가 희고 시들지만 소군의 무덤에 돋아난 풀만은 계절이 바뀌고 세월이 가도 영원히 푸르러 그녀 무덤을 청총青塚이라 불렀다. 이렇게 슬프디 슬픈 삶을 살았던 왕소군의 일생은 역대 시인들에게 좋은 소재가 되었다. 그녀의 비극적인 생애는 동양 시단에 적지 않은 영향을 끼쳤다. 문학은 비극을 형상화하는 도구인가 보다.

석 잔의 술

고려 의종 때 예부상서를 지낸 김자의金子儀는 성격이 굳세고 바른말을 잘하기로 이름이 났다. 그는 술을 좋아해서 취하면 일어나 춤을 추면서 노래를 불렀는데, 국가의 기강紀綱을 바로 잡는 내용이었다. 당시 사람들이 "차라리 호랑이나 들소를 만날지언정 김자의가 취했을 때 만나지 말아야 한다."고 했다.

그가 강남도江南道로 부임할 때 임금이 "경卿은 문장과 지조와 절개가 옛 사람에게 부끄러운 것이 없으나 다만 술을 과음하니 잘못이다. 지금부터 석잔三盃만 마시고 더 이상 마시지 말라."고 엄명했다. 김자의는 임금의 명대로 지방을 순찰할 때 항상 3잔만 마셨다.

어느 날 절을 지나다가 옛 친구인 노스님을 만나 회포를 풀다가 술을 내오자, 김자의가 지난번 임금님이 3잔만 마시라고 하셨으니,

부처님께 공양하는 쇠사발을 가져오라고 하여 3번 따라 마시고 떠났다. 문제는 그 쇠사발이 무려 한말[一斗]이나 들어가는 대형 사발이었다. 3말의 술을 마셨지만 잔 수는 3잔이었다.

김자의는 비록 세말[三斗]의 술을 마셨지만 3잔만 마시라는 임금의 명을 어긴 것이 아니다. 우리 조상들은 이렇게 호방하고 멋스러움이 있었다. 우리 주위에 이런 호방하고 멋진 풍류가 있는 이들이 잘 보이지 않는다.

역사상 최초로 술을 만든 사람은 하夏나라 의적儀狄이고, 이를 발전시켜 찹쌀 술을 빚은 사람은 두강杜康이다. 우禹임금은 의적이 만든 술을 마셔 보고 "후세에 반드시 술로써 나라를 망치는 자가 있을 것이다.(後世必有以酒亡其國者)"라 하고 다시는 마시지 않았다. 술은 좋은 음식이다. 예로부터 술은 근심을 잊어버리게 하는 물건이라 하여 망우물忘憂物, 또는 근심을 풀어주는 물건이라 하여 해우물解憂物이라고 불렀다. 그러나 좋은 것만큼 뒤탈도 많고 화도 많다.

'술 주(酒)' 자는 회의會意자로 '닭 유(酉)' 변에다 '삼수(氵)'를 더하기한 글자로, 닭이 물을 마실 때 한 모금 마시고 하늘 쳐다보고, 또 한 모금 마시고 하늘을 쳐다보듯이 술은 조금씩 천천히 마셔야만 한다는 뜻으로 볼 수도 있다. 옥편에서 '술 주(酒)' 자는 '닭 유(酉)' 부수部首에서 찾아야 나온다. 삼수변(氵)에 찾으면 하루종일 찾아도 안 나온다. 술 한 잔을 마실 때 적어도 닭이 물을 마시듯이 3번 나누어 천천히 마셔야 하는 의미도 내포되어 있다. 그런데 폭탄주를 "완샷! 완샷!" 하다가 패가망신한 사람들이 한둘이 아니다.

젖소가 물을 마시면 우유가 되지만 독사가 물을 마시면 독이 된다. 이 풍진세상에 술을 안 마시고 살 수는 없다. 마시되 주량을 넘지 않으면 후회할 일이 없다.

한 맺힌 단종대왕의 시

　비운의 임금 단종대왕(1441~1457)은 1457년 10월 24일에 유배지 강원도 영월 청령포에서 교살絞殺당했다. 당시 17세였다. 세조(수양대군)는 어린 조카의 옥좌를 찬탈하고 마침내 목숨까지 빼앗은 가장 잔혹한 임금이다.

　세종대왕의 손자인 단종은 아버지 문종의 뒤를 이어 1452년 5월 18일 12세의 어린 나이에 조선 제6대 임금으로 등극했다. 그러나 숙부인 수양대군이 이듬해(1453) 계유정변을 일으켜 김종서와 황보인 등 대신들을 참살하고 국권을 장악하면서 유명무실한 왕이 되고 말았다. 그러다가 1455년 윤6월 11일에 마침내 숙부 수양대군에게 선위하고 상왕으로 물러났다.

　1456년 성삼문 등 사육신들이 단종의 복위를 도모했으나 배신자 김질金礩의 고변으로 무산되고 모두 참형을 당했다. 단종은 1457

년에 노산군으로 강봉되어 강원도 영월로 유배되었다. 이해 금성대군이 다시 단종의 복위를 도모하다가 사사되고 단종은 서인으로 신분이 강등되었다. 유배지 영월에서 달 밝은 밤 자규루_{子規樓}에 올라 피눈물로 먹을 갈아 이렇게 시 「영월군루작_{寧越郡樓作}」을 썼다.

한번 원통한 새가 궁궐을 쫓겨난 후	一自寃禽出帝宮
외로운 몸과 그림자 푸른 산 속에 있네	孤身隻影碧山中
밤마다 잠을 자려 해도 잠은 오지 않고	假眠夜夜眠無假
무궁한 한은 세월이 가도 끝이 없네	窮恨年年恨不窮

소쩍새 울음소리 끊어진 새벽 산봉우리엔 달만 밝고
　　　　　　　　　　　　　　　　　聲斷曉岑殘月白
피눈물 흘러가는 봄 골짜기에 꽃이 붉게 떨어졌네 血流春谷落花紅
하늘은 귀먹었는지 애절한 하소연을 듣지 못하고 天聾尙未聞哀訴
어찌하여 수심에 쌓인 내 귀에만 들리게 하느뇨 何奈愁人耳獨聰

어린 단종의 한과 눈물이 오롯하게 그려진 진실의 세계, 시적진실_{詩的眞實}이 가슴을 쓰리고 아리게 한다. 단종의 통한과 슬픔을 이 시를 통하여 편린_{片鱗}이나마 알 수 있다. 수양대군의 왕위찬탈이 억겁을 지나도 결코 합리화될 수 없고 미화될 수 없는 것임을 새삼 느끼게 된다. 아울러 단종의 비극적 삶과 통한이 시공을 초월하여

장릉 강원도 영월군 영월읍 영흥리에 있는, 조선 단종의 능.

눈물짓게 한다.

　지금쯤 단종이 잠든 영월의 장릉莊陵에 낙엽은 지고 찬바람만이 베를 짜듯 이리 불고 저리 불고 있을 것이다. 그러나 장릉 주위에 천추의 한이 서리서리 맺힌 듯한 굽은 노송들은 변함없이 푸르게 푸르게 서 있을 것이다. 스산한 만추가 가고 눈이 하염없이 내린 후 새봄이 오면 소쩍새 울음소리가 들려오고 핏빛의 두견화가 피겠지만, 단종의 통한痛恨은 오롯이 그대로 남아 있을 것이다.

그리운 님에게

시를 가까이 하는 삶은 아름답고 품격이 있다. 우리말에 "다시 합창합시다"와 "소주 만 병만 주소", "여보게 저기 저게 보여", "다시 올 이월이올시다", "아들 딸이 다 컸다 이 딸들아", "다 큰 도라지일지라도 큰다", "가련하다 사장집 아들 딸들아 집장사 다하련가"는 순서대로 읽거나, 거꾸로 읽어도 같은 말이다. 이를 '회문回文'이라고 한다.

회문시回文詩는 처음부터 읽어도[順讀] 시가 되고, 제일 끝 글자부터 거꾸로 읽기 시작하여 첫 글자까지 읽어도[逆讀] 시가 되는 시이다. 고도의 문학적 재능이 있어야만 지을 수 있다. 일종의 배체시俳體詩이자 유희시遊戱詩이다. 회문시는 5언시와 7언시와 같은 정형화된 틀에서 벗어나 새로운 표현기법으로 정감을 형상화하고자 창조한 한시의 한 장르이다. 표의문자인 한자의 특성을 절묘하게 살린 시로 시 1수가 2수가 되는 경제적인 시이기도 하다.

회문시는 한나라(혹은 晉) 때의 소백옥蘇伯玉의 아내가 멀리 떠나간 남편을 그리워하여 지은 1구句 3자(끝부분 7言), 168자, 49구, 27운韻의 「반중시盤中詩」가 시초라고 한다. 그 후 두도竇滔의 처 소혜蘇惠(자는 若蘭)가 남편이 진주자사秦州刺史로 있다가 유사流沙로 옮겨가자, 사모하는 애절한 마음을 비단에다 짜 넣은 840자로 된 직금시織錦詩(일명 璿璣圖)에 이르러 체제를 갖추게 되었다. 소혜가 쓴 회문시는 바둑판처럼 배열해 넣어서 처음부터 읽거나, 끝에서부터 읽든가 가운데로부터 돌려서 읽어도 시가 되고 평측平仄과 운이 맞는다. 소백옥의 아내가 쓴 「반중시」의 일부를 보자.

님께서 떠나셨기에/ 저는 당신을 그립니다/ 님이 가신 날은 있으나/ 돌아오실 기약 없으니/ 머리를 동여매고/ 당신을 그립니다/ 님은 저를 잊으셨는지/ 알 수 없군요/ 제가 당신을 잊는다면/ 벌 받을 거예요/ 제가 가도/ 당신이 절 알아보실런지요/ 누런 것은 황금이고/ 흰 것은 백옥이요/ 높은 것은 산이요/ 아래엔 골짜기지요/ 성은 소씨요/ 자는 백옥인데/ 그이는 재주도 많고/ 지모도 훌륭해요.

君有行, 妾念之. 出有日, 還無期. 結巾帶, 長相思. 君忘妾, 未知之. 妾君忘, 罪當治. 妾有行, 宜知之. 黃者金, 白者玉. 高者山, 下者谷. 姓者蘇, 字伯玉. 人才多, 知謀足.

4. 나 죽고 그대가 천 리 밖에 산다면, 그대 나의 이 슬픈 마음을 알리라.

멀리 떠나간 남편을 그리워하는 아내의 사모의 정을 절묘하게 형상화했다. 님이 떠난 날짜는 분명하건만 돌아오실 날은 기약이 없기에 머리를 싸매고 그리움에 애간장을 태웠다. 님이 떠난 후 종무소식이기에 혹시 나를 잊었는지 알 수 없는 일이라고 원망하면서도, 자신이 만일 당신을 잊는다면 벌을 받을 것이라고 하여 변함없는 사랑을 고백했다. 남편의 이름은 소백옥인데 재주와 지모가 많다고 새삼스럽게 밝혔다. 이제 「반중시」를 끝인 "足謀知족모지"로부터 앞의 "行有君행유군"까지 거꾸로 읽어보자[逆讀].

지혜와 계략도 훌륭하지요/ 재주가 많은 사람이고/ 옥백은 자이고/ 소는 성씨랍니다/ 골짜기는 아래에 있고/ 산은 높다오/ 옥은 희고/ 금은 누렇지요/ 그곳에 가는 것이 마땅한 줄 알지만/ 가보면 새 각시가 있겠지요/ 날 버린 죄 받으리니/ 님이 저를 잊으신 것을/ 알 수 없어요/ 제가 님을 잊었는지도/ 오래도록 그리다가/ 때로 머리를 싸맸다오/ 돌아오신단 기약 없고/ 떠나신 날만 있군요/ 님 그리는 저의 마음/ 가보면 님이 계실까.

足謀知, 多才人, 玉伯字, 蘇者姓, 谷者下, 山者高, 玉者白, 金者黃, 之知宜, 行有妾, 治當罪, 忘君妾, 之知未, 妾忘君, 思相長, 帶巾結, 期無還, 日有出, 之念妾, 行有君.

거꾸로 읽어도 남편을 그리는 애틋한 정이 오롯이 그려져 있다. "알 수 없어요／ 제가 님을 잊었는지도"라고 하여 님을 그리다 지친 마음을 역설적으로 형상화했다. 이 회문시를 쓴 소백옥의 아내는 대단한 여류시인이다. 이 시를 받고 소백옥이 어찌했을까? 아내 곁으로 돌아왔을까?

회문시가 한시사(漢詩史)에 차지하는 비중은 크지 않지만 한시의 한 장르이고 역대 시인들이 즐겨 써 왔다. 고려 이규보의 회문시인 「미인원(美人怨)」을 비롯하여 우리나라의 시인들이 쓴 회문시가 많다. 표의문자인 한자의 특성을 기묘하게 살려서 창작된 회문시를 통하여 우리는 한시의 영역이 넓음과 묘미를 조금이나마 알 수 있다. 시를 읽기 좋은 계절이 왔다. 누님 같은 국화꽃 옆에서 촛불을 켜고 시를 읽자. 시를 가까이 하는 삶은 아름답고 향기롭다.

탁주 한잔

"죽은 후 천추만세까지 이름이 전해지는 것이 살아생전에 탁주 한잔만 못하다.(死後千秋萬歲之名, 不如生時濁酒一杯.)"는 말이 있다. 사후의 세계보다 살아생전이 더 소중하다는 뜻이다.

고려의 대문호 이규보(李奎報)가 아들과 조카에게 준 「시자질(示子姪)」을 보면 노인의 애틋한 소망이 그려져 있다. 죽은 후 자손들이 철 따라 무덤을 찾아와 절을 한들 죽은 자에게 무슨 소용이 있으며, 세월이 흘러 백여 년이 지나 가묘(家廟)(祠堂)에서도 멀어지면 어느 후손이 찾아와 성묘하고 돌볼 것이냐고 반문했다.

찾아오는 후손 하나 없고 무덤이 황폐화되어 초목이 무성하니 산짐승들의 놀이터가 되어 곰이 와서 울고 무덤 뒤에는 외뿔소가 울부짖고 있을 것이 자명하다고 했다. 산에는 고금의 무덤들이 다

닥다닥 붙어 있지만 넋이 있는지 없는지 누구도 알 수 없다고 탄식하여 사후세계를 연연하지 않았다. 이어서 자식들에게 바라는 소망을 다음과 같이 그렸다.

조용히 앉아서 혼자 생각해 보니	靜坐自思量
살아생전 한잔 술로 목을 축이는 것만 못하네	不若生前一杯濡
내가 아들과 조카들에게 말하노니	我口爲向子姪導
이 늙은이가 너희를 괴롭힐 날 얼마나 되겠는가	吾老何嘗凋汝久
꼭 고기 안주 놓으러 말고	不必繫鮮爲
술상이나 부지런히 차려다 주렴	但可勤置酒

조용히 생각해 보니 사후의 일보다 살아 있을 때의 삶이 더욱 소중함을 깨닫고 자손들에게 한잔 술로 목이나 축이게 부지런히 술상을 차려 주는 것이 효도라고 했다. 자신은 이제 서산에 지는 태양과 같은 신세인지라 자손들을 괴롭힐 날이 얼마나 되겠느냐면서, 힘들게 고기 안주 장만하려 하지 말고 나물 안주와 탁주라도 좋으니 날마다 술상을 차려 달라고 쓸쓸하게 속마음을 털어놓았다.

만년의 이규보가 간절하게 바란 것은 쌀밥에 고기반찬의 진수성찬도 아니요 부귀공명도 아니며 불로장생도 아니다. 다만 자식들이 살아생전에 목이나 축이게 술상이나 부지런히 차려다 주는 것뿐이었다. 이 얼마나 소박한 노인의 꿈인가? 비록 탁주일망정 떨어지지 않고 항시 마시고 싶다는 소망이 눈물겹다.

 이 시가 우리의 가슴을 아리게 하는 것은 노인들의 한과 서러움이 진하게 묻어 있고 꾸밈없는 소망이 그려져 있기 때문이다. 이러한 비원悲願은 시인만의 것이 아니다. 이 땅에 사는 모든 노인들의 소망이기도 하다. 아! 요즘 세상에 어느 자식이 이 소망을 들어 줄 것인가? 사후의 효보다 생시의 효가 진정한 효이다.

시와 선비

　좋은 시를 읽으면, 뜨거운 폭양 아래 길 가는 나그네가 갈증이 났을 때 물 긷던 처녀가 부끄러워 고개를 숙인 채 버들잎을 띄워 두 손으로 건네주는 한 바가지의 시원한 물과 같다.

　선비들의 교양필수 하나가 바로 시詩이다. 시를 알아야 선비로 살아갈 수 있었다. 고려의 대학자이자 문장가인 김구金坵(1211~1278)가 떨어지는 배꽃을 보고 노래한 「낙이화落梨花」를 보자.

펄펄날아 춤추며 가다가 도로 돌아와	飛舞翩翩去却回
거꾸로 날아 가지에 올라 다시 피고자	欲吹還欲上枝開
속절없이 한 조각 꽃잎 거미줄에 걸리니	無端一片粘絲網
때마침 거미는 나비인줄 알고 잡으러 오네	時見蜘蛛捕蝶來

『동문선』 20권

시 속에 그림이 있다는 시중유화詩中有畵이다. 하얀 배꽃이 져서 훨훨날다 꽃잎 하나 거미줄에 걸리자, 거미가 나비인줄 알고 잡으러 온다고 했다. 늦봄의 풍경을 동영상으로 보는 것 같다. 이 시에는 은유가 있어 다양하게 해석할 수 있다. 바람에 날리는 배꽃은 몽골의 침입으로 짓밟힌 고려의 가련한 백성을, 거미는 침략자인 몽골로 볼 수 있다.

이 시를 쓴 김구의 호는 지포止浦이고 시호는 문정文貞이다. 22세에 과거에 급제한 후 정승인 평장사를 역임했다. 빼어난 문장과 탁월한 기지로 고려를 간섭하던 원나라를 상대로 자존심과 실익을 동시에 추구한 베테랑 외교관이기도 하다. 원나라에 사신으로 가는 길에 지은, 몽고군에 대항하다 순국한 이원정李元禎의 충정을 읊은 「과철주過鐵州」는 대몽항쟁 문학의 대표작이다.

그는 우리나라 최초로 국립 통역학교인 '통문관通文館'의 설치를 건의하여 성사시켰다. 특히 백성에 대한 사랑, 애민정신이 강하여 제주통판濟州通判 시절에 돌로 논밭의 두렁에 담을 쌓게 하여 경계 분쟁을 없애고 바람과 동물들로부터 농작물을 보호토록 했다. 제주도에서는 〈돌 문화의 은인〉으로 추앙하고 공적비를 세워 기리고 있다.

옛날 선비들은 시와 함께 한세상을 살았다. 좋은 시를 읽었을 때 우리의 가슴에 잔잔한 파문이 이는 것은 목마른 나그네가 물을 마시고 난 후 느끼는 시원함과 행복감 같은 것이다. 깊어가는 가을, 시심詩心의 등불을 켜고 시를 읽는 것도 아름다운 삶의 하나이다.

진정한 친구

술 밥을 살 때는 형제 같은 친구 천 명 있으나   酒食兄弟千個有
위급하고 어려울 때는 도와주는 친구 하나 없다   急難之朋一個無

『명심보감』에 나온다. 내가 술과 밥을 살 때는 친구들이 구름처럼 많으나, 막상 내가 위급하고 어려운 처지를 당하면 도와주는 친구가 하나도 없다는 것은 비참하다. 세상을 잘못 산 것이다. 내 돈과 술을 보고 몰려든 것이지 신의와 인품으로 교우交友한 것이 아니다. 이 말은 각박한 세상 인심을 탓한 것이기도 하다.

옛날 자수성가한 천석꾼에게 외아들이 있었다. 애지중지 키워서 그런지 아들은 공부는 안 하고 친구들과 어울려 다니면서 주색잡기로 세월을 보냈다. 자연히 그 많던 재산이 손안의 모래알처럼 빠져나가 어느 날 빈털터리 거지가 되었다.

아버지가 아들에게 "네가 천석거리를 탕진하는 동안에 형제와 같은 좋은 친구들을 많이 사귀었을 것이 아니냐."고 물었다. 아들이 "아무개 정승 아들 누구를 비롯하여 아무개 판서 아들과, 대제학 아들 아무개 등 절친한 친구가 많습니다."고 신바람이 나서 떠들어댔다. 아버지는 평소의 소행으로 보아 도무지 믿기지 않아 확인하고 싶었다.

아버지는 돼지를 잡아 무명 자루에 넣어 아들에게 짊어지게 한 후, 가장 절친하다는 아들 친구 집을 밤에 찾아가 대문을 두드렸다. 한참만에 나온 친구에게 "내가 사람을 죽여서 다급한 나머지 송장을 짊어진 채 쫓겨다니고 있으니 숨겨달라."고 아들에게 거짓말을 하게 했다. 친구는 거지꼴이 된 모습과 피묻은 시체(실제로는 돼지)를 보자 기겁을 하고 대문을 닫고 말없이 들어가 버렸다. 아들은 구구한 변명을 하더니 아무 곳에 사는 누구는 진정한 친구이니 그 집으로 가자고 했다. 그러나 그곳도 마찬가지였다. 밤이 새도록 친구네 집의 대문을 두드렸으나, 거지가 되고 살인을 했다는 말에 그 누구도 아는 체하지 않고 문전박대를 했다.

날이 새자 오막살이로 돌아온 아버지는 "오늘 밤에는 아비의 친구를 찾아가 보자."고 했다. 밤이 되자 아버지가 돼지를 짊어지고 서너 시간을 걸어서 어느 마을에 도착하여 대문을 두드리니 버선

발로 뛰어나오면서 아버지를 반갑게 맞이했다. 아버지는 "실수로 사람을 죽였는데 다급하여 송장을 치우지 못하고 짊어진 채 쫓겨다니는 신세가 되었다."고 거짓말을 했다. 친구는 누가보고 들을세라 아버지 입을 막으며 황급하게 거지 부자를 안방의 벽장 속으로 숨겨주었다. 잠시 후 벽장에서 나온 아버지는 전후 사정을 친구에게 털어놓고, 짊어지고 간 돼지고기로 안주를 삼아 즐겁게 술을 마셨다.

  이 이야기에 함축된 교훈을 구구하게 설명할 필요가 없다. 천석꾼 아들은 돈과 술로 친구를 사귄 것이지 신의와 인품으로 교우관계를 맺은 것이 아니라서 그 많은 재산을 날리고도 친구다운 친구를 사귀지 못한 것이다. 반면에 자수성가하여 천석꾼이 되었던 아버지는 신의와 인품으로 돈독한 우정, 즉 지란지교芝蘭之交를 맺었던 것이다. 진실한 우정은 빈부귀천을 초월하기 때문에 아름다운 것이다.

  사내들이 가정을 꾸리고 험난한 세상을 살다보면 한 이불을 덮고 자는 아내에게도 털어놓고 말못할 답답한 일이 있기 마련이다. 이럴 때 친구가 필요하다. 자신의 고민과 슬픔을 함께 걱정하고 나누며 위로해주는 진정한 친구, 지기知己가 있다면 그래도 이 세상은 살 만하다.

시참 詩讖

'시참詩讖'이란 말이 있다. 특별한 생각 없이 지은 시가 신기하게도 뒷날에 발생하는 일이 시의 내용과 꼭 맞는 것을 뜻한다. 다시 말하면 자신이 지은 시 내용과 같이 후일 재앙을 당하는 것을 뜻한다.

조선 후기의 문신인 홍명구洪命耉(1596~1637)는 1619년 알성문과에 장원했으나 시골에 은거하다가 1623년 인조반정 후에 등용되었다. 여러 벼슬을 거쳐 1636년에 평안도관찰사로 나갔는데 병자호란이 일어났다. 1637년 김화전투에서 청나라 군대와 격전에서 수백 명을 사살하고 몸에 3대의 화살을 맞아가며 분전한 끝에 전사하니 그의 나이 42세였다. 후일 이조판서에 추증되었고 시호는 충렬忠烈이다.

홍명구가 어릴 때 봄에 종조모從祖母 등에 업혀서 "花落天地紅화락천지홍"(꽃이 떨어지니 천지가 붉다)이라고 시를 지었다. 종조모가 시구의 '落낙' 자를 보고 아이는 커서 귀하게 될지는 모르나 단명할 것이다 하고, 만일 "花發天地紅화발천지홍"(꽃이 만발하니 천지가 붉구나)이라고 지었으면 장수하며 복록을 누릴 것이라고 한탄했다고 한다. 시참 여부를 떠나 "꽃이 떨어져[落] 천지가 붉다"는 것보다는 "꽃이 만발하니[發] 천지가 붉다"는 것이 훨씬 진취적이고 긍정적이다. 글자 한 자에 따라 시의 맛이 이렇게 다르다.

율곡 이이(1536~1584)는 13세 이후로 29세까지 생원시와 식년문과에 모두 장원으로 급제하여 9번 장원급제했다. 율곡이 거리를 지나갈 때면 아이들까지 구도장원공九度壯元公이 지나간다고 우러러 보았다. 율곡이 8세 때 지은 시「화석정花石亭」을 보자. 화석정은 경기도 파주시 파평면 율곡리 임진강 가 언덕에 있다.

숲 속의 정자엔 이미 가을이 깊으니	林亭秋已晚
시인의 생각은 끝이 없네	騷客意無窮
멀리 흐르는 강물은 푸른 하늘까지 닿았고	遠水連天碧
서리 맞은 단풍은 해를 향하여 붉어지네	霜楓向日紅
산은 외로운 달님을 토해내고	山吐孤輪月
강은 만리에서 불어오는 바람을 머금었네	江含萬里風
변방 기러기는 어디로 가는가	塞鴻何處去
울음소리가 저녁 구름 사이로 끊어지네	聲斷暮雲中

이 시는 인구에 회자되는 명시이다. 그러나 시의 기상을 논하는 자들은 미련의 "林亭秋已晚임정추이만"에서 '끊을 단(斷)' 자는 시참詩讖으로 자신의 단명(49세)을 예견한 것으로 보는 이도 있다. 8세 때 지은 시의 '끊을 단(斷)' 자 때문에 49세로 운명했다는 것은 소설 같은 이야기다.

홍명구가 시에서 '떨어질 낙(落)' 자를 쓰고, 율곡이 '끊을 단(斷)' 자를 써서 40대에 세상을 떠난 것은 아니다. 맹자 어머니의 "斷機之敎단기지교"와 만추에 '落葉낙엽'을 운위한 시인이 한둘이 아닌데 모두 단명했을까? 아니다. '시참'은 할 일 없는 선비들이 시를 아는 체하면서 꾸며낸 말일 뿐이다. 믿을 게 못된다.

중국 4대 현처賢妻

「장한가」와 「비파행」으로 유명한 당나라 백거이白居易(772~846)는 늦은 나이인 37세 때 양씨楊氏와 결혼했다. 부인에게 준 시 「증내贈內」를 보면 자신의 인생관과 철학, 즉 청렴결백과 안빈낙도를 따라 줄 것을 바라고 있다. 이 시에는 중국 역대 부부 중 이상적인 네 쌍이 등장한다. 현처賢妻인 네 명은 아내이자 남편의 지기知己였다.

검루의 부인____검루黔婁는 춘추시대 제나라의 고결한 선비로, 노나라 공공恭公이 재상 벼슬을 주고자 했으나 거절하고 평생을 곤궁하게 살았다. 그의 아내는 남편의 뜻을 이해하고 존중하면서 부덕婦德을 지켰다. 남편 검루가 운명하자 시신 덮을 이불이 너무 작았기에 어떤 이가 비스듬히 덮으라고 하자, 검루의 처는 "비스듬히 덮어 남는 것이 바르게 덮어 모자라는 것만 같지 못하다.(斜之有餘, 不若正

之不足.)"고 할 만큼 꿋꿋한 여인이었다. 또한 남편의 일생이 어떠했느냐고 증자曾子가 묻자 "가난하고 미천함을 근심하시지 않았고, 부귀에 급급하지 않으셨다.(不戚戚於貧賤, 不汲汲於富貴.)"고 했다.

기결의 부인_____기결冀缺은 춘추시대 진晉나라 사람인데 성은 각郤이고 시호는 성자成子로 기冀 땅에서 농사를 지었다. 부부가 서로 사랑하고 존경하기를 마치 큰손님 모시듯 했다. 부인이 점심밥을 이고 오자, 밭에서 일하던 기결과 부인이 서로 귀빈을 대하듯(相待如賓) 했다. 마침 그곳을 지나가던 구계臼季가 기결을 문공文公에게 천거하여 하군대부下軍大夫가 되었다.

양홍의 부인_____양홍梁鴻은 후한 때 선비로 가난했지만 학문과 덕행이 높았다. 부인 맹광孟光은 시집 와서 처음에 비단옷을 입고 화장을 하곤 하므로, 양홍이 말하기를 "나는 거친 베옷을 입은 사람과 함께 깊은 산 속에 은거하려고 했었는데, 지금 그대는 비단옷을 입고 분단장을 하니, 내가 바라는 바가 아니다." 하자, 맹광이 즉시 "가시나무 비녀[荊釵]"를 꽂고 베옷을 입고서 나타났다. 양홍이 말하기를 "이제야 진정한 내 아내이다." 하고는, 함께 패릉산霸陵山으로 들어가 밭을 갈고 길쌈하며 살다가 나중에는 오현吳縣에 가서 살았다. 맹광은 남편을 지극히 존경하여 남편에게 밥상을 자기 이마의 높이까지 들어올리면서 들어갔다 하여, 후세에 현숙한 아내의 롤 모델이 된 인물이다.

도연명의 부인___도연명의 부인 척씨翟氏는 남편이 80여 일 동안 팽택현령을 하다가 벼슬을 내던지고 「귀거래사」를 읊으며 집으로 돌아올 것을 예측했다. 가난한 살림살이에도 불구하고 남편이 가장 좋아하는 술을 단지에 가득 담아놓았던 현숙한 아내이자 동지였고 지기였다. 남편이 벼슬을 내던지고 돌아왔지만 바가지를 긁기는커녕 오히려 좋아하는 술을 빚어놓고 따뜻하게 맞이했던 멋있는 부인이었다.

아내에게만 현처이기를 요구하기 전에, 자신이 어진 남편인 현부賢夫가 되어야 할 것이다. 검루와 같은 고결한 선비도 아니요, 기결과 같이 아내를 손님처럼 공경하는 것도 아니요, 양홍과 같이 학문과 덕행을 갖춘 것도 아니요, 도연명과 같이 지조가 있으면서 아내를 지기知己로 대하는 것도 아니면서 아내가 현처賢妻이기를 바라는 것은 남편 이기주의가 아닐 수 없다.

이 세상 남자들은 누구나 이런 어진 아내[賢妻]를 원할 것이다. 그러나 훌륭한 여인을 배필로 맞이하려면 그에 걸맞은 남편으로서의 자격이 있어야 한다. 다시 말하자면 인품과 지조, 덕행과 학문이

전제되지 않고 일방적으로 어진 아내만을 원한다는 것은 연목구어緣木求魚이다. 부부란 상하주종 관계가 아니라 동등한 인격체로 상호보완적 수평적 관계인 인생의 반려자이다.

중국 4대 미인 美人

중국의 역대 4대 미인을 서시西施와 왕소군王昭君과 초선貂蟬과 양귀비楊貴妃라고 한다. 이 천하절색의 일생이 행복했을까? 결론부터 말하면 한결같이 불행했다. 미인박명美人薄命에 해당한다고 할까? 이 4대 미인의 별칭인 별명과 삶을 보자.

서시_____춘추시대 말엽 월나라 서시西施가 어느 날 강변을 거닐며 자신의 아름다운 모습을 비춰봤다. 물고기가 아름다운 그녀의 모습을 보고 헤엄치는 것을 잊고 천천히 강바닥으로 가라앉았다고 해서 별명이 '침어浸魚'이다. 월왕 구천句踐이 설욕을 위해 서시를 스카우트하여 오왕 부차夫差에게 바쳤다. 서시의 미색에 빠진 부차는 결국 나라를 망치고 자살했다.

왕소군_____한나라 원제元帝 때 왕소군王昭君은 화친정책으로 흉노로 시집갔다. 흉노 땅으로 가는 도중 멀리서 날아가는 기러기를 보고 고국 한나라가 그리워서 비파로 「사귀곡思歸曲」을 연주했다. 날아가던 기러기가 그 곡을 듣고 하도 슬퍼서 날개 움직이는 것을 잊고 땅으로 떨어졌다해서 별명이 '낙안落雁'이 되었다. 왕소군은 원제의 사랑을 한 번도 받지 못한 채 화친정책으로 흉노왕 선우單于에게 시집가서 다시는 돌아오지 못했다.

서시

초선_____동한東漢의 초선貂蟬이 달밤에 뜰에 나가자 하도 아름다워 달님마저 부끄러워하여 구름 속으로 숨었다고 하여 별명이 '폐월閉月'이다. 초선은 미인계와 연환계連環計와 반간계反間計에 이용되었다. 초선

왕소군

4. 나 죽고 그대가 천 리 밖에 산다면, 그대 나의 이 슬픈 마음을 알리라.

초선

은 충신 왕윤(王允)의 수양딸이다. 왕윤은 동한 왕조를 찬탈하려는 동탁(董卓)을 제거하기 위해 초선을 동탁의 양아들 여포(呂布)와 결혼할 것을 약속했다. 그런 후 동탁을 집으로 초대하여 초선으로 하여금 동탁의 마음을 사로잡아 품에 안겼다. 이에 분개한 여포가 양아버지 동탁을 죽였다.

양귀비

양귀비____당나라 양귀비의 이름은 옥환(玉環)으로 현종의 18번째 아들 수왕(壽王)인 이모(李瑁)의 비(妃)이다. 간신 고력사(高力士)가 스카우트하여 현종에게 바쳤다. 시아버지 품에 안긴 것이다. 당시 그녀는 22세였고 현종은 56세의 노인이었다. 그녀가 어느 날 화원에 나가서 꽃을 감상하며 무의식중에 함수화(含羞花)를 건드렸더니 함수화는 바로 잎을 말아 올렸다고 한다. 그래서 꽃마저 부끄러워했다고 하여 별명이 '수화羞花'이다. 양귀비는 안녹산의 반란으로 촉으로 피난 가던 중 756년 6월 13일에 마외파에서 군인들의 강요로 38세로 생을 마감하고 황천으로 갔다.

4대 미녀의 별명이 퍽 좋은 것 같지만 자세히 보면 그렇지 않다. 서시의 '침어浸魚'의 침浸은 물속에 잠긴다는 뜻인데, 그녀로 인해 오나라가 망하고 부차가 자살했다. 왕소군의 '낙안落雁'의 낙落은 추락의 뜻으로 화친정책으로 흉노 왕에게 시집가서 불행하게 생을 마감했다. 초선의 '폐월閉月'의 폐閉는 닫다의 뜻으로 황제가 되려던 동탁을 꿈을 닫게 하고 양아들 여포에게 살해당했다. 양귀비의 '수화羞花'의 수羞는 부끄럽다의 뜻으로 시아버지와 불륜으로 안사의 난이 나고 현종은 아들 숙종에게 황위를 물려주고 불행하게 살다가 죽었다. 별명의 첫 글자가 이들의 삶을 압축해 표현한 것이다.

이를 보면 미모가 반드시 행복을 보장해 주는 것은 아닌가보다. 미인은 복이 많아 '미인복명美人福命'이어야 맞을 것 같은데 오히려 미인박명美人薄命이니 인생사가 오묘하다. 이를 보면 미인이 아니라고 실망할 것까지는 없는 것 같다. 그리고 남자들도 미인에게 목숨을 걸 것까지는 없는 것 같다.

화장 안 한 양귀비

　양귀비와 같은 천하의 미인이 2~3개월을 세수도 안 하고, 칫솔질도 안 하고, 머리도 감지 않았다면 어떻게 될까? 생각만 해도 끔찍하다. 누구도 거들떠보지 않을 것이 자명하다. 여자는 가꾸기 나름이라는 말이 있듯이 천하의 미인도 꽃단장을 해야 더욱 돋보인다.

　여인이 꽃단장을 하는데 화장 도구가 몇 종류가 있어야 하는가? 정답은 여자의 얼굴을 국가國家로 설정하고 쓴 「여용국전女容國傳」에 나와 있다. 경대鏡臺와 15개의 화장 도구가 있어야 화장이 끝난다. 「여용국전」은 조선 후기 대학자 안정복安鼎福(1712~1791)이 쓴 가전체 한문소설이다. 일명 「효장황제 장대기공록孝莊皇帝粧臺紀功錄」이라고 한다. '이경', '복성' 등의 한글이 나오는 것을 보면 당초에 한글본을 안정복이 한문으로 번역한 것으로 보인다. 그 내용을 보자.

여용국(여자 얼굴)이 처음 개국을 했다. 어전회의를 능허대凌虛臺에서 했는데 별호는 경대鏡臺(거울)이다. 영의정 동원청銅圓淸(거울)의 자는 명경明鏡이고 호는 감선생鑑先生인데 늘 황제를 보좌하면서 얼굴과 의관이 단정하지 못하면 바로잡도록 했다.

그 아래로 15명의 장관이 보필했는데 ①태부 주련(연지), ②소부 백광(분), ③호치장군 양수(칫솔), ④수군도독 관정(세숫대야), ⑤무위장군 포세(수건), ⑥전전지휘사 포엄(휘건, 물티슈), ⑦참군교위 마령(비누), ⑧형부시랑 방취(육향, 향수), ⑨총융사 윤안(곤지), ⑩안무사 백원(면분, 분첩), ⑪도지휘사 납용(납유, 머릿기름), ⑫평장군 섭강(족집게), ⑬도어사 차연(비녀), ⑭전장군 소쾌(머리빗), ⑮후장군 소진(빗치개, 가르마타개)이었다.

황제는 이들의 도움으로 여용국을 잘 다스려 나라가 태평하자, 점차 교만하고 자만과 안일에 빠져 매일 아침 경대에서 하던 조회(화장)를 하지 않았다. 영의정 동원청과 15명의 장관은 출근하지 않고 집에서 놀면서 월급을 축냈다. 황제가 조회를 하지 않은지 두어 달이 되자. 도적들이 사방에서 일어났다. 도적의 우두머리는 구리공(때)인데 이들은 먼저 광이산(귀)을 점령하고, 나중에는 오악산(이마, 턱, 코, 좌우 광대뼈)을 함락시켰다. 그리고 슬양(이)은 흑두산(머리)을 점령하여 바글바글하고, 모송(잡털)은 아미산(눈썹)에 침입했고, 황염黃染(이똥)은 백석산(치아)를 함락시켜 나라의 운명이 위태로웠다.

그제서야 황제가 거울인 영의정 동원청을 불러 자신의 추악한 몰골을 보고 토벌작전을 명했다. 전후장군 소쾌(빗)와 소진(빗치개)이 출동하여 흑두산(머리)의 슬양(이)을 잡아 죽이고, 수전(水戰)을 잘하는 관정(세숫대야)이 출전하여 구리공(때)을 섬멸하고, 방취(육향, 향수)와 윤안(곤지)이 오악을 평정하고, 섭강(족집게)이 모송(잡털)을 모조리 뽑아냈고, 양수(칫솔)가 구곡산(입) 안으로 들어가 백석산(치아)의 황염(이똥)을 섬멸했다. 그러자 여용국의 황제는 지난날의 아름다운 모습으로 돌아왔다. 황제는 공신들에게 크게 상을 주어 치하했다.

「여용국전」은 여자의 화장 도구를 의인화擬人化하여, 황제가 정승판서들과 힘을 합쳐 치세에 힘쓰면 나라가 태평하지만, 나태하고 자만하여 안일에 빠지면 나라가 혼란하게 된다는 것을 풍유諷諭했다. 정치 풍자소설의 백미白眉이다. 우리 조상들은 한문으로 소설을 써도 이렇게 멋지게 썼다.

여류시인 허초희의 한

조선의 여류시인 허초희許楚姬(1563~1589)는 허난설헌許蘭雪軒으로 널리 알려져 있다. 강원도 강릉 초당리에서 1563년 아버지 허엽許曄의 셋째 딸로 태어났다. 오빠는 이조판서를 지낸 허성許筬과 전한典翰을 지낸 허봉許篈이며, 동생은 「홍길동전」을 지은 유명한 허균許筠이다. 그녀는 글재주가 뛰어나 8세에 「광한전백옥루상량문廣寒殿白玉樓上樑文」을 지어 여신동이라고 불리었다. 오빠 허봉의 문우文友인 손곡蓀谷 이달李達에게 시를 배웠다.

허초희는 15세 무렵에 안동김씨 김성립金誠立과 혼인했으나 부부 생활이 원만하지 못했다고 한다. 남편은 급제한 뒤에 관직에 나갔고 가정의 즐거움보다 기녀들과의 풍류를 즐겼으며, 시어머니와 사이가 좋지 못하여 고독한 삶을 살았다. 그리고 사랑하던 남매를 잃은 뒤에 설상가상으로 뱃속의 아이까지 잃는 아픔을 겪었다. 또한 친정집에서 옥사獄事가 있었고, 동생 허균마저 귀양가는 비극이 연속됐다. 삶의 의욕을 잃고 책과 한시로 슬픔을 달래며 불우하게 살다 1589년 꽃 같은 27세의 젊은 나이에 주옥같은 시문을 남기고 어느 날 연꽃이 지듯 홀연히 이승을 떠났다.

그녀가 아들을 잃고 쓴 시 「곡자哭子」는 참척慘慽의 아픔이 곡진하게 형상화되어 있다.

지난해에 사랑하는 딸을 잃고	去年喪愛女
올해에는 사랑하는 아들을 잃었네	今年喪愛子
슬프디 슬픈 광릉 땅이여	哀哀廣陵土
두 무덤 마주보고 서 있누나	雙墳相對起
쓸쓸한 바람이 백양나무 숲에서 불고	蕭蕭白楊風
도깨비불이 숲 속에서 반짝이누나	鬼火明松楸
지전을 사르며 너희들 혼을 불러 보고	紙錢招汝魂
술을 너희들 무덤에 따르노라	玄酒奠汝丘
이 어미는 안다, 너희 오누이 혼백이	應知弟兄魂
밤마다 서로 따르며 노는 줄을	夜夜相追遊
비록 이 어미 뱃속에 아이가 있지만	縱有腹中兒

어찌 제대로 장성하길 기약하리오	安可期長成
하염없이 황대사를 부르며	浪吟黃臺詞
피눈물 흘리며 소리 죽여 슬피 우노라	血泣悲吞聲

작년에 딸을, 금년에 아들을 잃은 어머니 허초희는 찬바람부는 무덤 속에 누워 있는 어린 오누이의 영혼이 밤마다 서로 의지하며 다정하게 놀고 있을 것이라고 자신을 위로했다. 연이어 자식을 잃었기에 비록 지금 임신 중에 있으나 뱃속의 아기가 잘못되는 불길한 예감이 머리를 스쳤다. 이 예감은 적중했다. 그녀는 2남 1녀를 낳았으나 모두 요절하여 한 점의 혈육도 남기지 못한 채 스물일곱의 꽃다운 나이에 이승을 하직하고 열린 공간인 선계仙界로 비상飛翔했다. 시에서 피눈물을 흘리면서 소리를 삼키며 운다는 것은 닫힌 공간, 즉 이승에서의 한과 자녀를 잃은 모정의 뜨거운 눈물이다.

그녀에게는 세가지 한이 있었는데 ①조선이라는 작은 땅에서 태어난 한, ②남자로 태어나지 못하고 여성으로 태어난 한, ③수많은 남자 중에서 박색薄色인 김성립의 아내가 된 한이라고 한다.

그녀가 꿈에서 월궁月宮에 가니 월황月皇이 운을 부르며 시를 지으라고 하자, "아리따운 연꽃 스물일곱 송이/ 서리맞아 떨어져 붉네(芙蓉一朶花 三九霜墮紅)"라고 지었다. 꿈에서 깨어나 그 경치가 역력하여 「몽유기」를 지었다. 삼구三九는 27로 자신이 스물일곱 살에 운명할 것을 예견한 것이다.

조선 사회에서 허초희와 같은 여류시인이 있었다는 것은 우리 문학사에 축복이다. 일구월심 닫힌 공간에서 열린 공간으로 비상을 꿈꾸었던 허초희! 한으로 얼룩진 그녀는 세 가지 한이 없는 천상에서 요절한 자녀들과 마음껏 노닐면서 천재적인 재능으로 옥황상제와 시를 주고받고 있을 것이다.

조선의 사포 Sappho 황진이

　황진이는 조선의 사포Sappho이다. 사포는 기원전 7세기경에 희랍의 여류시인으로 레스보스 도(Lesvos 島)의 방언으로 정열적인 서정시 「아프로디테 송가(Aphrodite 頌歌)」 등을 썼다. 황진이도 사포처럼 여성 특유의 섬세한 감각으로 사랑과 이별의 슬픔과 시리고 아린 그리움의 세계를 한시와 시조로 노래했다.

　그녀는 계약 결혼을 한 자유분방한 여인이었다. 그가 노래 잘하던 선전관宣傳官 이사종李士宗과 6년간 계약 결혼을 하였는데 3년간은 이사종이 그녀를 먹여 살리고, 3년은 황진이가 이사종을 먹여 살렸다. 약속한 6년이 지나자 미련 없이 헤어졌다고 한다. 그녀가 반달을 노래한 「영반월詠半月」은 인구에 회자되는 명시이다.

4. 나 죽고 그대가 천 리 밖에 산다면, 그대 나의 이 슬픈 마음을 알리라.

누가 곤륜산의 옥을 쪼개다가	誰斲崑崙玉
직녀의 머리빗을 만들었는가	裁成織女梳
견우가 한 번 떠나간 후에	牽牛一去後
수심이 쌓여 푸른 하늘에 던졌다네	愁擲碧空虛

만고의 절창이 아닐 수 없다. 님을 떠나보낸 후 직녀의 아픈 가슴을 누가 이렇게 족집게처럼 집어낼 수 있겠는가? 황진이는 님과 단장의 이별의 아픔을 단지 20자로 그림처럼 그려냈다. 우리는 이 시 한 수만을 읽고도 이웃집 총각이 황진이를 한 번 보고 상사병이 나서 결국 죽어야 했던 것과, 30년을 면벽수도한 지족선사知足禪師가 왜 파계승이 되어야만 했는지 이유를 알 수 있을 것 같다.

이 시는 동양 여인의 기본적 윤리와 관계가 있다. 즉 "부불재가夫不在家면 불시홍장不施紅粧"이라는 여성의 전통윤리이다. 남편이 집에 있지 않으면(夫不在家) 화장을 하지 않는다(不施紅粧)."는 말이다.

착한 직녀는 화장은 남편만을 위해서 하는 것이라는 윤리를 실천했다. 사랑하는 견우와 헤어져 살아야만 하는 비극적인 운명에 놓인 직녀는 이제 머리를 빗고 화장을 할 필요가 없게 되었다. 견우가 없는데 누구를 위해 머리 빗고 화장을 한단 말인가? 직녀는 수심에 겨운 나머지 곤륜산에서 출토된 좋은 옥으로 만든 얼레빗(月梳)을 하늘에 던져 버리니, 그것이 하늘에 박혀 반달이 되었다고 노래한 것이다. 황진이의 놀라운 사물인식과 시상의 전개에 무릎을 치지 않을 수 없다.

누가 시를 아름답다 했는가? 이토록 가슴이 시리고 아린 것을! 조선의 사포 황진이는 오래 전에 한 줌의 흙이 되었다. 다만 그녀의 시만 남아 있어 우리들의 마음을 시리고 아리게 한다. 도대체 시라고 하는 존재가 무엇인가? 시란 단지 종이에 박힌 까만 글자들의 교직交織에 지나지 않는데, 어이하여 우리의 가슴속을 휘저어 놓아 이토록 시리고 아리게 하고 콧등을 찡하게 하는가?

선비의 아내

부부란 무엇인가? 성장배경과 교육환경이 다른 남남이 모여서 인생이라고 하는 교향곡을 연주하는 것이 부부가 아니겠는가? 백년가약을 맺고 살다보면 시각과 견해의 차이로 화음이 맞지 않아 싸우기도 한다. 그러나 아들 딸 낳고 살면서 세월이 흘러갈수록 부부의 정은 두터워지기 마련이다.

조선 광해군 때 소암疎庵 임숙영任叔英(1576~1623)은 과거科擧에서 광해군의 4대 폐정弊政을 추상같이 지적하여 급제를 취소당했으나 굽히지 않고 선비의 길을 뚜벅뚜벅 걸어갔다. 그는 여흥이씨와 결혼하여 1남 1녀를 두었으나 모두 요절하여 조카를 양자로 삼았다. 부인 이씨가 운명한 후 파평윤씨를 속현續絃하였으나 너무 가난하여 함께 살지 못하고 부인을 결혼 3일 만에 처가인 충청도 면천에 둔 채

홀로 살다가 이승을 하직했다.

벼슬 복도, 아내 복도, 자식 복도 지지리 없었던 임숙영에게 있는 것이라곤 오직 가난과 선비정신뿐이었다. 아내이자 지음知音이었던 조강지처인 여홍이씨가 세상을 떠나자 호곡號哭하며 뜨거운 지아비의 부정夫情을 시 「곡내哭內」에 형상화했다.

무릇 부인들의 성품은	大抵婦人性
가난하면 슬퍼하고 마음 아파하기 쉽네	貧居易悲傷
아아! 나의 아내는	嗟嗟我內子
곤궁해도 항상 얼굴빛이 즐거웠네	在困恒色康
대개 부인들의 성격은	大抵婦人性
오직 부귀영화를 사모하는데	所慕惟榮光
아아! 나의 아내는	嗟嗟我內子
높은 벼슬 부러워하지 않았네	不羨官位昌
내가 세속에 어울리지 못하는 것 알고	知我不諧俗
벼슬에 물러나 숨어 살기를 권하였네	勸我長退藏
이 말씀이 아직도 귓가에 쟁쟁한데	斯言猶在耳
비록 운명했어도 잊을 수 없노라	雖死不能忘
슬픈지고 현명한 충고를 생각하니	惻惻念炯戒
강개하여 스스로 지키고자 했네	慷慨庶自將

4. 나 죽고 그대가 천 리 밖에 산다면, 그대 나의 이 슬픈 마음을 알리라.

| 저승은 어두워 보이지 않아 말할 수 없으나 | 莫言隔冥漠 |
| 밝게 나타나 나를 보는 것 같누나 | 視我甚昭彰 |

   임숙영이 청렴 강직하고 정론을 펴면서 불의를 용납하지 않고 선비의 길을 올곧게 걸을 수 있었던 것은 이런 부인의 내조가 있었기 때문이다. 부인은 궁핍한 가난과 고생이 연속되는 생활에서도 항시 즐거움을 잃지 않았고, 남편이 높은 벼슬하기를 원하지 않았으며, 세속과 어울릴 수 없는 강직한 성품임을 알고 벼슬에 물러나 숨어 살기를 원했다. 이런 부인의 고운 마음과 현숙함을 그리워하며 열장熱腸의 비애를 형상화했다.

   동진東晋의 도연명은 비록 가난했으나 호기 있게 팽택현령의 인수印綬를 내던지고 「귀거래사」를 읊으며 고향으로 돌아올 수 있었던 것은 현숙한 부인이자 동지였던 아내翟氏가 있었기 때문이었다. 임숙영이 청명직절淸明直節과 불후의 문학을 남길 수 있었던 것도 이런 현숙한 아내가 있었기에 가능했다.

   임숙영의 「곡내」를 통하여 우리는 부부간의 사랑과 신뢰, 그리고 지음과 내조가 얼마나 소중한 것인가를 깨닫게 된다. 선비의 아내는 어떤 사람이어야 하는가를 이 시는 극명하게 해답을 제시하고 있다.

부인을 잃고

   사랑하는 아내를 여의었을 때 그 애끓는 남편의 마음을 시로 형상화한 것을 도망시悼亡詩라고 한다. 도망시는 진晉나라 반악潘岳(247~300)이 아내가 세상을 떠나자 「도망시」를 지어 슬퍼한 데에서 비롯된 것이다.

   시·서·화 삼절의 추사 김정희金正喜(1786~1856)가 제주도 유배지에서 부인의 부음을 듣고 쓴 시 「배소만처상配所輓妻喪」은 도망시의 백미이다. 추사는 21세(1806) 때에 한산이씨를 여의고 예안이씨를 속현했는데 그와 금슬이 각별하였다. 추사는 윤상도尹尙度 옥사사건의 재론으로 인하여 1840년 9월 제주도 대정으로 위리안치되었다. 유배된 지 3년째인 1842년(57세) 11월 13일에 부인 예안이씨가 충청도 예산에서 운명했다.

추사는 유배지 제주도에서 부인이 세상을 떠난 사실을 알지 못한 채 부인이 별세한 날(11월 13일)과 사후死後 7일에도 사랑하는 부인에게 한글 편지를 썼다. 현재 전하는 추사의 한글 편지 33통 중에서 31통이 그 부인에게 보낸 것이고, 2통은 며느리에게 보낸 것이다. 그 중 13통은 제주도 유배 중에 쓴 것이다.

절해의 고도 제주도에 위리안치되어 파도 소리와 갈매기만을 벗하며 사는 유배객 추사는 아내가 운명했다는 청천벽력과도 같은 비보를 1개월 이틀 후인 12월 14일에 들었다. 그 당시 충청도 예산에서 제주도까지 소식을 전하는데 이렇게 많은 시간이 소요되었다. 30여 년을 함께 살아온 아내의 임종을 지켜보지 못한 추사는 몽당붓을 들어 지아비의 애끓는 정을 시로 썼다.

어떻게 하면 저승의 월노月老께 애원하여	那將月老訟冥司
내세에 그대는 남편 되고 나는 아내가 될고	來世夫妻易地爲
나 죽고 그대가 천 리 밖에 산다면	我死君生千里外
그대 나의 이 슬픈 마음을 알리라	使君知我此心悲

첫구의 월노月老는 중매쟁이다. 월하노인月下老人 또는 월하빙인月下氷人으로 인간세계의 부부의 인연을 맺어 주는 저승冥界의 노인을 말한다(첫구가 "可使上人訴冥王"으로 된 책도 있는데, "옥황상제께 하소연하여"의 뜻). 어떻게 하면 월하노인에게 애원하여

내세에는 서로 처지가 바뀌어 추사 자신은 아내가 되고, 부인은 남편이 되게 할 수 없겠느냐고 통곡했다. 그 이유는 사랑하는 아내를 잃은 자신의 애통한 마음은 아무도 헤아릴 수 없기 때문이다. 그 길을 현세가 아닌 내세에서 찾았다. 역지사지가 되어야만 자신의 슬픔을 부인이 알 수 있다고 통곡했다.

전구轉句와 결구結句의 세계는 추사의 비원이 이루어진 내세의 일이다. "나 죽고 그대가 천 리 밖에 산다면/ 그대 나의 이 슬픈 마음을 알리라"는 심연의 처절한 통곡이다. 내세에 처지가 서로 바뀌어 그대는 남편이 되어 천리 밖 절해고도에 유배 살고, 나는 아내 되어 그대처럼 예산에서 쓸쓸하게 눈을 감는다면, 그때서야 지금 나의 슬픔을 그대가 알 것이라고 했다. 비애의 결정結晶이자 도망시의 백미이다.

유배지에서 사랑하는 아내가 이승을 하직한 줄도 모르고 타계한 날과 사후 7일에 부인에게 한글 편지를 썼던 추사! 부인이 세상을 뜬지 한 달 이틀만에 비보를 접했던 추사! 아내를 여읜 슬픔을 칠언절구 28자로 곡진하게 형상화한 지아비의 정, 이른바 부정夫情과 비애의 극치가 오롯이 그려져 있기에 가슴을 시리게 하고 눈물짓게 한다.

추사가 마지막으로 부인에게 바친 만가輓歌 속에는 부부의 사랑과 비애와 한과 눈물이 글자마다 오롯이 그려져 있다. 누가 시를 아름답다고 했는가? 이렇게 서럽고 시리고 아린 것을!

5

놀러 나가려면 으레 비 오거나 장마지고,
한가하게 앉아 있을 땐 날씨가 좋네.

雨霆多是出遊日
天霽皆吾閒坐時
「違心詩」、⊠奎報

흥부 마누라는 최고의 지식인

자식을 '서른 두엇'이나 낳았던 다산多産의 여왕 흥부 마누라를 우습게 봐서는 안 된다. 그녀는 도연명陶淵明은 물론 두보杜甫 시를 두루 섭렵한 지식인이었다. 판소리 「흥보가」에서, 흥보 마누라가 가난을 견디다 못하여 가난 타령을 하며 슬피 우는 대목을 보자.

"가난이야. 가난이야. 천만고에 있는 가난 아무리 헤아려도 내 위에는 다시없네. 환도소연環堵蕭然 불폐풍일不蔽風日 도정절陶靖節의 가난하기, 내 집보단 대궐이요 삼순구식三旬九食 십년일관十年一冠 정광문鄭廣文의 가난하기 내게 대면 부자로세. …… 애고애고 설운지고 기한飢寒이 이러하니 불고염치不顧廉恥가 저절로 되네. 여보시오. 아기 압시, 형님 댁에 건너가서 전곡간錢穀間에 얻어다가 굶은 자식을 살려냅세."

위의 '환도소연 불폐풍일'은 도연명의 「오류선생전五柳先生傳」에 나오는데 "집은 작고 쓸쓸하여 바람과 해를 가리지 못하고"의 뜻이다. '삼순구식 십년일관' 역시 도연명의 시 「의고擬古」의 "동방에 한 선비가 있으니(東方有一士)/ 입는 옷이 항상 누더기라네(被服常不完)/ 30일에 아홉 번 밥을 만나고(三旬九遇食)/ 십 년 동안 같은 모자를 쓴다네(十年著一冠)"에서 나왔다. 하도 가난하여 30일에 겨우 아홉 끼니를 먹고, 새 모자(冠)를 살 돈이 없어서 10년 동안 같은 모자를 쓰고 다녔다는 삼순구식과 십년일관은 가난을 상징하는 대표적인 말이다.

그리고 '정광문의 가난'은 당나라 광문관박사 정건鄭虔의 가난으로, 두보가 「취시가醉時歌」에서 "호화저택에선 고량진미 먹길 싫어하나(甲第紛紛厭粱肉)/ 광문 선생은 먹을 밥도 부족하네(廣文先生飯不足)"에서 용사한 것이다. 이를 보면 흥부 마누라의 지적知的 섭렵은 도연명 시를 거쳐 두보의 시에 이르고 있다. 그녀는 비록 소설 속의 인물이지만 대단한 지식인이다. 이런 지적인 여성이 가난한 흥부에게 시집을 온 것이 매우 아깝다.

이희승 선생의 유명한 수필 「딸깍발이」를 보면, 남산골 샌님도 역시 가난하여 삼순구식을 한다.

"딸깍발이란 것은 남산골샌님의 별명이다. 왜 그런 별호가 생겼느냐 하면, 남산골샌님은 지나 마르나 나막신을 신고 다녔으며, 마른 날은 나막신 굽이 굳은 땅에 부딪쳐서 딸깍딸깍 소리가 유난하였기 때문이다. …… 다른 일, 특히 생업에는 아주 손방이어서 아예 손을 댈 생각조차 아니 하였기 때문에 경제적으로는 극도로 궁핍한 구렁텅이에 빠져서 글자 그대로 삼순구식三旬九食의 비참한 생활을 해 가는 것이다. 그 꼬락서니라든지 차림차림이야 여간 장관이 아니다."

이 수필은 '삼순구식'의 가난 속에서도 올곧게 선비정신을 지킨 남산골샌님들의 자존심과 고지식과 지조를 예찬하고, 아울러 그 남산골샌님의 의기와 정신을 나약한 현대인들에게서 찾아볼 수 없는 현실을 개탄한 것이다. 도연명과 남산골 딸깍발이 샌님이 가는 길과 정신세계는 같다.

선비가 '삼순구식'하고 '십년일관'하는 극심한 가난 속에서도 권력에 아부하지 않고 지조를 지키며 자존심을 태산처럼 우뚝하게 세우고 살기란 쉬운 일이 아니다. 그러나 도연명은 그렇게 살았다. 공자는 "군자는 곤궁을 잘 견딜 수 있지만 소인은 곤궁해지면 마구 행동을 한다.(子曰, 君子, 固窮, 小人, 窮斯濫矣.)"라고 했다.
모두가 부귀만을 쫓아 군자고궁君子固窮의 길을 가는 선비를 찾기 힘든 세상이다. 선비정신과 올곧은 지조와 의기를 찾기 힘든 세상에 도연명과 남산골샌님의 삶은 우리들에게 시사하는 바가 많다. 그리고 흥부 마누라가 자식을 '서른 두엇'이나 낳아 기르는 와중에도 도연명과 두보의 문집을 손에 놓지 않고 공부했던 문자 그대로 수불석권手不釋卷한 왕성한 지적 탐구정신을 배워야 한다.

'동방예의지국'은 칭찬이 아닌 모욕

국민학교(지금의 초등학교) 시절 교장 선생님의 훈화는 언제나 "중국이 우리나라를 동방예의지국이라 했다."는 것을 강조하며 예의 바른 어린이가 되라고 하셨다. 어린 마음에 큰 나라인 중국이 우리나라를 칭찬한 것에 감동과 자부심을 느꼈다.

그러나 '동방예의지국'은 자랑스런 말이 아니고 수치스런 말이라는 것을 안 것은 박규수朴珪壽(1807~1877)의 편지 「여온경與溫卿」을 읽고 나서이다. 박규수는 연암 박지원의 손자로서 영·정조 시대의 실학사상을 계승한 개화사상의 선구자이다. 박규수는 평안감사 시절인 1866년 7월, 미국 상선商船인 제너럴 셔먼General Sherman 호가 대동강을 거슬러 올라와 강제로 통상을 요구하고 승무원들은 강도·약탈·총포격 등 광포한 만행으로 주민 중 사망 7명, 부상 5명의 희생자를 내자 철산부사 백낙연白樂淵 등과 상의하여 격분한 민중과 함께 화공과 포격을 가해 제너럴 셔먼 호를 불태워 격침시킨 인물이다. 그의 「여온경」을 보자.

"번번히 예의의 나라라고 칭하는데 이 말은 우리를 본래 더럽게 여긴 말이다. 천하만고에 어찌 예의가 없는 나라가 있겠는가? 이는 중국인이 오랑캐 중에서 칭찬해서 기릴 만한[嘉賞] 일이 있으면 예의의 나라라고 한 것에 불과하다. 이는 본래 수치스러운 말로 족히 스스로 천하에 호언할 만한 것이 못된다."

輒稱禮義之邦, 此說吾本陋之. 天下萬古, 安有爲國而無禮義者哉. 是不過中國人嘉其夷狄中乃有此而嘉賞之曰, 禮義之邦也. 此本可羞可恥之語也. 不足自豪於天下也.

《박규수전집》上, 권8, 書牘, 「與溫卿」)

박규수는 중국 사람들이 우리나라를 예의의 나라라고 하는 것은 우리를 본래 더럽게 여긴 말이라고 전제하고, 천하의 예의가 없는 나라가 어디 있느냐고 반문했다. 중국인들이 오랑캐 중에서 칭찬하여 기릴 일[嘉賞]이 있으면 예의가 있는 나라라고 한 것에 지나지 않는다고 했다. 그러므로 중국인들이 우리를 예의의 나라라 하는 것은 수치스럽게 여겨야지[可羞可恥] 스스로 의기양양하여 호기롭게 말할 것[豪言]이 못된다고 했다. 이 명쾌한 논리는 화이론華夷論을 극복한 자주적自主的 세계관이다.

어느 민족이든 어느 나라든 예의는 다 있다. 세상에 예의 없는 나라가 어디에 있겠는가? 중국인들이 우리를 예의지국이라한 외교용 발언을 수치스럽게 여겨야지 의기양양하여 호기롭게 말할 것이 아니라고 한 박규수의 언표言表는 천둥보다 더 큰 울림으로 가슴에 다가온다.

나는 이 글을 읽고 쇠망치로 얻어 맞은듯 한동안 멍했다. 우리가 알고 있는 것들 중에서 이처럼 잘못된 것이 얼마나 많을까? 얼마나 공부를 해야 이런 천하의 탁견卓見과 명언을 할 수 있을까? 그리고 우리 사회에 박규수와 같은 분들이 왜 없는가? 낡은 사고를 버리고 새로운 시각으로 세상을 봐야 한다.

왜놈, 왜국, 그리고 일본

'왜놈' 할 때의 '왜倭'는 일본의 옛 이름이다. 왜倭 자는 사람인변(亻)에 위임委任한다의 '버릴 위(委)' 자를 합친 글자로 파자破字하면 "사람들이 버렸다"의 뜻이다. 옛적 왜인倭人들이 이웃 나라에 얼마나 나쁜 짓을 했으면 중국과 우리나라로부터 "사람들이 버렸다"는 뜻을 가진 '왜倭'로 불렸을까?

중국 역사서를 보면 한나라와 위, 진, 남북조시대까지 일본을 '왜倭'로 불렀고, 당송唐宋 이후에야 '일본'으로 불렀다. 중국의 정사正史인, 서진西晉의 진수陳壽가 쓴 『삼국지』 위지魏志 「왜인전倭人傳」이 일본에 대한 최초의 기록이다. 우리는 「왜국전倭國傳」이 아니라 「왜인전」이라 한 것에 주목해야 한다. "왜구倭寇"는 우리나라와 중국의 역사서에 수없이 등장한다. 왜구는 13~16세기에 중국과 우리나라 근해를 항해하며 약탈을 일삼던 왜의 해적을 말한다.

우리 속담의 "제 버릇 개 못 준다"는 고쳐지지 않는 오래된 습관이나 고질적 병폐를 뜻한다. 제 버릇 개 못 주는 일본의 고질병이 또다시 도졌다. 일본 아베 신조安倍晋三 총리가 "침략에 대한 정의는 학술적으로도, 국제적으로도 정해지지 않았다."면서 "국가간 관계에서 어느 쪽으로 보느냐에 따라 다르다."고 과거사에 대해 망언을 했다. 그리고 아베 총리와 내각의 각료와 국회의원들이 A급 전범들이 합사된 야스쿠니 신사를 참배하여 한국과 중국을 열받게 하고 있다.

우리말에 '왜' 자가 앞에 들어간 어휘치고 의미가 좋은 것이 별로 없다. "왜가다"는 '벗나가다'이고, "왜골"은 '허우대가 크고 언행이 얌전하지 아니한 사람'이다. "왜긋다"는 '뻣뻣하다. 고분고분하지 않다'이고, "왜각대각"은 '그릇 같은 것이 요란스럽게 깨어지는 소리'이다. "왜나가다"는 '빗나가다. 엇가다'이고, "왜뚤삐뚤"은 '전후좌우로 비틀어진 모양'이다. "왜바람"은 '이리저리 방향이 없이 함부로 부는 바람'이고, "왜자기다"는 '와자지껄 하게 떠들다'이다. "왜장녀"는 '몸이 크고 부끄럼이 없는 여자의 별명'이고, "왜장치다"는 '누구라고 맞대지 않고 헛되이 큰 소리를 치다'이다. "왜죽왜죽"은 '손을 되바라지게 흔들며 빨리 걸어가는 모양'이고, "왜쭉왜쭉"은 '걸핏하면 성을 내는 모양'이고, "왜퉁스럽다"는 '엄청나게 새퉁스럽다'는 뜻이며, "왜틀비틀"은 '몸을 몹시 흔들고 비틀거리며 걸어가는 모양'이다.(이희승, 『국어대사전』)

위의 "왜가다", "왜골", "왜긋다", "왜각대각", "왜나가다", "왜뚤삐뚤", "왜바람", "왜자기다", "왜장녀", "왜장치다", "왜죽왜죽", "왜쭉왜쭉", "왜퉁스럽다", "왜틀비틀"에서의 '왜'는 한자의 '왜倭'가 아니고 '왜냐하면' 과 같이 순수한 우리말이다. 그런데 접두어로 '왜'가 들어간 우리말의 의미가 좋지 않은 것은 과거 일본이 우리에게 못된 짓을 하도 많이 했기 때문에 자연스럽게 "왜倭놈"과 "왜倭년"처럼 '왜' 자가 접두어로 붙은 것이다.

개인이나 국가나 이웃을 잘 만나야 하는데 우리는 이웃을 아주 잘못 만났다. 일본이 군국주의 침략 역사를 진심으로 반성하고 무릎을 꿇고 사과하지 않은 채 '제 버릇 개 못 주어' 망언과 망동을 계속하는 한 그들은 영원한 "왜놈"이고 "왜국"일뿐이다. 일본은 "제 버릇을 개에게 주고" 사람들이 버린 "왜놈"과 "왜국"에서 벗어나 "일본인"과 "일본"이 되어야 한다. 우리는 정말 이웃 나라를 잘못 만났다. 일본의 고약한 버르장머리를 고치는 길의 하나는 우리의 국력國力을 키우는 일이다.

아베 총리의 일본은 치매에 걸린 것 같다. 천인공노할 만행을 저지르고도 반성과 사죄는 커녕 역사를 왜곡하고 군국주의의 부활을 노리고 있다. 과거를 잊은 치매 걸린 일본이 정신을 차리지 못하면 또다시 원폭투하를 자초하게 될지도 모른다.

왜놈과 코무덤

조선 백성의 코[鼻]를 베어가 코무덤[鼻塚]을 만든 잔학한 왜놈들! 무슨 말부터 해야 할까? 개인이나 국가나 이웃을 잘 만나야 하는데 우리는 이웃 나라를 정말 잘못 만났다.

1592년 조선을 침략한 왜군[倭軍]은 토요토미 히데요시[豊臣秀吉]의 명에 따라 전공[戰功]의 표지[標識]로 조선의 군인과 백성들의 코를 베어 일본으로 돌아가 코무덤을 만들었다. 당시 왜군의 전공품으로 희생된 조선 군민의 수는 12만 6000여 명에 이른다. 왜군들의 천인공노할 만행의 증거인 코무덤은 일본 교토시 히가시야마구[東山區]에 있는 토요토미 히데요시를 받드는 토요쿠니 신사[豊国神社]에서 100여 미터 떨어진 곳에 있다.

임진년(1592) 4월 15일 동래성을 함락한 왜군들은 수많은 조선 백성을 살해했다. 이안눌李安訥(1571~1637)의 시 「사월십오일四月十五日」은 당시 동래성의 참상을 고발한 시이다. 그가 동래부사 재직시인 1607년 4월 15일 이른 아침에 지었다. 이날은 임진왜란이 발발한 지 15년이 되는 날이다. 눈물 없이 읽을 수 없는 이 시를 보자.

4월 15일 동이 트자 동래성 온 고을이 집집마다 통곡소리(平明家家哭)로 천지가 진동했다. 시인은 깜짝 놀라 늙은 아전에게 물었다. 왜란을 겪었던 아전은 "임진년 왜놈들이 쳐들어왔는데 오늘이 동래성이 함락된 날이지요. 당시 송상현宋象賢 사또께서 방어를 굳게 하여 충절을 지키시니 온 고을 백성들 성안으로 들어와서 동시에 피바다가 되었지요. 시체 밑에 숨어서(投身積屍低) 목숨을 건진 사람은 천에 하나둘뿐이었습니다(千百遺一二). 이런 사유로 오늘만 되면(所以逢是日) 모두 제사를 지내면서 통곡하지요(設奠哭其死)."라고 대답했다. 아전의 말은 계속된다.

아버지가 죽은 아들을 위해 울고	父或哭其子
아들이 죽은 아버지를 위해 울고	子或哭其父
할아버지가 죽은 손자를 위해 울고	祖或哭其孫
손자가 죽은 할아버지를 위해 울고	孫或哭其祖
어머니가 죽은 딸을 위해 울고	亦有母哭女
딸이 죽은 어머니를 위해 울고	亦有女哭母

아내가 남편을 위해 울고	亦有婦哭夫
남편이 아내를 위해 울고	亦有夫哭婦
형제자매들을 위해 울고	兄弟與姉妹
살아남은 사람 모두 울고 있지요	有生皆哭之

    살아남은 이들은 모두 죽은 이를 위해 제사를 지내면서 통곡하는 소리라는 아전의 말로 왜군의 잔학상을 증언했다. 아전의 말이 아직 끝나지 않았는데 시인은 하염없이 눈물을 흘렸다. 아전은 "울어 줄 사람 있으면 그래도 덜 슬프지요(有哭猶未悲)/ 온 가족이 왜놈 칼날 아래 쓰러져(幾多白刃下)/ 울어 줄 사람 하나 없는 집도 있답니다(擧族無哭者)."고 했다.

    이 시에 '울 곡(哭)' 자가 모두 14번 나온다. 피눈물이다. 아니 피눈물이 바다를 이룬 것이다. 이 시는 가가곡家家哭(집집마다 울다)으로 시작해서 무곡자無哭者(울어줄 사람도 없다)로 끝을 맺고 있다. 늙은 아전의 말을 통하여 왜군들의 만행을 핍진하게 노래했다.

    407년 전에 쓰여진 이 시는 왜군들의 잔학상을 리얼하게 고발했다. 왜놈들의 만행이 어찌 이것뿐이겠는가? 이웃 나라를 침략하여 무수한 사람을 살상하고 코를 베어간 잔학한 왜놈들! 그 후손인 아베 총리를 비롯한 극우주의자들은 군국주의 부활을 노리고 끊임없이 망언과 망동을 일삼고 있다. 이들을 어찌해야 하나!

이총(耳塚) 임진왜란과 정유재란 때 왜군이 전리품으로 베어간 조선 군사와 백성의 코와 귀를 묻은 곳이다. 이곳은 귀무덤으로 알려져 있지만 실제로는 코무덤[鼻塚]이라고 한다. 일본에서도 원래는 코무덤이라 불렀으나, 그 명칭이 지나치게 야만적이라 하여 귀무덤으로 바꿔 부르게 되었다고 한다. 귀무덤이든 코무덤이든 모두 야만적이기는 마찬가지다. 추악한 일본의 만행을 증언하고 있다.

8월 29일은 국치일國恥日이다. 1910년 이날 우리는 일본에 나라를 빼앗겼다. 가슴이 시리고 아프다. 우리는 일본의 망언과 망동을 보고 흥분만 할 것이 아니라, 차분하게 극일克日의 지혜를 모아야 한다. 국력을 신장시키는 것이 극일의 길이 아니겠는가!

출세지상주의자 오기吳起

전국시대 위나라 오기吳起는 손자孫子와 함께 손오孫吳로 병칭될 만큼 탁월한 군사가이자 정치가이고 개혁가이다. 출세지상주의인 오기는 비둘기와 까마귀도 지킨 예의와 효성과는 거리가 먼 인간이다.

오기가 공자의 수제자인 증자曾子에게 가서 공부할 때의 일이다. 어머니가 돌아가셨다는 전갈을 받고도 아직 출세를 못했다면서 장사 지내러 가지 않았다(母歿喪不任). 선생님 증자는 천하의 불효자인 오기의 이름을 출석부에서 지워버렸다. 결국 증자에게 쫓겨난 것이다. 후세의 당나라 백거이는 「자오야제慈烏夜啼」에서, 어머니가 돌아가셨는데도 장례를 치르러 가지 않았으니 금수인 까마귀만도 못하다(其心不如禽)고 꾸짖었다.

증자에게 쫓겨난 오기는 나중에 출세하여 노魯나라의 장군이 되었다. 그가 대장군이 된 것은 '연저지인吮疽之仁'의 결과였다. 어느 부인이 무덤에서 슬피 울고 있기에 이유를 물었다. 그러자 부인은 울음을 멈추고 "내 아들이 오기의 부하였는데 엊그제 전사했습니다. 아들이 오래 전에 등에 종기가 나자, 오기는 입으로 아들의 고름을 빨아 주어 낫게 했어요. 아들은 이를 감지덕지하여 오기에게 은혜를 갚는다고 전투가 벌어지자 제일 앞에 서서 용감하게 싸우다가 그만 죽었습니다. 아들만 그런 것이 아닙니다. 오래 전에 죽은 내 남편도 오기의 부하였는데 종기를 빨아준 은혜를 갚는다고 용감하게 싸우다가 결국 죽었습니다. 오기가 종기를 빨아서 결국 남편과 아들을 죽게 하였으니 천하의 못된 놈입니다."라고 했다. 즉 오기는 부하를 진정으로 사랑해서 종기 고름을 빨아 준 것이 아니라 '오기맨Man'을 만들기 위해서였다. 그래서 '연저지인'이란 위선적이고 가식적인 어짊을 뜻하게 되었다.

출세만이 인생의 전부였던 오기가 노나라 장군이 되었을 때 일이다. 제齊나라가 노나라를 침략해 오자 노나라 정부는 오기를 대장군으로 삼으려고 했으나, 그의 아내가 제齊나라 여자였기에 임명을 머뭇거리고 있었다. 이를 안 오기는 즉시 집으로 달려가 아내의 목을 칼로 베어 죽이고 돌아와 대장군이 되었다(求將妻殺).

오기는 비록 군인으로 성공했지만 ①어머니가 돌아가셨을 때 장례를 치르러 가지 않았고, ②부하들의 종기를 빨아 죽게 만든 위선적인 선을 행하였으며, ③대장군이 되기 위해 아내를 쳐 죽인 비인간적인 만행을 서슴지 않은 인물이다. 결국 인성(人性)이 붕괴된 오기는 비둘기만도 까마귀만도 못한 인간으로 두고두고 욕을 먹고 있다. 인성교육의 중요성을 일깨워주는 교훈이 아닐 수 없다.

새색시의 지혜

 온 솥 안의 국을 다 먹어봐야 주부의 음식 솜씨를 아는 것이 아니다. 고기 한 점[一臠]만 먹어보면 온 솥 안의 맛(全鼎之味)을 알 수 있다.

 옛날 결혼 풍습은 신랑이 말을 타고 풍악을 울리며 신부네 집에 와서 혼례를 올리고 첫날밤을 보낸다. 다음날 꽃가마 탄 신부는 신랑을 따라 시댁으로 간다. 시댁에서 첫밤을 보낸 다음날(혼례 3일차) 이른 아침에 부엌에 들어가 시댁 식구들의 조반을 짓는다.
 이때 신부의 큰 고민은 시부모의 식성을 알 수 없다는 것이다. 즉 국이나 탕의 간을 어느 정도에 맞추느냐에 고민하게 된다. 현명한 신부는 단번에 시어머니의 식성을 간파한다. 어떻게 시어머니의 입맛에 딱 맞게 국과 탕의 간을 맞추었을까? 그 해답이 당나라 왕건王建(768~830?)의 시 「신가랑사新嫁娘詞」의 제3수에 들어 있다.

결혼한 지 3일 되어 부엌에 들어가	三日入廚下
손 씻고 국과 탕을 끓였지요	洗手作羹湯
시어머님 식성을 아직 알지 못해서	未諳姑食性
시누이에게 먼저 맛보게 했어요	先遣小姑嘗

    이 시에는 한 숟가락의 국 맛으로 단번에 시어머니의 식성을 파악한 새색시의 놀라운 지혜가 형상화되어 있다. 혼례를 올린 지 3일되는 날 이른 새벽에 부엌에 나가 손을 씻고 깨끗한 손으로 아침밥을 짓고 정성스럽게 국과 탕을 끓였다. 그러나 시어머니가 짠 음식을 좋아하는지 싱거운 음식을 좋아하는지 도무지 식성을 알 길이 없었다. 그때 마침 어린 시누이가 부엌에 들어왔기에 국을 한 숟가락 떠서 맛보게 했다.

    그 이유는 어린 시누이가 국 맛을 보고 '짜다'고 하면 조금 싱겁게 간을 맞추고, '싱겁다'고 하면 짜게 간을 맞추면 되기 때문이다. 즉 어린 시누이와 시어머니는 식성이 같다는 것을 간파한 신부의 슬기가 놀랍다.

    일련一臠으로 전정지미全鼎之味를 알 수 있듯이, 이 신부는 분명 현모양처가 되었을 것이다. 이러한 지혜와 판단력은 시댁의 부엌에 처음으로 들어간 신부에게만 국한되는 것이 아니다. 이 풍진세상을 살아가노라면 어려운 고비를 만나게 되는데 그때마다 지혜와 재치, 순발력으로 헤쳐나가야 한다. 왕건의 「신가랑사」 제3수에서 보듯이 넘지 못할 고비는 없다. 세상 어느 천지에 길 없는 곳은 없다. 길은 어느 곳에나 있다.

열부烈夫 이야기

이 세상에는 열녀만 있는 것이 아니다. 열부도 있다. 고려 때 죽고칠현竹高七賢의 한 사람인 함순咸淳(자 子眞)과 부인 민씨 사이에 있었던 유명한 일화는 이 세상 남편들에게 신선한 충격을 주고 있다. 함순은 최충崔冲이 설립한 문헌공도 출신으로 1123년(인종 1) 문과에 급제하고, 병부시랑을 거쳐 양양襄陽 익령현령翼嶺縣令을 지냈고 상식직장동정尙食直長同正을 역임했다.

함순이 강원도 양양 익령현 원님으로 부임하러 갈 때의 일이다. 부인 민씨는 질투가 대단했다. 함순에게 예쁜 계집종이 있었는데 남편이 절대로 가까이 하지 못하게 바가지를 긁고 강짜를 부렸다. 이를 견디다 못한 함순은 이것은 쉬운 일이다 하고 읍내 사람이 기르던 소(牛)와 예쁜 여종을 바꿔버려 아내의 마음을 편하게 해주었다.

이인로 李仁老(1152-1220)는 붓을 들어 「친구가 아내의 핍박을 받고 첩을 소와 바꿨다는 것을 듣고(聞友人郡君所迫 以妾換牛)」라는 시를 지었다.

호수 위에 꾀꼬리(여종)는 날아가 아득히 돌아오지 않고
　　　　　　　　　　　　　　　　　　　　湖上鶯飛杳不還
강 언덕에 패옥(여종) 소리만 쓸쓸하여 찾을 길 없네　江皐佩冷欲尋難
원도와 항류(여종)는 어디 갔는지　　　　　　　　園桃巷柳今何在
다만 난간에 흑모란(소)만 남아 있구나　　　　　　只有欄邊黑牡丹

이인로는 함순과 연락이 끊겨 이 시를 전할 수 없었다. 20여 년 후에 함순이 개성 홍도정紅桃井에 사는 이인로의 이웃집으로 이사를 왔다. 함순이 이인로의 시집을 보자고 하여 보여줬다. 함순이 시집을 읽다가 위의 시를 보고 깜짝 놀라면서 "이게 누구인가."라고 이인로에게 물었다.

이인로는 "바로 당신입니다."라고 했다. 그러자 함순이 말하길 "이런 일이 있기는 하나 우리 집에서 한때 장난으로 한 일인데 이를 비웃는 것은 좋지 않은 일이네. 그러나 만일 이런 일이 아니라면 선생의 만고의 시명詩名을 무엇으로 빛내 주겠는가." 했다.

그 후 부인이 먼저 세상을 떠나자 함순은 병풍을 치며 웃거나 뒷간에 가서 웃지도 않았으며, 새장가도 가지 않고 홀아비로 살면

서 여자를 절대로 가까이 하지 않았다. 오로지 먼저 간 아내를 그리워하며 만년을 보냈다. 이러한 함순을 이인로는 독행군자篤行君子라고 칭찬했다.

역사에 기록된 인물들은 무엇이 달라도 다르다. 꺼진 불도 다시 봐야 하지만 곤히 잠든 각시도 다시 봐야 한다. 왜냐하면 남편에게 있어서는 아내보다 더 소중한 존재가 없기 때문이다. 아내는 소중하다. 열부 함순의 이야기에서 우리가 얻는 교훈은 무엇인가?

동티

'동티'라는 말은 건드려서는 안 될 땅을 파거나 그런 나무를 베어서 그것을 맡은 지신(地神)이 노하여 받는 재앙을 말한다. 해서는 아니될 일을 하거나 금기(禁忌)를 깨면 동티가 나기 마련이다. 우리는 기쁜 일이나 축하할 일이 있을 때 음식을 차려놓고 여러 사람이 모여 즐기는 잔치를 연다. 잔치는 더불어 사는 이웃과 함께 즐기기 때문에 신나고 즐겁다. 그런데 잔치도 잘못하면 동티가 난다.

권력의 단맛에 취해 자기들만의 잔치를 하면 '동티'가 난다. 권력의 꿀단지는 휘발성이 강해 너무 가까이하면 큰 화상을 입을 수 있다. 권력을 사유화하고 자신들만의 잔치를 하면 결국 '동티'가 나서 굴비처럼 엮여서 감옥으로 간다.

다산은 『목민심서』에서 "치적이 이미 이루어지고 여러 사람들의 마음도 이미 즐거워하면 풍류를 마련해서 백성들과 함께 즐기는 것 또한 선배들의 성대한 일이었다.(治理既成, 衆心既樂, 風流賁飾,與民皆樂, 亦前輩之盛事也.)"라고 했다.

목민관으로 부임해서 선정을 하여 치적이 나타나고 백성들이 즐거워하면 풍류風流를 마련하여 백성들과 함께 즐기라고 했다. 풍류는 잔치이다. 잔치를 열어 백성들과 함께 여민동락與民同樂하라는 것이다.

인간은 누구나 신명나는 잔치를 좋아한다. 우리 선조들의 잔치 문화는 개체보다는 공동체를 위한 멋진 것이었다. 추수가 끝나면 온 나라 백성들이 모여 하늘에 제사하고 밤낮으로 노래하고 춤추던 고구려의 동맹東盟과, 부여국의 영고迎鼓가 이를 입증하고 있다. 백성들과 함께 즐기는 여민동락의 멋진 놀이문화를 갖고 있었다.

조상들의 멋진 풍류문화를 계승 발전시켜야 한다. 일부 고위층들이 권력을 이용하여 자신들만의 잔치를 열며 즐기고 검은 돈을 먹다가 동티가 나서 감옥으로 가고 있다. 지도자는 근친들이 동티가 날 짓을 못하게 하고 여민동락하는 아름다운 사회를 만들 책임과 의무가 있다.

천하에 못난 놈

　천하에 못난 놈이 제가 태어난 조국의 발전에 바짓가랑이를 붙잡고 늘어지는 자들이다. 우리 사회에는 이런 자들이 너무 많아 걱정이다. 평화의 섬 제주도 이어도 바다가 동북아의 화약고가 될 수 있는 위기감이 고조되고 있어 걱정이다. 이제 중국이 아시아의 맹주를 넘어 세계의 맹주를 넘보고 있다. 어제의 중국이 아니다. 1992년 한국과 중국의 수교 이후에 우리 관광객들이 백두산 천지에 가서 100달러 지폐를 펼쳐서 부채질하며 폼을 잡았던 일이 있었다. 이제 그런 일은 과거사가 됐다.

　중국은 지난 2013년 11월 23일 방공식별구역을 선포하면서 우리의 이어도 상공을 포함시켜 우리를 불편하게 하고 있다. 중국은 급부상하여 이제 우리 조상들이 옛날에 사신을 보내 조공하던 황제국인 것처럼 행세를 하고 있다. 가슴이 떨린다.

중국은 근대 이전 동아시아에서 글로벌 스탠다드Global Standard였다. 동아시아의 여러 나라들은 지정학적으로 글로벌 스탠다드인 중국과 교류하면서 각자도생各自圖生했다. 주변의 약소국은 주기적으로 사신을 보내 조공을 하고 중국의 최첨단문화를 수입해와 이용후생利用厚生에 기여했다.

조선(1392~1910)은 명나라(1368~1636)에 사신을 보낸 것이 82회였고, 청나라(1637~1912)에 사신을 보낸 회수는 무려 497회였다. 조선왕조가 519년간 존속하는 동안 중국에 579회나 사신을 보냈다(임기중, 『한국 고전 문학과 세계인식』, 역락, 2003, 489쪽). 조선은 중국에 579회나 사신을 보내야 했으니 허리가 부러질 지경이었다. 약소국의 운명으로 이소사대以小事大의 국제적 역학과 그 질서를 벗어날 수 없었기 때문이었다. 그러나 이소사대의 사행使行은 약소국이 지불해야 하는 비싼 대가였지만, 글로벌 스탠다드였던 중국의 선진 문화를 수입하는 순기능도 있었다.

중국으로 사신을 보내는 것은 정기적으로 동지에 가는 동지사冬至使, 신년인사인 하정사賀正使(正朝使)와 황제의 생일을 축하하는 성절사聖節使인 삼절사三節使와 황태자 생일을 축하하는 천추사千秋使가 있다. 비정기 사행에는 정치외교상 중요한 일을 보고 해명할 때 주문사奏聞使(奏請使)(청나라 때에는 진주사陳奏使)와 계품사啓稟使, 특별한 요청을 하기 위한 주청사奏請使, 황제의 등극과 황태자 책봉을 축하하는 진하사進賀使, 황제와 황후가 죽으면 조문하는 진위사進慰使 등이 있다.

사신을 보낼 때 인원은 일정하지 않았다. 『만기요람萬機要覽』을 보면 청나라 예부禮部에 가는 사행使行은 정사正使 1인, 부사副使 1인, 서장관書狀官 1인, 대통관大通官(통역) 3인, 압물관押物官 24인으로 모두 30명이다. 이들을 수행하는 인원은 매번 같지 않으나 상하의 마부까지 계산하면 310명 내지 320명이다. 사행에는 3백여 명이 왕복 6개월 여를 함께 생활하다보니 경비만 해도 엄청났다.

중국이 심상치 않다. 일본에 이어 우리 이어도 상공을 방공식별구역으로 선포한 중국! 그리고 미국까지 가세하여 이어도 해역에선 팽팽한 전운戰雲마저 감돌고 있다. 조선왕조 519년 동안 중국에 579회나 사신을 보냈던 뼈아픈 과거사를 절대로 잊어서는 안 된다. 나라가 약하면 비싼 대가를 치르게 된다. 대한민국의 발전에 바짓가랑이를 붙잡고 늘어지는 자들은 못난 짓을 그만두고 정신을 똑바로 차리고 현실을 직시해야 한다.

우리 인생사

고려의 문호文豪 이규보李奎報(1168~1241)의 『백운소설』에 「위심시違心詩」가 있다. 우리 인생사가 마음과 뜻대로 되지 않는 여덟 가지를 노래했다. 인간사엔 자질구레한 일 역시 들쭉날쭉하여(人間細事亦參差) 움직이면 마음에 어긋나고 제대로 되는 게 없다(動輒違心莫適意)고 시제詩題의 뜻을 밝힌 후 다음과 같이 탄식했다.

젊어서 집이 가난하니 아내가 업신여기고	盛歲家貧妻尙侮
늘그막에 봉급 많으니 기생이 따르네	殘年祿厚妓將追
놀러 나가려면 으레 비 오거나 장마지고	雨霪多是出遊日
한가하게 앉아 있을 땐 날씨가 좋네	天霽皆吾閒坐時
배불리 먹고 상 물리자 맛있는 고기 생기고	腹飽輟飡逢美肉
목에 병이 나서 술 못 마시는데 좋은 술 만나네	喉瘡忌飮遇深巵

금은보화를 헐값에 팔고 나니 값이 폭등하고　　　儲珍賤售市高價

오래된 병 겨우 완쾌했는데 명의가 이웃에 이사 왔네　宿疾方瘳隣有醫

　시인은 세상살이가 어느 것 하나 뜻대로 되는 일이 없음을 개탄한 후 "자질구레한 일도 이처럼 마음대로 안 되는데(碎小不諧猶類此)/ 하물며 양주가학을 기약할 수 있겠는가(揚州駕鶴況堪期)"라고 다시 탄식했다(양주가학은 ①높은 벼슬인 양주자사를 한 후에 ②백만장자가 되어 멋지게 돈을 쓰고 난 후 ③학을 타고 신선이 되고 싶다는 중국 고사).

　이 시는 우리네 인생사는 조그마한 일도 마음대로 성취되는 일이 별로 없는데 어떻게 양주가학의 세 가지 좋은 일을 한꺼번에 거머쥘 수 있겠느냐고 탄식한 것이다. 그렇다. 이것이 인생이자 우리의 삶이다. 그러나 세상사가 내 뜻대로 이루어지지 않는다고 하여 괴로워할 필요는 없다. 나 혼자만의 괴로움이 아니고 가진 자나 못 가진 자나, 지위가 높거나 낮거나 모두가 인생의 고해를 허우적거리며 헤엄쳐 나가는 것이 삶이기 때문이다.

　저 낙원이 눈앞에 보일 듯하고 피안의 정토세계가 손에 잡힐 듯하지만 쉽사리 되지 않는 것이 인간사인 만큼 좌절하거나 허무주의에 빠질 필요가 없다. 이 시는 비록 개인적인 일들을 노래하였으나 내재된 의미는 국가와 사회의 안위치란安危治亂도 이와 같음을 은유했다. 자! 오늘도 우리 모두 힘차게 출발하자.

외눈박이 원숭이

　옛날 중국의 어느 깊고 깊은 산골 마을에 눈이 하나뿐인 애꾸눈 원숭이들이 살고 있었다. 이 마을에 어느 날 두 눈이 멀쩡한 원숭이가 흘러와 살게 되자, 외눈박이 원숭이들의 텃세, 요즈음 말로 왕따가 이만저만이 아니었다. 얼마 후에 눈이 멀쩡한 원숭이는 자신이 집단 괴롭힘을 당하고 있는 이유가 눈이 둘인 것을 깨닫고, 스스로 한쪽 눈을 찔러 애꾸가 되었다. 그런 후에야 외눈박이 원숭이들과 잘 어울리며 편히 살 수 있었다.

　이 우화가 주는 교훈은 하향동질화下向同質化를 통해 얻은 평화와 안일인데, 우리나라 어문교육에 시사하는 바가 크다. 교육에 있어서는 하향동질화 정책은 있을 수 없는 일이다. 적절한 비유일지는 모르나 우리의 어문교육 정책은 외눈박이 원숭이들의 하향동질화를 닮은 것과 다름이 없다. 특히 대학의 전공교재에서 조차 한글 위주로 편찬되고 있어 하향동질화에 부채질을 하고 있다.

이는 스스로 우민화愚民化를 자초하는 것으로서, 감긴 한쪽 눈을 떠서 두 눈으로 세상을 크게 보려는 노력은 하지 않고, 애꾸눈으로 만족하며 하향동질화를 강요하는 외눈박이 원숭이 집단의 단세포적 사고와 다를 바가 없다. 교육은 어디까지나 상향동질화上向同質化를 위하여 설계되고 시행되어야 한다.

세상이 변하여 '漢文한문'이 恨한 많은 '恨文한문'이 되었다. 중고등학교에서 한문 교과가 국·영·수에 밀려 찬밥 신세를 면치 못하고 있다. 한문교육은 국제경쟁력을 제고하는 길이자, 16억 인구의 한문 문화권에서 낙오자를 면하는 길이다.

1949년 일본 최초로, '중간자中間子 이론'으로 노벨 물리학상을 수상한 유가와 히데끼湯川秀樹(1907~1981) 박사는 네 살 때부터 사서삼경을 조부祖父에게 매를 맞아가면서 배웠다. 그의 "중간자 이론"은 물리학 책이 아닌, 당나라 이백李白의 「춘야연도리원서春夜宴桃李園序」의 첫 구절에서 힌트를 얻었다고 밝혔다.

夫天地者부천지자, 萬物之逆旅만물지역려,

光陰者광음자, 百代之過客백대지과객

> 무릇 하늘과 땅은 만물의 여관이요.
> 광음(시간)은 백대의 지나가는 손님이다.

이 17자가 결국 노벨 물리학상을 수상하게 한 것이다. 유가와 히데끼의 '중간자 이론'은 '정신적 자본' 덕분에 발견한 것이다. 일본의 힘은 바로 한문교육에서 나온 것이다.

지정학적으로 우리나라는 16억 인구의 한문문화권 중심부에 위치하고 있는 만큼 한문과는 불가분의 관계가 있다. 한문교육은 국학은 물론 인문사회과학 일반과 자연과학 일부에까지도 기초가 되는 도구과목의 성격을 갖고 있다. 그러나 학교에서 한문교과는 푸대접을 받고 있다. 이제 하향동질화 교육은 끝내야 한다. 외눈박이 원숭이들은 감긴 한쪽 눈을 떠서 두 눈으로 크고 넓고 넓은 이 세상을 봐야 한다.

지상낙원 우복동牛腹洞

하늘에 천국이 있다면 지상에는 무릉도원武陵桃源이 있다. 도연명은 학정虐政과 혼란이 없는 새로운 세계로 탈출·도피처로서의 이상적인 공간이 필요함을 절감했다. 그래서 굴원屈原(?서기전343~?서기전277)이 「어부사漁父辭」에서 가공의 어부와의 대화를 통하여 자신의 뜻을 세상에 밝힌 것처럼, 「도화원기桃花源記」에서 무릉武陵에 사는 어부를 등장시켜 가상의 지상낙원을 만들어서, 위정자에게 학정에 대한 교훈을 주고, 질곡의 삶을 사는 민초들에게는 심리적으로 위안을 주고, 낙토에 대한 꿈을 심어주기 위하여 해방의 공간, 지상의 낙원인 무릉도원을 창안해 냈다.

다시 말하면 고난에 찬 삶을 살아야 했던 민초들은 ①자신들의 운명을 바꿀 힘은 없었고, ②그렇다고 죽을 수도 없어, ③이상향인 무릉도원을 동경하면서 삶의 위안을 삼았던 것이다. 도연명이 지상에서 가장 이상적인 공간이라고 제시했던 무릉도원은 실체적 공간이 아니라 꿈의 공간이었다. 비록 실체가 없는 가공의 공간이었지만 동아시아 옛사람들의 삶과 사유에 큰 위안과 희망을 준 이상적인 공간이었다.

무릉도원은 중국인들 못지않게 한국인들의 의식 속에 깊숙이 자리 잡고 있다. 우리 선조들은 중국의 무릉도원만이 절대적인 이상적 공간으로 생각하지 않고 이 땅에도 도화원과 같은 이상적인 공간이 있다고 믿고 찾았다. 바로 지리산 어느 골짜기에 푸른 학이 살고 있다는 '청학동靑鶴洞'과 속리산 동쪽 어딘가에 있다는 '우복동牛腹洞'을 지상낙원으로 생각했다. 물론 먼 중국의 무릉도원을 찾아갈 수 없기에 차선책으로 청학동과 우복동을 지상낙원으로 설정했는지 몰라도 무릉도원의 꿈을 잃지 않고 자신이 사는 나라에서 찾고자한 것은 탁견이 아닐 수 없다.

다산은 34세(1795)에 쓴 「고시이십사수」(7)에서, "깊은 산골까지도 호적이 있으나(深谷皆編戶)/ 하늘 아래 무릉도원은 없다(天下無桃源)"고 했다. 깊숙한 산골에 사는 백성들도 호적이 있어 세금을 내기 때문에 무릉도원은 없다고 한 것이다. 다산이 유토피아를 거부한 현실주의적 세계관이 가장 잘 나타나 있는 시가 있다. 유배된 지 8년째인 1808년(49세)에 다산초당에서 쓴 「우복동가牛腹洞歌」이다. 일부를 보자.

| 속리산 동쪽에 항아리 같은 산이 있는데 | 俗離之東山似甕 |
| 예부터 그 속에 우복동이 있다고 하네 | 古稱中藏牛腹洞 |

〈중략〉

머리 검은 영감이 백발이 된 자식 꾸짖는	玄髮翁嗔白髮兒
화락한 불노장생의 땅이라네	熙熙不老眞壽域
어리석은 선비가 듣고 마음속으로 기뻐하여	迂儒一聞心欣然
어서 가서 전답 두어 이랑 차지하려고	徑欲往置二頃田
죽장망혜 차림으로 표연히 떠나	竹杖芒屩飄然去
산을 백 바퀴나 돌다 지치고 쓰러졌다네	繞山百帀僵且顚

〈중략〉

삼한이 개국한 지 아! 이미 오래되었는데	三韓開國嗟已久
종이에 누에가 깔린 것과 같이 인구가 많아	如蠶布紙蕃生口
나무하고 밭 일구고 발 안 닿는 곳 없는데	樵蘇畓墾足跡交
어찌 묵어 있는 빈 땅이 있겠는가	詎有空山尙鹵莽
적이 쳐들어와도 나라 위해 죽어야지	藉使寇來宜死長
너희들 처자식 이끌고 어디로 가려는가	汝曹豈得挈妻子
아내를 독려해 방아 찧어 세금 내게 해야지	且督妻舂納王稅
아! 우복동이 세상에 어찌 있겠는가	嗚呼牛腹之洞世豈有

속리산 어디에 있다는 우복동을 찾는 속된 선비들이 일신의 복

락만을 추구하는 자세를 비판했다. 다산은 착한 백성이었다. 적이 쳐들어오면 싸우다 나라를 위해 죽어야 하고 처자식을 독려하여 방아를 찧어 세금을 내야지 우복동을 찾아가서는 안 된다면서 세상에 지상낙원인 우복동은 없다고 했다. 이 시에는 다산이 국가에 충성하며 현실의 삶에서 유토피아를 구현하려 한 그의 현실주의적 세계관이 나타나 있다.

　위정자들은 백성들이 궁핍하고 희망이 없어 지상낙원인 무릉도원을 찾아 길을 떠나지 않도록 선정을 해야 할 책임과 의무가 있다. 고액의 세비歲費를 타먹으면서 싸움질만 하지 말고 민생을 제대로 챙겨 우리가 살고 있는 이 땅을 유토피아로 만들기 위해 열심히 일을 해야 한다. 머리에 쥐가 나도록 일을 해야 한다. 일 안 하는 머슴에게 세경인 세비를 무한정 줄 수는 없다. 일 안 하는 머슴은 쫓아내야 한다.

노인의 슬픔 20가지

노인들은 기쁜 일보다 슬픈 일이 많다. 성호 이익(1686~1763)의 명저 『성호사설』의 인사문人事門에 있는 노인들의 10대 슬픔(「老人十拗」)을 보자.

①대낮에 꾸벅꾸벅 졸음이 오고, ②밤에는 잠이 오지 않으며, ③울[哭] 때는 눈물이 없고, ④웃을 때에는 눈물이 흐르며, ⑤30년의 일은 기억되나, ⑥눈앞의 일은 문득 잊어버리며, ⑦고기를 먹으면 뱃속에 들어가는 것이 없어도, ⑧모두 치아에 끼며, ⑨흰 얼굴은 도리어 검어지고, ⑩검은머리는 도리어 희어지는 것이다. 이는 태평노인의 명언이다.

태평노인이 누구인지 모르지만 노인이 겪는 좌절감, 슬픔을 정확하게 묘사했다. 성호는 노인의 슬픔이 10가지만 있는 것이 아니

라면서 5가지를 보충했다

①눈을 가늘게 뜨고 멀리 보면 오히려 분별할 수 있는데, ②눈을 크게 뜨고 가까이 보면 도리어 희미하고, ③지척의 말은 알아듣기 어려운데 고요한 밤에는 항상 비바람 소리만 들리며, ④배고픈 생각은 늘 있으나, ⑤밥상을 대하면 먹지 못하는 것이다.

성호가 보충한 5가지를 합치면 노인의 슬픔은 모두 15가지가 된다. 그러나 노인의 슬픔이 어찌 이것뿐이겠는가?
다산 정약용은 71세 때에 성호와는 반대로 노인의 유쾌한 일 6가지를 주제로 시를 썼다(老人一快事 效香山體 六首).

①대머리가 되어 머리가 시원한 즐거움, ②이가 다 빠져 치통이 없는 즐거움, ③눈이 어두워 잔글씨가 보이지 않는 즐거움, ④귀가 먹어 시비소리가 들리지 않는 즐거움, ⑤조선인이라서 조선 시를 쓰는 즐거움, ⑥바둑을 하수하고 두는 즐거움.

위의 ①~④에서 노인의 신체적 노쇠화에 따른 비애를 유쾌하다고 했으나, 이는 노인이 겪는 슬픔을 역설적으로 풍자한 것이다. 머리가 빠져 대머리가 된 슬픔, 이가 빠진 슬픔, 눈이 어두운 슬픔, 귀먹

---

5. 놀러 나가려면 으레 비 오거나 장마지고, 한가하게 앉아 있을 땐 날씨가 좋네.

은 슬픔인 ①~④를 포함하면 노인의 슬픔은 모두 19가지가 된다. 위의 ⑤~⑥에서 조선 노인으로서 조선 시를 쓰는 즐거움은 조선 문학의 독립선언서이고, 노인으로서 한가한 때 파한으로 하수하고만 바둑을 두는 것은 무욕의 삶이다.

노인의 슬픔은 태평노인이 10가지, 성호가 5가지, 다산이 4가지를 제시하여 합치면 모두 19가지가 된다. 노인의 슬픔이 어찌 19가지가 전부이겠는가? 아니다. 우리나라 노인들은 늙은 것도 서러운데 "노인을 비하고 폄하하는 정치인" 때문에 슬픔 하나가 더 늘었다. 그래서 우리나라 노인의 슬픔은 20가지가 된다.

당나라 시인 송지문宋之問은 "젊은 홍안 소년들에게 말하노니(寄言全盛紅顏子)/ 반쯤 죽은 흰머리 노인을 불쌍히 여겨라(須憐半死白頭翁)/ 이 노인 흰머리는 정말 가엾나니(此翁白頭眞可憐)/ 그 옛날엔 홍안의 미소년이었노라(伊昔紅顏美少年)"라고 노래했다.

노인을 비하고 폄하하는 일부 철없는 정치인들은 필독해야 할 시이다. 이 세상에 만년 청춘은 없다. 젊다고 너무 설치지 말거라. 젊은 그대들도 언젠가는 노인이 된다. 경노敬老는 차치하고, 노인들의 슬픔을 풀어주지는 못할지언정 노인을 폄하하고 슬픔 하나를 더 안겨주면서 무슨 정치를 한다고 나대는가? 정치가 별거인가! 백성들의 근심 걱정과 슬픔을 어루만져주고 풀어주는 것이 정치가 아닌가! 노인들은 20가지의 슬픔을 감당하기 힘들다.

스승을 부정한 제자

제자가 스승을 스승이라 부르지 않는 것은 잘못이다. 조선 후기 김상현金尙鉉(1811~1890)의 호는 경대經臺로 사계沙溪 김장생金長生의 후손이다. 약관의 나이에 재주가 뛰어나 글짓는 솜씨로 세상에 알려졌다. 그는 공조판서, 예조판서, 경기도관찰사, 평안도관찰사, 대사헌 등의 중요직을 역임했다. 매천 황현의 『매천야록』에 김상현을 비판한 기록이 있다.

"경대 김상현은 어렸을 때 경기도 광주에 살면서 정다산丁茶山에게 학문을 익혔다. 차츰 성장하자 정다산은 사양하여 보내면서 '자네는 노론老論으로 가문이 높은 집안인데 어찌 나에게 배우겠나. 속히 같은 노론 계통의 스승에게 배우도록 하라. 북촌에 대산臺山 김매순金邁淳이 살고 있으니 참으로 자네의 스승으로 적격한 분이다. 자네는 그분께 사사師事하라.'고 했다.

김상현은 드디어 김매순의 고제자高弟子가 되었다. 그러나 그의 학문의 연원은 진실로 정다산이다. 이미 늙어서 후배들을 대할 적에 김매순을 호칭할 때는 반드시 '선생'이라 말하고, 다산을 가리킬 때는 바로 '다산'이라 부르니 세상이 이렇게 야박할 수가 있단 말인가."

經臺遂爲臺山高弟. 然指授淵源, 則固茶山也. 旣老對後輩, 稱臺山, 則必曰先生, 茶山直曰茶山而已. 世由此薄之.

황현이 김상현의 사람됨을 비판했다. 김상현이 김매순은 반드시 '선생'이라 불렀지만 자신의 학문의 연원淵源이자 뿌리인 다산 정약용을 지칭할 때는 '선생'이라 하지 않고 곧바로 '다산'이라고 말한 것은 잘못이라고 했다. 제자가 스승을 스승이라 부르지 않고 마치 아무 관계가 없는 사람인 것처럼 호칭한 데 대해 황현은 "세상이 이렇게 야박할 수가 있단 말인가."라고 탄식했다.

'스승 사(師)' 자가 처음 쓰인 문장은 『주례周禮』에 "스승은 사람에게 도道를 가르치는 자를 일컫는다.(師, 敎人以道者之稱也.)"이다. 양梁나라의 고야왕顧野王(519~581)의 『옥편玉篇』을 보면 스승 사(師) 자를 "스승은 모범이다. 사람에게 도道를 가르치는 자를 일컫는다.(師, 範也. 敎人以道者之稱也.)"고 했다.

스승 사(師) 자는 임금의 스승으로 사용되었는데 『시경』(小雅 節南山)에 "혁혁사윤赫赫師尹"이라는 구절이 있다. 여기서 스승 사(師)의 뜻은 '천자, 혹은 제후의 스승으로 태사太師라고도 한다.(天子諸侯之師, 亦曰, 太師.)'로 풀이했다.

제자弟子라는 말이 제일 먼저 나온 책은 『논어』「학이편學而篇」이다. 공자는 "제자들은 집에 들어가서는 효도하고, 나와서는 공손하고 말은 삼가되 믿음 있게 하며 많은 사람을 널리 사랑하되 어진 자를 가까이 하라. 이 모든 것을 실천하고 남음이 있으면 곧 학문을 하라.(弟子入卽孝, 出卽悌, 謹而信, 汎愛衆, 而親仁, 行有餘力, 卽以學文.)"고 했다.

스승이 유배의 역경에 처했다고 해서 스승임을 부정한 것은 잘못이다. 다산이 유배를 가지 않고 벼슬을 계속했다면 과연 김상현이 '다산'이라 불렀겠는가? 예나 지금이나 세상의 인심은 각박하다. 이 세상에 스승을 부정한 사람이 어찌 김상현뿐이겠는가? 하기야 예수님이 베드로에게 "오늘 밤 닭이 울기 전에 너는 세 번이나 나를 모른다고 할 것이다."라고 말씀했는데 적중하지 않았던가(마태 26:69~75). 누구를 탓할 일이 아니다.

매국노 이완용

이완용 李完用(1858~1926)은 나라만 팔아먹은 것이 아니라 며느리와 불륜을 저질렀다고 한다. 경기도 고양시 문화재전문위원 정동일 씨는 "문헌에 의하면 이완용의 장남인 이승구는 당대의 절세미인이었던 부인 임걸귀와 아버지 이완용의 불륜 사실을 알고 자살했으며 이완용의 호적에서도 제외됐던 불행한 인물"이라고 밝혔다.(《연합뉴스》, 2006. 8. 29.) 며느리와 불륜 관계의 사실 여부를 떠나, 그는 매국 하나만으로도 영원히 '용서받지 못할 자'이다.

황현은 『매천야록』에서, "이완용이 온양온천에 가서 병을 조리했는데 연도의 경호가 매우 심했다. 그는 과부가 된 며느리 임씨를 데리고 함께 갔다.(李完用赴溫陽溫泉調病, 沿道警衛甚嚴. 携其寡媳任偕往.)"라고 했다(경술, 융희 4년). 황현은 왜 이완용이 요양하러 가면서 "과부가 된 며느리 임씨를 데리고 함께 갔다."고 썼을까? 불륜을 암시한 것인가?

아무튼 묘한 뉘앙스를 풍기는 표현이 아닐 수 없다.

이완용은 우봉牛峰이씨로 1858년 6월 7일 경기도 광주군 낙생면 백현리(지금의 경기도 성남시 분당구 백현동)에서 이호석李鎬奭의 아들로 태어났다. 10세 때 예방승지禮房承旨 이호준李鎬俊의 양자가 되었다. 그는 1905년 학부대신으로 이등박문伊藤博文(이토 히로부미)의 지원으로 일본군 무력시위를 이용하여 어전회의를 열고 고종을 협박, 11월 18일 을사늑약을 체결케 했다. 이로써 그는 내부대신 이지용, 외부대신 박제순, 군부대신 이근택, 농상공부대신 권중현과 함께 을사오적이 된 최악의 매국노가 되었다. 1907년 의정부 참정이 되고 통감統監 이등박문의 추천으로 내각총리대신이 되었다.

1907년 이준 열사의 헤이그 특사사건이 일어난 후, 이완용은 일본의 지시대로 고종의 양위를 강요, 순종을 즉위시켰다. 당시 수만 명의 군중들이 덕수궁으로 몰려가 이완용의 매국행위를 규탄했고 그의 집은 군중들에 의해 불탔다. 그해 이등박문의 주도대로 한일신협약(정미7조약)에 서명하고 순종의 재가를 받았으며 이로써 인사, 입법, 행정 등 주요 권한을 일본에 이양했다. 1909년 7월에는 이완용 단독으로 기유각서己酉覺書를 맺어 대한제국의 사법권마저 일본에 넘겨주었다.

1909년 12월 22일 이완용은 명동성당 앞에서 이재명李在明 의사義士

의 칼을 맞았으나 목숨을 건졌다. 그는 1910년 8월 29일 총리대신으로 전권위원이 되어 한일병합조약을 체결했다. 매국의 대가로 훈勳 1등 백작伯爵과 잔무처리수당 60여 원, 퇴직금 1458원 33전, 총독부의 은사공채 15만 원을 받았다. 1912년에는 중추원부의장이 되고 일선융화日鮮融化를 주장했다. 1919년 3·1운동을 비난하는 경고문과 담화를 3차례에 걸쳐 〈매일신보〉와 〈경성일보〉에 발표, 그 공로로 1920년 후작侯爵이 됐다.

일신의 영달을 위해 조국을 팔아먹고 며느리와 불륜을 저질렀다는 이완용은 1926년 2월 12일 69세로 더러운 삶을 마감했다. 그는 1905년 을사오적 이후 21년간 친일행위로 일관하다가 육신은 저 세상으로 갔지만 매국노의 오명汚名은 영원히 남아 있다.

조국을 팔아먹은 매국노 이완용, 며느리와 불륜을 저질렀다고 하는 패륜아 이완용. 우리는 그의 더럽고 추악한 삶을 잊어서는 안 된다. 선과 악이 모두 역사가 된다. 우리 사회에 제2의 이완용은 없는가?

6

봄 누에는 죽어야 실뽑기를 그치고,
촛불은 타서 재가 되어야 눈물이 마르네.

春蠶到死絲方盡
蠟炬成灰淚始乾
「無題」、李商隱

꽃이 예쁘거든 꽃하고 자세요

기쁜 일보다는 슬픈 일이 많은 것이 인생사라고 하지만 그래도 살다 보면 세파에 지친 우리의 영혼을 일깨워 주고 잠시나마 잔잔한 미소를 짓게 하는 것들이 우리 주위에 없는 것은 아니다. 그 대상과 척도는 사람에 따라 서로 다르겠으나 그 중에 하나가 시를 읽는 즐거움일 것이다.

다음의 「절화행折花行」은 장지연(1864~1921)의 『대동시선大東詩選』 제1권에 고려의 이규보(1168~1241) 시로 되어 있다. 그러나 이규보의 『동국이상국집東國李相國集』에는 이 시가 없다. 장지연이 타인의 시를 이규보 시로 오인한 것 같다. 그나저나 재미있는 「절화행」을 보자.

활짝핀 모란에 이슬 맺혀 진주 같은데　　　　　牡丹含露眞珠顆

신부가 꽃을 꺾어 창가를 지나다가	美人折得窓前過
빙긋이 웃으면서 신랑에게 묻기를	含笑問檀郎
"꽃이 예쁜가요 제가 예쁜가요"	花强妾貌强
신랑이 일부러 장난치느라	檀郎故相戲
"꽃이 당신보다 더 예쁘구려"	强道花枝好
신부는 꽃이 예쁘단데 뾰로통해서	美人妬花勝
꽃가지를 밟아 짓뭉개고 말하기를	踏破花枝道
"꽃이 저보다 예쁘거든	花若勝於妾
오늘 밤은 꽃하고 주무시구려"	今宵花同宿

뜰에 가득 활짝 핀 모란에 이슬이 내려 마치 진주 같았다. 모란이 이슬을 머금었다는 것은 시간적으로 이른 아침을 뜻한다. 결혼 첫날밤을 보낸 새색시는 곤히 자고 있는 신랑을 침대에 남겨 두고 넘치는 사랑과 가득한 행복에 겨워 이른 아침에 꽃밭에 나선 참이었다. 문득 이슬이 맺힌 아름다운 모란을 보고 장난기가 서려 신부는 그 꽃을 꺾어서 창가에 와서 자고 있는 신랑의 코끝에 대고 애교가 넘치는 웃음을 지으며 "꽃이 예쁜가요? 제가 예쁜가요?"라고 물었다. 신랑은 신부의 그 모습이 하도 귀엽고 사랑스러워 일부러 놀리느라고 "꽃이 당신보다 더 예쁘구려."라고 대답했다.

꽃보다 신부가 더 예쁘다고 대답하였으면 시가 되지 않는다. 장난을 먼저 건 것은 신부였기에 신랑이 역시 장난으로 의뭉스럽게 대답한 것이다. 신랑의 대답을 듣자 새색시는 뾰로통하더니 이내 화가 잔뜩 나서 그 모란꽃을 들고 나가 짓밟아 뭉개고 나서 신랑에게 "꽃이 저보다 예쁘거든/ 오늘 밤은 꽃하고 주무시구려"라고 쏘아붙이고 나가 버렸다. 신랑이 장난으로 내던진 말 한마디가 귀여운 신부의 심사를 뒤틀리게 하여 오늘 밤은 독수공방을 하게 되었다.

그러나 우리는 새색시가 "오늘 밤은 꽃하고 주무시구려"라고 한 말을 주목하여야 한다. 오늘 하룻밤만 꽃하고 자라는 것이다. 내일 밤부터는 함께 자겠다는 의미가 내포되어 있어 시를 읽는 이들에게 미소짓게 한다. 얼마나 사랑스럽고 귀여운 신부의 절묘한 앙증인가? 그러나 물론 신랑이 얼른 신부를 달래어 화를 풀어지게 한 후 그날 밤도 함께 단꿈을 꾸었음은 자명한 일이다.

이 시는 신혼부부의 사랑싸움을 리얼하게 형상화하여 시를 읽는 즐거움을 느끼게 하고 미소 짓게 한다. 이러한 시를 읽으면 이제는 뒤안길로 사라져 돌이킬 수 없는 꿈 많던 신혼 시절의 아름답고 즐거웠던 일들을 되돌아보게 하여 미소 짓게 하고 때로는 콧등을 찡하게 한다.

시를 읽다가 빙그레 미소를 지을 수 있다는 것 그 자체가 아름답고 향기로운 삶이다. 겨울이 깊어가기 전에 시와 통通하자. 시와 즐겁게 통했다고 시비할 사람은 이 세상에 아무도 없다.

도연명의 자식들

　시는 문학의 꽃이다. 좋은 시는 은은한 향기와 같다. 우리는 그 향기를 맡으면서 삶이란 무엇이며, 인생이란 무엇이고, 자식이란 무엇인가를 생각하게 된다. 시를 읽는 즐거움은 어디에 있는가? 시는 모래알 같은 무수한 언어를 절제와 지적통제로 교직交織한 것인 만큼 시구에 내재된 뜻을 찾아내야 한다. 즉 언외지의言外之意, 시에 담겨져 있는 뜻 이외에 숨겨진 의미를 이해해야 한다.

　도연명은 아들을 다섯 두었다. 큰아들 서舒, 둘째 선宣, 셋째와 넷째는 쌍둥이로 옹雍과 단端, 그리고 막내는 통通인데 모두 어릴 적 이름이다. 본명은 엄儼, 사俟, 분份, 일佚, 동佟이다. 도연명이 44세 때(義熙 4, 408)에 쓴 아들을 꾸짖은 시 「책자責子」를 보자.

백발이 양쪽 귀밑머리를 덮었고	白髮被兩鬢
피부도 다시는 실하지 않다네	肌膚不復實
비록 아들이 다섯이 있으나	雖有五男兒
모두가 글공부를 좋아하지 않네	總不好紙筆
큰애 서舒는 이미 열여섯 살이건만	阿舒已二八
둘도 없는 게으름뱅이고	懶惰無故匹
둘째 선宣은 곧 열다섯 살이 되건만	阿宣行志學
학문 배우기를 아예 마다하고	而不愛文術
쌍둥이 옹雍과 단端은 열세 살이건만	雍端年十三
여섯과 일곱도 분간 못하고	不識六與七
막내 통通은 아홉 살 되었건만	通子垂九齡
다만 배와 밤만을 찾누나	但覓梨與栗
하늘이 내린 자식 운이 이와 같으니	天運苟如此
거듭 술잔을 들이키노라	且進盃中物

도연명은 귀밑머리가 백발이 되었고 몸도 옛날처럼 건강하지 못하다고 하여 자신이 늙었음을 토로한 후 아들 다섯 모두가 글공부에 뜻이 없음을 한탄했다. 큰놈 서는 16세가 되었건만 천하에 둘도 없는 게으름뱅이고, 둘째 선은 15세가 되어 가는데 공부하기를 싫어한다. 쌍둥이 옹과 단은 6과 7을 알지 못한다는 것(不識六與七)이

아니라 6과 7을 더하면 13이 되는데 13세 나이에 맞지 않는 철부지 행동을 한다는 것이다. 막내둥이 통은 아홉 살이 되어 가는데도 어리광만 부리며 배와 밤 등 먹을 것만 찾고 있다. 이렇게 하나같이 자식들이 철부지이고 형편없다면 도연명뿐만 아니라 천하의 어느 아버지도 술을 마시지 않을 사람이 있겠는가? 마지막 연에서 "하늘이 내린 자식 운이 이와 같으니/ 거듭 술잔을 들이키노라"는 이 세상 모든 아버지의 마음일 것이다.

그러나 우리는 이 시에 적어도 다음과 같은 뜻이 담겨져 있는 것을 읽어야 한다. 첫째는 이 세상 자식된 이들은 시인의 자식과 같이 부모님에게 자식들로 인하여 술을 마시게 해서는 안 된다는 날카로운 교훈이 숨어 있다는 점이다. 자식으로서 부모의 기대에 부응하지 못할 때 부모들은 가슴을 조이며 괴로워한다는 사실이 내재되어 있다. 둘째로 시에 나타난 대로 본다면 도연명의 다섯 아들은 요즈음 말로 표현하면 사이코에 가까워 특수교육을 받아야 할 지진아들이다. 과연 우리는 이 시를 그렇게만 이해하여야 하는가? 결론부터 말하자면 그게 아니다.

시제가 「아들을 꾸짖다」이나, 내용은 철부지 귀여운 자식들의 모습을 유머러스하게 형상화한 것이다. 다시 말하면 도연명은 세속과 타협하지 않고 전원에 묻혀 노동하며 살다보니 살림이 가난할 수밖에 없었다. 그러나 사랑하는 자식들은 아비를 닮아서인지 시속時俗에 때 묻지 않고 천진난만하게 구김살 없이 귀엽게 뛰어 노는 정경을 묘사한 것이다. 아버지 도연명은 다섯 아들이 철없이 노는 모습을 따뜻한 눈초리로 응시하면서 술을 마신 것이다. 이것이 바로 부정父情이다.

또 하나는 시제가 아들을 꾸짖는다 하고선 꾸짖는 내용은 일언반구도 없고 단지 자식들 일상의 천진함과 철부지 모습을 그림처럼 나열한 점이다. 도연명은 상처하고 20세 때 척씨翟氏를 속현續絃하였다. 후취 척씨는 아내이자 동지였다. 한 달 봉급이 쌀 다섯 말[五斗米]에 지나지 않는 벼슬을 내던지고 유유히 도포자락을 휘이휘이 날리며 「귀거래사」를 읊으면서 낙향했을 때, 척씨는 귀향 날짜를 예측하고 가난한 가운데에서도 남편이 좋아하는 술을 단지에 가득 빚어 놓고 기다리던 현숙한 아내였다.

천하의 도연명과 슬기로운 척씨 사이에 과연 이 시의 내용처럼 특수교육을 시켜야 할 정도의 변변치 못한 자식들이 태어날 수 있겠는가? 이러한 점에서 언외지음言外之音을 읽어야 한다. 도연명의 시 「책자」를 읽을 때마다 부모란 무엇이고 자식이란 부모에게 어떤 존재인가를 생각하게 한다. 그래서 많은 사람들이 좋은 시를 애송하면서 삶의 윤활유를 찾는지도 모른다. 시를 읽는 삶은 영혼이 아름답다. 시 읽기 좋은 계절이 왔다.

두보의 아내 사랑

　당나라 두보는 시성詩聖이자 인간의 정을 절묘하게 그려낸 정성情聖의 시인이기도 하다. 두보의 시 「월야月夜」는 45세 때인 756년(천보 15) 여름에 지었다. 두보는 755년 안녹산의 난이 나자 가족을 부주鄜州로 피난시킨다. 현종이 태상황이 되고 숙종이 영무靈武에서 즉위했다는 소식을 듣고서 위험을 무릅쓰고 혼자 그곳까지 달려갔다. 그는 도중에 안녹산 반란군에 포로가 되어 장안으로 보내졌으나 벼슬이 높지 않아 구금되지는 않았다. 이때 장안에 갇힌 몸이 되어 부주에 있는 가족들을 그리는 애틋한 마음을 노래했다. 「월야」를 보자.

오늘 밤 부주에서 저 달을	今夜鄜州月
아내는 혼자서 바라보리라	閨中只獨看

가여워라 멀리 있는 어린 자식들	遙憐小兒女
장안의 애비를 그리는 어미의 시름을 모르리	未解憶長安
밤안개가 님의 머리에 젖어들라	香霧雲鬟濕
밝은 달빛 옥 같은 두 팔에 한기를 줄라	清輝玉臂寒
그 언제나 창가 휘장에 기대어	何時倚虛幌
달빛 아래 마주보며 눈물자국 말릴건고	雙照淚痕乾

　수련首聯의 "오늘 밤 부주에서 저 달을/ 아내는 혼자서 바라보리라"는 회화적인 표현으로 절묘한 수사이다. 두보가 아내를 장안에서 그리워하는 것이 아니라, 부주에 있는 아내가 밝은 달을 쳐다보며 장안에 있는 남편을 그리워한다고 하여 아내에 대한 그리움을 차원 높게 형상화했다.

　함련頷聯의 "가여워라 멀리 있는 어린 자식들/ 장안의 애비를 그리는 어미의 시름을 모르리"도 수사가 뛰어나다. 장안에 갇혀 있는 남편이 걱정되어 달을 쳐다보며 걱정하는 어머니의 마음을 어린 자녀들은 이해하지 못할 것이라고 유추했다. 아내에 대한 그리움을 절묘하게 표현했다.

　경련頸聯에 이르러서야 아내를 걱정하는 두보의 부정夫情이 직접 화법으로 나타난다. "밤안개가 님의 머리에 젖어들라/ 밝은 달빛 옥 같은 두 팔에 한기를 줄라"는 아내가 밤이 이슥토록 달을 바라보며 장안에 있는 나를 그리다보니 자연히 찬 밤안개가 머리에 이슬이 내려 축축이 젖었을 것이고, 8월의 밝은 달빛에 아내의 두 팔은 필연 싸늘해졌을 것이라고 상상했다. 남편에 대한 그리움의 결과이면서 또한 지아비의 정을 오롯이 형상화했다.

미련尾聯의 "그 언제나 창가 휘장에 기대어/ 달빛 아래 마주보며 눈물자국 말릴건고"는 아내에 대한 그리움의 극치이자 비원이다. 어느 날에야 안녹산의 난이 평정되어 부주에 있는 처자들과 함께 만날 수 있을 것인가를 탄식했다. 부부가 함께 창가에 기대어 달을 바라보면서 기쁜 낯으로 지난날 이별의 서러운 한을 이야기 할 수 있겠느냐고 탄식했다. 이 시름과 한이 서린 눈물자국을 마르게 할 날이 그 언제이며, 또한 부부가 함께 손을 잡고 달을 볼 날이 어느 때에야 이루어질 수 있겠는가 탄식했다.

아내가 두보를 그리는 애틋한 부정婦情과 두보가 아내를 그리는 뜨거운 부정夫情! 부부의 한과 그리움과 눈물은 오직 하늘에 떠 있는 저 달님만이 장안과 부주를 비추며 알 것이다. 시제가「월야」이듯 이 시는 모두가 달밤에의 일로 교직되어 있다. 월광이 흐르는 밤에 부부의 애틋한 정이 잔잔한 선율처럼 흐르는 명시이다.

부부의 사랑은 태산을 쌓고 때로는 바닷물을 만들 수도 있다. 아내는 세파에 찌들고 시달린 남편들의 영원한 안식처요, 포근하게 영혼을 쉴 수 있는 제2의 어머니 품속과 같다. 함께 평생을 살아야 하는데 그리움이 산을 만들고 눈물이 파도를 만드는 삶이 되어서는 안 된다.

미완의 사랑

당나라 대표적인 시인 이상은李商隱(813-859)은 유미주의 시인으로 만당晩唐을 화려하게 장식했다. 시의 풍격은 우미優美하며 낭만주의의 색채가 농후하다. 그는 몰락한 가문에 태어나 갖은 고생 끝에 26세에 영호초令狐楚의 추천으로 진사에 급제하고 관직에 나갔으나 정쟁에 휘말려 끝내 뜻을 펴지 못했다.

이상은은 비록 회재불우懷才不遇한 시인이었으나, 서정시, 특히 남녀간의 애정을 다룬 연정시의 새로운 지평을 열었다. 애정표현의 절창으로 인구에 회자되는 「무제無題」를 보자.

만나기도 어렵지만 헤어지긴 더 어려워　　相見時難別亦難
봄바람이 기력 없자 온갖 꽃 시드네　　　　東風無力百花殘

봄누에는 죽어야 실뽑기를 그치고	春蠶到死絲方盡
촛불은 타서 재가 되어야 눈물이 마르네	蠟炬成灰淚始乾
새벽에 거울 보며 흰머리에 한숨짓고	曉鏡但愁雲鬢改
밤에 시 읊다가 달빛 차가움을 깨닫겠지	夜吟應覺月光寒
님 계신 봉래산은 여기서 멀지 않으니	蓬山此去無多路
파랑새야 살며시 가서 찾아보려무나	青鳥殷勤爲探看

 수련首聯은 님과의 사랑이 순탄하지 않아 서로 만나는 것조차 힘드는데(相見時難) 하물며 이별하기가 더욱 어려운 것은(別亦難) 두말할 나위가 없다. 한 구句에서 어렵다는 '난(難)' 자를 2번을 사용한 것은 현실적으로 넘지 못할 큰 장벽이 가로놓여 있음을 뜻한다. 그 장벽은 과연 무엇일까? 신분의 차이일까? 집안이 원수지간일까? 아니면 님이 남의 아내가 된 것일까? 만나기 어려운 원인을 밝히지 않아 궁금증을 더하게 한다. 이어서 어렵게 만난 님을 보내야 하는 아픔을 마치 봄바람이 무기력하니 온갖 꽃이 시드는 것과 같다고 했다. 무기력한 봄바람(東風無力)은 바로 화자 자신이며 이로 인하여 온갖 꽃이 시든다는 것(百花殘)은 이별의 아픔을 은유한 것이다.

 함련頷聯은 화자의 마음, 불변의 사랑을 봄누에[春蠶]와 촛불[蠟炬]로 탁물우의託物寓意했다. 이 함련은 애정시 중에서 만고의 절창으로서 널리 애송된다. 봄누에는 죽어야 바야흐로 실 뽑는 것을 그치고 촛불은 타서 재가 되어야 눈물이 비로소 마른다고 한 것은, 님에 대한 깊은 사랑은 내가 죽어야 그칠 수 있다는 것이다. 누에고치의 명주실은 가늘지만 끝없이 긴 것처럼 어려운 조건에서도 사랑은 계속된다는 비유적 의미가 내재되었다. 촛불은 타서 재가 되어야만 눈물을 그친다는 것 역시 이루지 못한 사랑의 한을 비유한 것이다.

경련頸聯은 봉래산에 있는 님의 모습을 화자가 유추한 것이다. 님도 나를 그리며 괴로워하는 정경을 '운빈雲鬢'(미인의 검은머리)의 시어에서 찾을 수 있다. 님도 역시 나를 그리워하며 잠 못 이루는 밤이 지속되고 있는 것이 분명하다. 님은 새벽 거울[曉鏡]에 비친 자신의 구름 같은 검은 머리[雲鬢]가 어느새 하얗게 변한[改] 모습을 보고 수심[愁]에 잠긴다. 그 수심은 오직[但] 나를 그리워하다가 생긴 것이다. 그래서 달빛 밝은 밤[夜]에는 잠 못 이루고 사모의 정을 노래하다가 문득 달빛이 차가운 것[月光寒]을 느낄 것[應覺]이라고 유추한다. 달빛이 차다는 것은 이별의 아픔으로 마음이 시린 것을 뜻한다.

미련尾聯은 그리움의 절정으로 간절한 기원이다. 님을 만날 수 없기에 신화에 나오는 서왕모[西王母]의 심부름꾼인 파랑새[靑鳥]에게 부탁한다. 님 계신 봉래산은 여기서 멀지 않으니(無多路) 파랑새야 살며시 찾아가 내 소식을 전해달라고 절규한다. 내 소식을 전해주고 님의 소식을 나에게 전해줄 그런 사람(靑鳥)이 있기를 바라고 있다.

이 시는 남녀 간의 사랑과 만남과 이별의 안타까움, 애틋한 사랑과 그리움을 고도의 수사를 통하여 절묘하게 형상화한 연정시의 전범典範이라고 할 수 있다. 사랑은 이 시처럼 시리고 아픈 것만은 아닌데, 어찌하여 이상은은 이토록 아픈 사랑을 노래하여 독자의 마음까지 아리게 했을까? 미완의 사랑! 그래서 더욱 시리고 아프다.

꽃잎은 하염없이 바람에 지고

"꽃잎은 하염없이 바람에 지고/ 만날 날은 아득타 기약이 없네" 로 시작되는 가곡 「동심초同心草」를 들으면 그 애잔함에 가슴이 시리고 아리다. 「동심초」는 당나라의 여류시인 설도薛濤(768~832)의 「춘망사春望詞」 4수 중 제3수에서 온 것이다.

설도는 수도 장안 출신인데 아버지를 따라 사천성 성도에 살았다. 8, 9세 때 이미 시에 능하여 이름이 알려졌다. 16세에 악적樂籍에 들어갔으나 악적에서 벗어나 종신토록 결혼하지 않고 홀로 살았다. 원진元稹·무원형武元衡 등 많은 저명인사들과 교유했다. 그녀는 절구絶句를 잘 썼다. 스스로 만든 붉은 종이에 섬세하고 감상적인 정취를 시로 썼다. 이 종이가 '설도전薛濤箋'으로 불리는데 많은 사람들에게 애용되었고 지금까지 전한다. 『설도시』 1권이 있다. 중국 성도의 망강루공원에 그녀의 동상이 외로이 서 있다.

설도는 지음知音인 시인 원진元稹(779~831)과 마음을 허락하여 사모하였다고 한다. 그러나 그녀는 이미 40세의 독신녀였고 원진은 처자가 있는 10세 연하의 관리였으니 이루어질 수 없는 사랑이었다. 그녀의 삶과 원진과의 애틋한 미완의 사랑이 더욱 가슴을 아리게 한다. 그녀의 유명한 「춘망사」 4수 중 제 3수를 보자.

바람에 꽃들은 나날이 시드는데	風花日將老
아름다운 기약이야 아득하기만	佳期猶渺渺
님과 같은 마음 맺지 못하고	不結同心人
동심초만 부질없이 맺고 있네요	空結同心草

위의 시를 김소월의 스승인 안서 김억(1893-?, 납북)이 다음과 같이 번역하고 「동심초」라 한 것을 김성태가 작곡했다.

꽃잎은 하염없이 바람에 지고
만날 날은 아득타 기약이 없네
무어라 맘과 맘은 맺지 못하고
한갓되이 풀잎만 맺으려는고
한갓되이 풀잎만 맺으려는고

바람에 꽃이 지니 세월 덧없어

만날 길은 뜬구름 기약이 없네

무어라 맘과 맘은 맺지 못하고

한갓되이 풀잎만 맺으려는고

한갓되이 풀잎만 맺으려는고

위의 시에서 후렴구인 "한갓되이 풀잎만 맺으려는고"는 "공결동심초空結同心草"를 첩창疊唱한 것이다. 동심초라는 이름을 가진 풀은 없다

설도(薛濤, 768~832) 당나라 여류시인. 성도(成都, 청두)에서 가기(歌妓)가 되었고 시문에 뛰어났으며, 원진(元稹), 백거이 등 당대의 시인과 교유하였다.
사진은 망강루공원 설도기념관 앞에 앉아 있는 설도상.

고 한다. 동심초는 연서戀書, 즉 연애편지를 뜻한다. 그녀는 "님과 같은 마음 맺지 못하고(不結同心人)" 있었기에, 님을 그리워하는 연서(동심초)만 부질없이 접고 있었다(空結同心草). 원진과 이루어질 수 없는 미완의 사랑, 시리고 아린 사랑이 눈물겹다.

조락의 계절이라 그런지 스산하고 허전하기만 하다. 이 만추가 가고 눈이 하염없이 내리고 그다음엔 새봄이 와서 꽃들이 피겠지! 세월은 이렇게 속절없이 가고 있다. 덧없는 인생인데 언제까지 마음을 굳게 닫고 살 것인가. 조락의 계절이 가기 전에 마음을 열자. 그리운 사람에게 사랑한다고 편지를 썼다가 접지만 말고 빨간 우체통에 넣자. 용서하고 사랑하며 살자.

어머니의 은혜

　석가모니가 제자들과 함께 남쪽지방을 순행하다가 한 무더기의 해골을 보고 공손히 절을 했다. 아난阿難이 하찮은 해골에게 왜 절을 하느냐고 묻자, 석가는 여기 있는 뼈는 내 전생의 조상일 수도 있고, 그렇지 않으면 현생의 먼 조상일 수도 있는데 어찌 절을 하지 않을 수 있겠느냐고 반문했다.

　이어서 석가모니는 "남자의 해골은 빛이 희고 무거운데, 여자의 두골은 빛이 검고 가볍다."고 했다. 여자의 두골이 검고 가벼운 이유는 어머니가 아기를 하나 낳을 때 무려 3말 3되[三斗三開]의 피를 흘리고, 아기 하나를 키우는데 젖을 8섬 4말[八斛四斗]을 먹여 진기가 다 빠졌기 때문이라고 했다.(아기를 여러 명 키운 어머니의 뼈는 더욱 검고 가볍다.)

　이 말씀을 듣고 제자들은 울면서 어머니의 은혜를 어찌해야 갚을 수 있느냐고 물었다. 그러자 석가모니는 먼저 임신 10개월 동안 겪는 어머니의 고통과 은덕을 조목조목 설법한 후, 이외에도 다음과 같이 "어머니 은혜 10가지"가 있다고 했다.

①뱃속의 핏덩이를 수호해 주신 은혜(懷耽守護恩).
②해산할 때 고통 받으신 은혜(臨産受苦恩).
③자식을 낳고 근심을 잊으신 은혜(生子忘憂恩).
④쓴 음식은 삼키시고 단 음식을 토해 먹여주신 은혜(咽苦吐甘恩).
⑤진자리 마른자리 갈아 뉘신 은혜(回乾就濕恩).
⑥젖 먹여 기르신 은혜(乳哺養育恩).
⑦더러운 옷을 빨아주신 은혜(洗濯不淨恩).
⑧먼 길을 가면 생각하고 염려해 주신 은혜(遠行憶念恩).
⑨궂은 일을 마다하시지 않은 은혜(爲造惡業恩).
⑩일평생 끝까지 어여삐 여기며 사랑해 주신 은혜(究竟憐愍恩).

여기까지 말씀한 후 석가모니는 "내가 중생을 보니 비록 사람의 모양은 하고 있으나 마음과 행동은 어리석고 어두워 부모의 큰 은덕이 있는 줄은 알지 못하고 공경하지 않으며 효도하지 않는다."고 했다.

제자들은 어떻게 하면 부모님의 깊은 은덕을 갚을 수 있느냐고 물었다. 석가모니는 "가령 어떤 사람이 왼쪽 어깨에 아버지를, 오른쪽에 어머니를 업고 수미산을 백천 번을 돌아서 살가죽이 터져 뼈가 드러나고 뼈가 닳아 골수가 드러나더라도 오히려 부모님의 하해와 같은 은혜를 갚을 수 없다."고 했다.(「불설부모은중경」)

양주동 작사 이흥렬 작곡의 「어머니의 마음」은 널리 애창되는 노래이다. 이 노래의 가사 내용이 석가모니가 말씀한 "어머님 은혜 10가지"와 같은 것이 있다. 가슴이 시리고 아려 눈물이 저절로 나는 「어머니의 마음」의 가사 전문을 보자.

낳실제 괴로움 다 잊으시고 기를제 밤낮으로 애쓰는 마음
진자리 마른자리 갈아 뉘시며 손발이 다 닳도록 고생하시네
하늘 아래 그 무엇이 넓다 하리오 어머니의 희생은 가이 없어라

어려선 안고 업고 얼러 주시고 자라선 문 기대어 기다리는 맘
앓을사 그릇될사 자식 생각에 고우시던 이마 위에 주름이 가득
땅 위에 그 무엇이 높다 하리오 어머니의 정성은 지극하여라

사람의 마음속엔 온 가지 소원 어머니의 마음속엔 오직 한 가지
아낌없이 일생을 자식 위하여 살과 뼈를 깎아서 다 바치는 마음
인간의 그 무엇이 거룩하오리 어머니의 사랑은 그지없어라

어머니의 하늘 같은 은혜와 사랑을 어찌 다 필설㎗로 형용할 수 있겠는가? 이 세상 어느 천지에도 아버지, 어머니라고 불러볼 어른이 계시지 않을 때 땅을 치며 불효를 뉘우친들 이미 늦은 것이다. 춘삼월 따뜻한 봄볕 같은 어버이의 위대한 사랑을 어찌 잊을 수 있겠는가? 짐승도 은혜를 입으면 갚을 줄 안다는데 인간이야 더 말할 것이 있겠는가?

어머니의 사랑

어머니의 크나큰 사랑을 노래한 시가 많다. 그러나 당나라 맹교 孟郊(751~814)의 「유자음遊子吟」처럼 인구에 회자되는 시는 많지 않다. 어머니의 자식 사랑과 은혜를 어떻게 말과 글로 다 형용할 수 있겠는가? 그러나 맹교는 이를 핍진하게 시로 형상화했다.

맹교의 일생은 고난의 연속이었다. 49세에 비로소 진사에 급제하였고 4년 후인 53세에 겨우 율양현위溧陽縣尉가 되어 벼슬길에 나섰으나 평생 미관말직에 머물렀다. 어머님이 율양현으로 찾아오셨을 때 이 시를 지었다(迎母溧上作)고 밝혔다. 어머님이 손수 아들의 누비옷을 지어 가지고 머나먼 길을 찾아왔을 때 53세의 맹교는 눈물로 먹을 갈아 「유자음」을 썼다.

어머님 손에 바늘 가지시고	慈母手中線
떠돌이 이 자식의 옷을 지으셨네	遊子身上衣
떠나실 때 한 올 한 올 촘촘히 누비신 것은	臨行密密縫
혹시나 이 자식 돌아옴이 늦을까 걱정함일세	意恐遲遲歸
뉘라서 말했던고 이 조그마한 풀 같은 효심으로	誰言寸草心
춘삼월 따뜻한 봄볕 같은 은혜 갚을 수 있다고	報得三春暉

제1연은 늙으신 어머님이 객지에서 벼슬하고 있는 자식에게 입힐 옷을 바느질하는 모습을 그렸다. 제2연은 아들의 옷을 짓는 어머니의 깊은 마음과 사랑을 회화적으로 형상화했다. 한 땀 한 땀 촘촘하게 바느질하여 누비옷을 만든 것은 아들의 타관살이가 오래 지속되어 옷이 쉽게 떨어질까 염려한 것이다. 그래서 옷이 쉽게 상하지 않도록 촘촘하게 누비 바느질을 한 것이다. 언제 돌아올지 모르는 떠돌이 자식을 생각하는 어머님의 사려 깊은 정을 오롯이 그려냈다. 제3연에서 자식은 조그만 풀과 같이 작은 효성으로 어떻게 춘삼월 따뜻한 햇볕 같은 어머님의 은혜를 갚을 수 있겠느냐고 반문하여 어머니의 위대한 사랑을 노래했다.

이 시는 어머니의 크나큰 사랑과 은혜를 오롯이 형상화했다. 중국의 유명한 학자 팽국동彭國棟은 "이 시를 읽을 때마다 나는 매번 눈물을 흘린다. 오늘날까지 어머니의 사랑이 깊고 간절함을 맹교와 같이 묘사한 사람은 없다."고 했다.

부모님이 계셔서 '아버지', '어머니'라고 부를 수 있는 것은 큰 행복이다. 사람은 부모님을 여의었을 때 비로소 철이 난다고 한다. 자다가도 돌아가신 부모님 생각에 벌떡 일어나 생시에 불효했던 일이 떠올라, 가슴을 치고 눈물 흘리며 통회痛悔해도 소용없는 일이며 구천에까지 통할 리 없다.

부모님의 뜻을 받드는 양지養志의 효가 최고의 효이다. 수천겁의 인연이 있어야만 부모와 자식의 인연을 맺는다고 한다. 평생 자식을 위해 헌신하신 부모님이 계셨기에 오늘의 우리가 있다.

까마귀의 효성

"비둘기는 어미가 앉은 나뭇가지로부터 세 번째 밑에 있는 가지에 앉고(鳩有三枝之禮), 까마귀는 늙은 어미에게 먹이를 되돌려 준다(烏有反哺之孝)."라는 말이 있다. 그래서 비둘기를 예의가 있는 새라고 하여 예조禮鳥라 하고, 까마귀를 효자 새라 하여 효조孝鳥라고 한다.

부모 까마귀가 늙어서 활동을 못하면 자식 까마귀는 부모를 위하여 먹이를 잡아다가 정성으로 봉양한다고 한다. 즉 어미 까마귀가 새끼에게 벌레를 잡아다가 먹여 길렀던 것처럼, 자식 까마귀가 늙은 부모에게 먹여주던 것을 되돌려 준다는 반포지효反哺之孝가 있다고 한다. 「장한가」와 「비파행」으로 유명한 당나라 백거이白居易(772~846)가 까마귀의 지극한 효성을 빌어 인간들의 불효를 풍자한 우화시 「자오야제慈烏夜啼」가 인구에 회자되고 있다.

공자가 제자들과 함께 길을 가다가 통곡소리가 너무나 구슬픈 것을 듣고 찾아가 보니 고어皐魚였다. 고어는 허름한 옷을 입고 풀을 베는 낫을 끼고 길가에서 통곡하고 있었다. 공자가 고어에게 말하기를 "그대는 친상親喪을 당한 것이 아니냐. 어찌 그리 서럽게 우는가."라고 물었다.

그러자 고어는 "나무는 고요하고자 하나 바람이 그치지 않고(樹欲靜而風不止), 자식이 봉양하고자 하나 어버이는 기다리지 않는다(子欲養而親不待)." 하고, 이어서 "한 번 가시면 뵈올 수 없는 것이 어버이인지라 저는 원컨대 여기서 죽으려고 합니다."라고 했다.

공자는 제자들에게 교훈 삼아야 한다고 말하자, 부모님을 봉양하기 위해 집으로 돌아간 제자가 13명이나 되었다고 한다. 풍수지탄風樹之嘆의 고사는 자식이 철들어 봉양할 때까지 어버이는 살아계시지 않는다는 교훈이다.(『한시외전(韓詩外傳)』 9권)

부모에게 불효하고 재산과 명예와 지위를 얻은들 그것이 무슨 소용이 있겠는가. 고어의 '풍수지탄'과 까마귀의 '반포지효'는 이 세상 모든 자식들에게 효도의 중요성을 일깨워 주고 있다. "아버지", "어머니" 하고 부를 수 있는 어른이 살아계신다는 그 자체가 축복이다.

꽃 같은 첩도 할머니가 된다

"상냥한 여자와 함께 보내는 2시간은 2분처럼 가고,
뜨거운 난로 위에서 보내는 2분은 2시간처럼 간다."

1921년 노벨 물리학상을 받은 아인슈타인Albert Einstein(1879~1955)의 말이다. 이 말 속에 '시간'의 핵심이 담겨 있다. 시간의 흐름에 대한 인식은 상대적이라는 것이다. 시간이 흐르는 속도는 완급이 없이 일정하다. 그러나 사람마다 처한 환경과 사연에 따라 시간의 속도에 대한 느낌에 지속遲速이 있다.

슈테판 클라인Stefan Klein은 그의 저서 『시간의 놀라운 발견』에서, "우리는 예나 지금이나 시간을 우리 외부에서 우리를 조종하는 독재자로 느끼며 시간의 박자가 우리 안에서 생겨나고 있음을 깨닫지 못한다. 그리하여 우리는 하루하루를 마치 기성복처럼 받아들인다. 충분히 맞춤복을 마련할 수 있는 데도 말이다."라고 했다. 1962년 프랑스 지질학자 미셸 시프레가 조명도 시계도 없는 동굴에 25일간 스스로를 가두고 나서 내린 결론이 바로 "하루의 길이와 리듬은 사람마다 각각 다르다."는 것이었다.

일찍이 왕희지王羲之(321~379)는 「난정기蘭亭記」에서, "조금 전에 기뻐하던 것이 고개를 숙였다 드는 사이에 이미 옛 자취가 되어버리니, 더더욱 이 때문에 감회를 일으키지 않을 수 없다.(向之所欣, 俛仰之間, 以爲陳迹, 尤不能不以之興懷.)"고 시간의 빠름을 한탄하였다.

고려말 이달충李達衷(?~1385)은 시 「규정閨情」에서, 남편에게 버림받은 조강지처의 슬픔과 한을 그렸다. 이 시에 내재된 시간의 의미를 보자.

저는 님께 동심결을 드렸고	贈君同心結
님은 저에게 합환선을 주었지요	貽我合歡扇
님의 마음 마침내 달라져서	君心竟不同
날 사랑하고 싫어함이 천만 번 변하니	好惡千萬變
내 기쁨 무엇으로 이루리까	我歡亦何成
밤낮으로 님 생각에 야위어만 가네	憔悴日夜戀
날 버렸어도 님을 원망 안 해요	棄捐不怨君

새로 맞은 첩은 젊고 아름다울 테니	新人多婉變
하지만 그 고움이 얼마나 갈까요	婉變能幾時
시간은 화살보다 빨리 가는 것을	光陰嫉於箭
어찌 알리오 꽃과 같은 저 여인이	焉知如花人
얼굴에 주름질 날 있을 줄을	亦有斯皺面

새로이 맞이한 첩은 젊고 아름답지만, 그 젊고 고움이 얼마가지 못하는 것은 시간이 화살보다 빨리 가기 때문이다. 꽃과 같은 아름다운 첩의 얼굴도 주름질 날이 있다고 한 것은, 화자인 조강지처만 늙은 것이 아니라 첩도 시들면 남편이 버린다는 의미이다. 버림받은 조강치처의 슬픔과 한을 통하여 그 누구도 시간의 흐름을 거역할 수 없다는 것을 노래했다.

사랑하는 애인과 데이트하는 시간은 금시 지나가버려 왜 짧게 느껴지고, 출근해서 일하는 시간은 왜 길게 느껴질까? 환경과 처지와 대상과 사연이 다르기 때문이다. 우리 인간들은 시간의 흐름을 능동적으로 조절할 수 없는 것을 부질없이 한탄한다. 꽃보다 더 아름다운 첩도 시간이 흐르면 할머니가 된다. 시간의 흐름을 우습게 보아서는 안 된다.

시간 앞에 공손하고 겸손해야 한다. 예쁘다고 젊다고 너무 우쭐

대지 말거라. 그리고 권력이 있다고 돈이 있다고 너무 나대지 말거라. 우주적 관점에서 보면 모두가 찰나에 지나지 않은 것을! 힘이 있을때 이웃에게 따뜻하게 해야 한다. 가을도 가고 올해도 서서히 저물어 가고 있다. 앞으로 영하의 추운 날씨가 지속될 것인데 모두가 따숩고 훈훈한 일들이 많은 겨울이 되었으면 좋겠다.

아버지의 소망

유배객에게 형기가 있었다면 희망과 꿈이 있었을 것이다. 언제 금부도사가 사약賜藥을 들고 올지도 모르는 불안한 삶이라서 귀양객에게는 희망이 없었다. 그러나 다산 정약용은 삭막한 유형지에서 학문을 연구하고 제자를 양성하면서 희망과 꿈을 한시도 잃지 않았다.

앞날을 예측할 수 없는 유배지에서 아버지 다산의 소망은 무엇이었을까? 다산이 1801년 유배를 갈 때 큰아들 정학연은 18세, 차남 정학유는 15세, 막내딸은 8세였다. 이런 어린 자식을 고향에 두고 다산은 귀양살이를 하다가 18년 만에야 겨우 풀려났다. 다산은 자신으로 인해 자식들이 폐족廢族이 된 죄책감에 괴로워했다. 그러면서도 자신의 학문을 아들이 계승 발전시켜주기를 소망했다. 유형지에서 두 아들을 그리워한 시 「칠회 억이아七懷 憶二兒」를 보자.

두 아들 다 조정에 있을 그릇들인데	二子金閨器
꺾이고 시들어 오두막지기가 되었구나	摧殘守敝廬
두 눈엔 백 년 두고 눈물이요	百年雙溜眼
석달 만에 오가는 서신 한 통	三月一封書
부지런히 보리농사 수확하고	勤力謀收麥
처량하지만 채소 심는 법 배워라	凄涼學種蔬
복희 문왕의 옛 심법을	羲文舊心法
너희 아니면 누가 내 뒤를 이을 것이냐	微爾孰宗余

이 시가 다산의 자녀교육 세계를 압축한 것이라 해도 과언이 아닙니다. 두 아들이 조정에 나가 벼슬할 만한 인재인데도, 폐족이 되어 오두막지기가 된 데 대한 죄책감을 지울 수가 없었다. 그 애련과 죄책감으로 백 년이 가도 자신의 눈에 눈물이 흐르는데, 고향 소식을 알려주는 편지마저 3개월에 한 번 오는 현실 앞에서 또 울어야 했다. 빵을 해결하기 위해서는 부지런히 보리를 수확하고 처량하지만 채소 심는 법을 배우라고 했다. 아버지 다산은 너희가 아니면 누가 내 학문을 계승할 것인가라고 호소했다. 눈물겨운 시이다.

다산은 자식들이 자신의 학문을 계승 발전시켜 줄 것을 기대한 것은, 아들들의 학문 수준이 높았기 때문이었다. 다산은 자신의 저서를 전습傳襲하는 이가 자손이나 붕우朋友이며 은인이라고 했다. 강진 유배지에서 1808년(47세) 여름에 쓴 가계家誡를 보자.

"내가 죽은 뒤에 아무리 정결한 희생과 풍성한 안주를 진설해 놓고 제사를 지내준다 해도, 내가 흠향하고 기뻐하는 것은, 내 책 한 편을 읽어주고, 내 책 한 장章을 베껴주는 일보다는 못하게 여길 것이니, 너희들은 그 점을 기억해 두어라."

吾死之後, 雖潔其牲薦, 豊其殽胾, 以祭以祀, 吾之歆悅, 不如讀吾書一編, 鈔吾書一章, 汝曹尙宜鐫記.

(「示二子家誡」)

자신의 사후에 풍성한 제수를 차례 놓고 제사를 지내 주는 것보다는, 자신의 저서 한 편을 읽어주고 책 1장을 베껴주는 것을 소망했다. 자신의 학문이 자식들에게 전수되어 계승 발전시키기를 간절히 염원했다. 아버지 다산의 눈물겨운 소망이 오롯이 내재되어 있다. 다산학은 실로 방대하다. 우리 후학들은 다산의 소망을 실현해야 할 책무가 있다. 호한浩瀚한 다산학을 계승 발전시켜 세계화해야 한다.

물고기 입과 강아지 이마를 한 자식

　1803년 계해년 설날! 다산 정약용은 강진으로 유배 온지 두번째 맞는 설날이다. 바닷바람은 살을 에이는 칼바람인지라 몸도 영혼도 추웠다. 유형지에서 설날을 맞아 고향의 가족들이 얼마나 보고 싶었을까? 3년전 유배를 떠날 때 큰아들 정학연은 고교 2학년의 나이인 18세, 둘째 아들 정학유는 중학교 2학년의 나이인 15세, 막내딸은 초등학교 1학년의 나이인 8세였다.

　설날 주막집 윗방에서 다산은 붓을 들어 아버지로 인해 폐족이 된 두 아들에게 편지를 쓴다. 폐족도 성인과 문장가와 훌륭한 선비가 될 수 있다. 폐족이라고 모든 것을 포기하고 좌절의 늪에서 헤매지 말고 학문에 정진할 것을 간곡하게 당부한다. 폐족은 오직 벼슬길만 막혀 있을 뿐, 성인과 문장가와 진리를 통달한 선비도 될 수 있다고 격려한다.

"너희들은 집에 책이 없느냐. 재주가 없느냐. 눈과 귀가 총명하지 못하느냐. 무엇 때문에 스스로 포기하려 드는 것이냐. 폐족이라고 생각하기 때문이냐. 폐족은 오직 벼슬길에만 꺼리는 자가 있을 뿐, 폐족으로서 성인이 되고 문장가가 되고 진리를 통달한 선비가 되기에는 아무런 거리낌이 없는 것이다. 거리낌이 없을 뿐만 아니라 도리어 크게 나은 점이 있으니, 그것은 과거科擧의 누가 없고, 또 빈곤하고 궁약窮約한 고통이 심지心志를 단련시키고 지려知慮를 개발해서 인정과 물태物態의 진실과 거짓을 두루 알 수 있게 하기 때문이다."

다산은 이어서 "폐족 중에 재주 있고 걸출한 선비가 많은데, 이는 하늘이 폐족에게 재주 있는 사람을 내어 폐족을 후대하는 것이 아니라, 영달하려는 마음이 학문하려는 마음을 가리지 않으므로 책을 읽고 이치를 연구하여 능히 진면목과 참다운 골수를 알 수 있기 때문인 것이다."라고 했다.

"평민으로서 학문을 하지 않는 자는 다만 용렬한 사람이 될 뿐이지만, 폐족으로서 학문을 하지 않으면 마침내는 패려悖戾하고 비루하여 가까이할 수 없는 자가 되어 세상의 버림을 받게 된다. 혼인길이 막혀서 천민에게 장가들고 시집가게 될 것이요, 한두 대代가 지나 물고기 입술이나 강아지 이마[魚吻犬額]를 한 자녀가 나오게 된다면, 그 집안은 영영 끝장나는 것이다."

(「寄兩兒」)

평민이 학문을 하지 않으면 용렬한 사람이 된다. 그러나 폐족이 학문을 하지 않으면 세상의 버림을 받고, 혼인길이 막혀 천민에게 장가들고 시집가게 된다. 그래서 한두 대代가 지나가면 "물고기 입술[魚吻]"이나 "강아지의 이마[犬額]"를 한 자녀가 나온다면 그 집안은 영영 끝장나는 것이라고 했다. 이 세상에 "물고기 입술"과 "강아지의 이마"와 같이 생긴 사람은 없다. 이 "어문견상"은 천민으로 불학무식하여 사람의 구실을 못하는 것을 뜻한다.

다산은 학문으로 폐족의 비애를 극복할 수 있다고 편지에서 누누이 강조했다. 폐족도 학문을 하면 후일에 반드시 가문을 부흥시킬 수 있다고 두 아들에게 확신을 심어주기 위해 치열하게 유배지에서 원격교육을 지속했다. 다산은 언제 풀려날지 모르는 꿈과 희망이 없는 귀양살이를 하면서도 편지로 아들을 원격교육하며 꿈과 희망의 새싹을 심어주었다. 아무리 삶이 어렵고 힘들어도 꿈과 희망의 새싹을 키워야 미래가 있다.

닭 키우는 아들에게

아버지가 유배를 갈 때 장남이 고교 2학년의 나이인 18세이고, 차남이 중학교 2학년의 나이인 15세이고, 막내딸은 초등학교 1학년의 나이인 8세라면 그 아버지의 심경이 어떠했겠으며 어린 자녀들의 충격은 얼마나 컸을까? 생각만 해도 끔찍하다.

다산 정약용은 1801년 2월 기약 없는 유배를 떠난다. 그때 큰아들 정학연은 18세였고, 둘째 아들 정학유는 15세였고, 막내딸은 8세였다. 이렇게 어린 자녀들 두고 유배를 떠나야 했다. 자식들은 아버지가 죄인이 되자 폐족이 되어 과거에 응시할 수도 없었다.

유형지 강진에서 다산은 둘째 아들 학유가 닭을 키운다는 소식을 듣고 편지를 쓴다. "네가 닭을 기른다는 말을 들었는데, 닭을 기르는 것은 참으로 좋은 일이다. 하지만 이 중에도 품위 있고 저속

하며 깨끗하고 더러운 등의 차이가 있다. 진실로 농서農書를 잘 읽어서 그 좋은 방법을 선택하여 시험해 보되, 색깔과 종류로 구별해 보기도 하고, 홰를 다르게도 만들어 사양飼養 관리를 특별히 해서 남의 집 닭보다 더 살찌고 더 번식하게 하며, 또 간혹 시를 지어서 닭의 정경을 읊어 그 일로써 그 일을 풀어버리는 것, 이것이 바로 독서한 사람이 양계하는 법이다."라고 했다. 이왕 닭을 기를 바에야 연구하여 품종을 개량하여 남의 집 닭보다 살찌고 번식력이 강한 닭을 기르고, 여가에 닭 기르는 책인 『계경鷄經』을 저술하라고 했다.

이어서 "만약 이익만 보고 의리를 알지 못하며 기를 줄만 알고 취미는 모르는 채 부지런히 힘쓰고 골몰하면서 이웃의 채소를 가꾸는 사람들과 아침저녁으로 다투거나 한다면, 이는 바로 서너 집 모여 사는 시골의 졸렬한 사람이나 하는 양계법이다. 너는 어느 쪽을 택하겠느냐. 이미 양계를 하고 있다니 아무쪼록 백가百家의 서적에서 양계에 관한 이론을 뽑아 『계경鷄經』을 만들어서 육우陸羽의 『다경茶經』(차에 관한 책)과 유득공柳得恭의 『연경煙經』(담배 관련 책)과 같이 한다면, 이 또한 하나의 좋은 일이 될 것이다. 세속적인 일에서 맑은 운치를 간직하는 것은, 항상 이런 방법으로 예를 삼도록 하라."고 격려했다.

이 편지는 아버지가 유배를 간 후 자식들이 어렵게 생활하는 실상을 알려주는 자료이다. 아버지는 편지에서 이왕 닭을 기를 바에야 연구하여 남의 집 닭보다 살이 찌고 번식력이 강한 닭을 사육하고, 백가百家의 서적에서 양계에 관한 이론을 뽑아 『계경』을 저술하면 세속에 살아도 맑은 운치淸致를 간직하는 삶이라고 했다.

닭 키우는 아들을 격려하고 연구방법을 지도한 것이지만 유형지에서 이 편지를 쓰는 아버지나, 편지를 받은 아들이나 모두 속으로 피눈물을 흘렸을 것이다. 자신의 유배로 하루아침에 폐족이 되어 벼슬길이 막혀 닭을 길러 생계를 꾸려야 했던 아들이 얼마나 속으로 안타깝고 가여웠을까? 그리고 아들은 아버지 편지대로 실천하려면 얼마나 많은 괴로움이 수반되었을까를 생각하니 가슴이 시리고 아프다.

다산 최후의 유작 시

우리가 한 세상을 살다보면 때로는 드라마틱한 일이 있다. 다산 정약용은 기묘하게도 결혼 60주년이 되는 날(회혼일)에 서거했다. 15세 때인 1776년 2월 22일 한 살 연상인 16세의 풍산홍씨 홍혜완洪惠婉(1761~1838)과 결혼했다. 그리고 결혼 60주년 기념일인 1836년 2월 22일에 75세로 운명했다. 1836년 2월 22일은 양력으로 4월 7일이다.

다산은 결혼 60주년일을 3일 앞두고 최후의 유작 시인 「회근시回巹詩」를 썼다.

육십년 세월 잠간 사이 흘러가	六十風輪轉眼翩
복숭아나무 봄빛은 신혼 때와 같구나.	穠桃春色似新婚
생이별이나 사별은 모두 늙음을 재촉케 하나니	生離死別催人老
슬픔은 짧고 기쁨은 길었으니 성은에 감사하네.	戚短歡長感主恩

이 밤 목란사 소리 더욱 다정하고	此夜蘭詞聲更好
유배시절 님의 치마폭에 쓴 먹 흔적 남아 있네.	舊時霞帔墨猶痕
헤어졌다 다시 만난 우리 부부가	剖而復合眞吾象
한 쌍의 표주박을 자손에게 남겨 주노라.	留取雙瓢付子孫

수련首聯에서 결혼한 지 60년의 세월이 잠깐 사이 흘러가고 다시 복사꽃 피어 신혼 때와 같다고 회고했다. 함련頷聯에서 18년간 유배로 부부가 생이별했던 아픔을 회상한 후, 슬픔은 짧았고 기쁨은 길었기에 임금께 감사드린다고 했다.

경련頸聯에서 "유배시절 님의 치마폭에 쓴 먹 흔적 남아 있네"는 부부의 눈물겨운 사랑 이야기이다. 고향에 있던 부인은 시집올 때 입고 온 분홍색 치마가 세월이 흘러 빛이 바래자 다섯 폭을 유배지 강진으로 보내 남편이 저술한 책의 표지 장정에 사용토록 했다. 부인의 은근한 사랑의 표시인 헌 치마를 받고 저술한 책의 장정으로 쓰고, 남은 자투리로 두 아들에게 경계의 글을 적고 딸에게 〈매조도〉를 그려 주었다. 이 〈매조도〉는 지금 고려대학교 박물관에 있다. 유형의 땅에서 아내의 은근한 사랑의 표시인 헌 치마를 받고서 이를 자신이 지은 책의 표지 장정에 사용하고, 다시 사랑의 결실인 자녀에게로 확산시킨 부부애의 산물인 글씨와 그림을 다시 보면서 지난 60년 세월을 회상했다.

   미련_{尾聯}에서 유배로 이별의 아픔이 있었던 부부가 결혼식 때 한 잔 술을 함께 마시고 백년해로를 약속한 합근박을 자손에게 남겨 준다고 했다.

   다산은 조선 후기 최고의 지성으로 치열하게 한 세상을 살았다. 남남이 서로 만나 부부의 연을 맺고 함께 살아온 만 60년 세월을 「회근시」에서 오롯하게 56자로 형상화했다. 규장각본 『여유당집』 에는 1195편에 2263수의 시가 수록되어 있는데, 이 「회근시」가 최후의 유작 시이다. 이 시를 읽으면 가슴이 시리고 아려온다.

훈장님의 애환

　기이한 행동과 풍자시로 세상을 조롱하고 비판했던 영원한 나그네 시인 김삿갓(金笠)의 본명은 김병연(金炳淵)(1807~1863)으로, 선천부사(宣川府使) 김익순(金益淳)의 손자이자 헌종 때 영의정을 지낸 김병익(金炳翼)의 족형(族兄)이다. 그는 1863년 3월 29일 전라도 동복현에서 56세로 객사했다. 묘는 강원도 영월에 있다.

　그의 기구한 운명은 5세 때인 1811년 홍경래의 난에서 비롯되었다. 할아버지 김익순은 당시 선천부사로 홍경래에게 항복한 죄로 가문이 몰락했다. 어머니는 어린 김병연을 이끌고 고향을 떠나 신분을 숨기고 살았다. 22세 때 읍내 동헌(東軒)에서 백일장이 열렸는데 시제(詩題)가 "가산군수 정익(鄭蓍)이 죽음으로 절의를 지킨 것을 논하고 선천부사 김익순의 죄는 하늘까지 통하는 것을 한탄하다(論嘉山郡守鄭蓍死節 嘆宣川府使金益淳罪通于天)."였다. 김익순이 조부인 것을 몰랐던 그는 통렬하게 홍경래에게 항복한 죄를 춘추필법으로 매도하여 장원했다.

무명의 선비에서 일약 스타가 된 그는 상품을 한 아름 안고 집으로 돌아와 자초지종을 어머니께 말씀드렸다. 깜짝 놀란 어머니는 "네가 만고역적으로 성토한 김익순이 바로 너의 친할아버지이다."라고 말하면서 기막힌 운명의 장난에 대성통곡했다. 손자가 할아버지 죄를 성토한 천하의 불효를 범한 것이다. 조상이 나쁜 죄를 지었어도 후손들은 조상을 비난하지 않는 것이 도리이다.

김병연은 죄책감에 죽고 싶었으나 모진 목숨이라 죽지 못하고 어머니를 남겨두고 방랑의 길을 떠났다. 천하의 불효를 범하였기에 이름을 숨기고 차마 하늘을 볼 수가 없어 삿갓을 쓰고 조선팔도를 유랑하면서 세상을 조롱하고 짜릿한 해학과 풍자를 일삼으니 김삿갓 또는 김립金笠으로 불리게 되었다.

그가 전국을 방랑하다가 단천端川에서 3년간 훈장을 한 적이 있다. 직접 학동들을 가르친 적이 있어 훈장들이 겪는 고충을 누구보다도 잘 알고 있었다. 자신의 체험을 바탕으로 훈장들이 겪어야 하는 고뇌와 갈등을 시「훈장訓長」에서 오롯하게 그렸다.

| 세상에 누가 훈장이 좋다고 말했느뇨 | 世上誰云訓長好 |

연기 없는 심화가 저절로 생기는데	無烟心火自然生
하늘천 따지 가르치다 청춘이 가고	曰天曰地靑春去
부(賦)와 시를 가르치다 보니 백발이 되었네	云賦云詩白髮成
정성 다해 가르쳐도 칭찬하는 말 듣기 어렵고	雖誠難聞稱道語
잠깐만 도를 떠나도 시비하는 소리 듣기 쉽네	暫離易得是非聲
손바닥 안의 보배와 천금 같은 자식을	掌中寶玉千金子
종아리 쳐서 가르쳐 달라는 것이 진정인가	請囑撻刑是眞情

훈장이란 직업의 특성을 잘 형상화한 시이다. 세상 사람들은 속도 모르고 훈장이 좋은 직업이라 말한다. 그러나 가슴속에는 항상 심화心火, 즉 연기 없는 마음의 불이 타는 것은 학동들이 속을 태우기 때문이다. 하늘천 따지 가르치다 청춘이 가고 정성 다해 가르치지만 칭찬하는 말 듣기 어렵고, 조금만 실수하면 비난한다. 천금 같은 자식들을 종아리를 쳐서 교육시켜달라는 말이 진심이냐고 학부모들에게 묻고 있다.

우리나라는 5천년 유사 이래 6·25 때 중공군이 쳐들어온 1950년까지 크고 작은 외침外侵을 931회 받았으나 모두 극복했다. 국난 극복의 원동력은 어려운 여건에서도 자식을 교육시킨 부모님의 뜨거운 교육열과 묵묵히 사도師道를 실천한 선생님들의 교육이라고 생각한다. 즉 교육의 힘이 오늘의 한국을 있게 했다. 한자리하려고 정치권을 기웃거리는 선생님들도 있지만, 묵묵히 사도(師道)를 실천하는 훌륭한 선생님들이 많다. 그래서 우리에게 희망이 있다.

짝사랑

  고은 시인의 『만인보萬人譜』에 나오는 「귀녀」를 보면, 미소와 함께 아스라이 사라진 소년시절을 뒤돌아보게 한다. 새터에 살던 용녀의 동생 '귀녀'는 "둥글 넓쩍한 얼굴"이었는데, 시인의 어머니는 그녀를 "팡파짐한 년", "떡덩이 같은 년", "목단꽃 같은 년"이라고 했다.
  그런 귀녀를 시인은 소년시절에 짝사랑하여 가슴 설레며 몸살을 심하게 앓았다. "동백기름 얻어 바른 곱게 따 내린 귀녀"의 목소리는 "맑은 물소리" 같았기에 소년은 심하게 열병을 앓았다. 귀녀에게 품었던 당시 자신의 내밀한 곳의 비밀, 이루어질 수 없던 짝사랑의 아픔을 반백을 훨씬 넘기고서야 시인은 다음과 같이 털어놓았다.

  나는 귀녀네 식구가 되어
  귀녀네 부엌 아궁이

함께 불도 때고 싶었다

귀녀가 싸는 뒷간에 가서
나도 똥싸고 싶었다

　귀녀네 식구가 되어 함께 불도 때고 귀녀가 싸는 뒷간에서 똥을 싸고 싶었던 소년시절의 연분홍 빛 연정의 거짓 없는 고백을 읽으면 누구나 염화시중拈花示衆의 미소를 짓게 한다. 그것은 지금 인생의 뒤안길로 아스라이 사라져 버린 소년기의 자신의 초상화가 클로즈업되기 때문이다. 이 세상 사내치고 소년시절에 짝사랑의 열병을 앓으며 이러한 감정을 품어 보지 않은 사람이 있겠는가?
　여기서 '귀녀'는 시인만의 귀녀가 아니라 우리들이 소년시절에 잠을 못 이루고 연분홍 빛 꿈을 꾸며 가슴앓이를 하던 짝사랑하던 그 소녀이다. 그 소녀의 이름이 귀녀가 아닐 뿐이지, 교장 선생님의 딸 단발머리 소녀 '혜숙'이 일 수도, 양조장 집 막내딸 '은실'이 일 수도, 건넛마을 회나무 집 셋째 딸 '종숙'이 일 수도 있다.
　그러나 소년시절의 이성에 대한 열병은 단지 성숙으로 가는 도정道程이자 인생의 통과의례의 하나일 뿐 지금은 흔적도 남아 있지 않다. 겨울이 성큼성큼 오고 있다. 지금 어느 하늘 아래에 살고 있는지 모르지만 소년시절 가슴을 조이게 했던 "떡덩리 같았고", "목단꽃 같았던" 귀녀도 벌써 할머니가 되었을 것이다. 우리 인생은 이렇게 흘러가고 있다.

머지않아 함박눈이 소록소록 내릴 것이다. 눈이 내리는 밤이면 시심詩心 등불을 켜고 김광균이 「설야雪夜」에서 노래한 "머언 곳에 여인의 옷 벗는 소리"를 들으면서 시를 읽어보자. 시를 읽는 삶은 청징하고 아름답다.

찾아보기

【ㄱ】

가죽 채찍 33
검루 268
검루의 부인 268
검은 소 49
고은 391
고종 339
공자 92, 128, 131, 141, 143
관중 66, 124
광무제
　유수, 문숙 94, 98
괘편암 33
구패 66
국민권익위원회 83
국영시회 221
국제투명성기구 82
굴원 328
권필
　석주 136
금란지교 153
기건 44
기결 269
기결의 부인 269
기산영수 91
기정진 69
기황후 89
김광균 393
김구 259
김동리 232
김병연
　김삿갓 387

김상헌 335
김상홍 148
김석팽 64
김소월 158
김수팽 64
김억 359
김자의 246
김장생 335
김전 30
김정희
　추사 289
김흔 30

【ㄴ】

나옹선사 41
네포티즘 21
노블레스 말라드 90
노블레스 오블리주 37, 46, 51
논개 73

【ㄷ】

다산 ☞ 정약용
단종 52, 100, 249
도연명 34, 101, 103, 130, 270, 288,
　　　296, 346
도연명의 부인 270
동방규 242
동선 98
동티 318
동호 141
두문동 72인 100

두보 150, 153, 157, 296, 350
딸깍발이 53

【ㄹ】

라 퐁텐 208

【ㅁ】

만촉지쟁 175
망우물 247
맹교 366
맹사성 48
미셸 시프레 372

【ㅂ】

박규수 299
박수량 38
반악 289
반포지효 369
백거이 268, 309, 369
백비 38
범중엄 27, 96
부유 27, 52, 141

【ㅅ】

사마천 29
사육신 100, 249
사포 283
산동예술대학교 147
상향동질화 326
서시 272
서정주 232
석가모니 362
선비정신 287
설도 358

설도진 358
성희안 122
소백옥 253
소식
　동파, 소동파 114, 239
송지문 334
수양대군 52, 100, 249
슈테판 클라인 371
썩은 선비 ☞ 부유

【ㅇ】

아인슈타인 371
안정복 276
안중근 214
양귀비 274, 276
양주가학 324
양주동 364
양홍 269
양홍의 부인 269
어머니 은혜 10가지 363
어무적 167
어문견상 380
어세공 88
억강부약 99
엄광
　엄자릉 94
엄군평 107
염근리 30
염석 33
예의염치 124
오기 309
오달제 61
오은지 81
와각지쟁 175

왕건 312
왕소군 242, 273
왕지환 229
왕희지 372
왜놈 302, 305
우복동 329
울림석 33
원진 289
위팔 154
유가와 히데끼 326
육구몽 111
육적 32
육적회귤 32
윤동주 54
윤용 29
윤지범
　남고 221
윤지인 29
을사오적 339
이공수 38
이규보 35, 255, 256, 323, 343
이달충 372
이등박문
　이토 히로부미 214, 339
이백 326
이상은 148, 354
이상황 58
이성계 100
이솝 우화 208
이신 160
이안눌 306
이약동 33
이원익
　오리 119

이이
　율곡 266
이익
　성호 332
이인로 316
이준 339
이희승 296
임보신 30
임숙영
　소암 133, 137, 286
임호신 30

【ㅈ】

장유 165
장지연 343
전정지미 312
정붕 122
정선 59, 143
정약용
　다산 21, 26, 36, 69, 73, 82, 171,
　　175, 178, 182, 190, 193, 204,
　　208, 212, 221, 225, 318, 329,
　　375, 378, 381, 384
정학연 378, 381
정학유 378, 381
정효상 88
제갈량 67
조사수 55
조식
　남명 127
조지훈 100
죽고칠현 315
죽난시사 225
중간자 이론 326

중공 164, 235
지조 140
진사도 163, 235

【ㅊ】

채원정 117
채제공 227
청백리 29, 32, 39, 48, 55
청학동 329
초선 273
최사의 29
최유경 29
친현신 원소인 67

【ㅋ】

코무덤 305
크로니즘 21, 68

【ㅌ】

탐천 81
투갑연 34

【ㅎ】

하돈 107
하향동질화 325
한국투명성기구 83
한명회 52
함순 315
해우물 247
허균 167, 279
허자 44
허종 29
허초희
  난설헌 279

허침 29
홍기섭 79
홍담 30
홍명구 265
홍섬 30
홍혜완 77, 384
황진이 283
황패강 160
황현
  매천 335, 338
회문시 252
흑기총 49

문헌·작품

【ㄱ】

「객지」 157
「견흥」 176
『경세유표』 199
『계경』 382
『고려사』 29
『고문진보』 165, 229
『고사전』 91
「고시이십사수」 329
「고시이십칠수」 180, 182
「곡내」 287
「곡자」 280
「과철주」 260
『관자』 66, 125
「국영시서」 221
「궁류시」 136
「귀거래사」 34, 101, 105, 129, 270, 288

「귀녀」 391
「규정」 372
「기양아」 380

【ㄴ】

「낙이화」 259
「난정기」 372
「남과탄」 77
「논고려매서이해차자」 115
『논어』 337

【ㄷ】

『다경』 382
「다산화사」 212
『대동시선』 343
「대책」 134
「덕천사우록」 129
「도망시」 289
「도화원기」 328
『동국이상국집』 343
「동심초」 358
「동양평화론」 216
「등관작루」 229
「딸깍발이」 296

【ㅁ】

『만인보』 391
〈매조도〉 385
『매천야록』 335, 338
『명심보감』 80, 262
『목민심서』 26, 30, 34, 40, 43, 69, 82, 99, 108, 109, 123, 143, 198, 199, 318
「목민편」 125

「몽유기」 281
「무제」 148, 354
「문임무숙삭과」 137
「미인원」 255
「민농」 160

【ㅂ】

『박규수전집』 300
「박박주」 239
「반중시」 253
「배소만처상」 298
『백운소설』 323
「별삼자」 235
「불설부모은중경」 364
「비파행」 268, 369

【ㅅ】

『사기』 29
「사귀곡」 273
〈사랑가〉 20
「사월십오일」 306
「상서좌승 벼슬에 있던 위제에게 드린 시」 150
「서시」 54
「석서」 196
「선녀와 나무꾼」 23
『설도시』 358
「설야」 393
『성호사설』 332
「소군원」 242
『소동파전집』 115
『송사』 114, 117
『시간의 놀라운 발견』 371
『시경』 196, 337

「시랑」 196, 201
「시이자가계」 377
「시자질」 256
「신가랑사」 312
「신해전시대책」 134
「심옥기내남씨」 62
「11월 6일 다산 동암 청재에서 홀로 잠을 자는데 꿈에 한 미녀가 나타나 나를 유혹했다. 내 또한 감정이 동하였으나 잠시 후 사양하고 보내면서 절구를 지어 그녀에게 주었다. 꿈에서 깨어나 그 시를 적으니 다음과 같다.」 75

【ㅇ】
「아프로디테 송가」 283
「악양루기」 27
「어머니의 마음」 364
「어부사」 328
「억여행」 73
「엄선생사당기」 96
「여온경」 299
「여용국전」 276
『여유당집』 386
『연경』 382
「영반월」 283
「영빈사」 103
「영월군작루」 250
「오류선생전」 296
『옥편』 336
「왜인전」 302
「우복동가」 329
「월야」 350

「위심시」 323
「유민탄」 167
「유자음」 366
「의고」 130, 296
「이노행」 199, 208
「이별」 111
「임술의책」 69
「입정」 66

【ㅈ】
「자오야제」 309, 369
「작매부」 168
「잠부」 165
「장부가」 216
『장자』 175, 176
「장한가」 268, 469
「적벽부」 114
「전가」 164
「전간기사」 196, 201
「절화행」 343
「조대」 95
『조선왕조실록』 87, 167
「조승문」 204
『주례』 336
『주역』 153
「죽난사사첩서」 225
「증문」 190
「증위팔처사」 153
「지조론」 100
「진달래꽃」 158

【ㅊ】
「채원정전」 117
「책자」 346

「촉제자」 35
「춘망사」 359
「춘야연도리원서」 326
『춘향전』 19
「출사표」 67
「충식송」 199
「취시가」 296
「친구가 아내의 핍박을 받고 첩을 소
 와 바꿨다는 것을 듣고」 316
「칠회 억이아」 375

【ㅌ】

「탐천」 81
『태종실록』 51
「통색의」 178

【ㅎ】

「하담별」 172
『한산시집』 42
「해랑행」 186
「홍길동전」 167, 297
「화석정」 266
「회근시」 384
「효장황제 장대기공록」 276
「훈장」 388
『흠흠신서』 72, 199
「흥보가」 295